U0032419

思想 REFLEXION 33

原民狩獵的倫理省思

編輯委員會

總　編　輯：錢永祥

編輯委員：王智明、汪宏倫、沈松僑、林載爵
　　　　　周保松、陳正國、陳宜中、陳冠中

聯絡信箱：reflexion.linking@gmail.com

網址：www.linkingbooks.com.tw/reflexion/

馬克思主義的魔幻與寫實

幻象的湮滅

毛澤東試圖到達的共產主義革命的「道」，在現實中找不到賴以依存的「肉身」，中共革命的政治邏輯亦由此到達了終點。此後，除了虛妄，再沒有任何真實的共產主義革命。

科拉科夫斯基的扛鼎之作：

寫在《馬克思主義主要流派》中譯出版之前

科拉科夫斯基這部巨著在當代中國的命運，也是正好反襯出了我們這個社會的錯位狀況。

大陸新儒學的魔幻與寫實

異想天開：近年來大陸新儒學的政治訴求

的確，大陸新儒家的背景在當下，關懷也在當下，對當下中國的現實關懷，才逼出了與海外新儒家分道揚鑣的大陸新儒家。那麼問題是，究竟什麼在「逼」它？顯然是當下中國的時勢。

蔣慶「儒門判教論」辨析

蔣先生認為心性儒學當比政治儒學扮演一更為根本和重要的角色。若是如此，則兩種儒學一旦有所衝突，吾人實沒有用政治儒學來反駁心性儒學之理，惟這正是蔣先生所用力者。

思想訪談

王兵訪談：豐富的電影關乎生命最基本的東西

每個電影流派都是來自她的社會，電影在社會當中有她的功能和需求。這樣就是說，每
一種電影流派都是跟當地的、原來的那種文化是完全一致的。

致讀者

運動檔案：一種特殊的文本

趙　園

一、揭發、檢舉、批判會紀錄

　　檔案制度形成已久。1991年大陸出臺《幹部檔案工作條例》，其中有「任何個人不得查閱或借用本人及其直系親屬的檔案」的規定。近些年部分公開的所謂「運動檔案」，除原司法人員李玉臻在《聶紺弩刑事檔案》一書中引用者，及收入《王申西文集》的部分文字屬於司法檔案外，其他應係單位的「人事檔案」中與政治運動有關的部分。這一部分檔案或因文革後糾正冤假錯案而由相關部門退還本人，或因單位人事部門的疏忽而流出，使正常年代本人無緣得見的由「組織」掌握的部分材料——即使這材料對其本人幾於生死攸關——向其本人「開放」；即令僅僅是「部分」，已經算得一大進步。文革期間對單位檔案室的衝擊，即與以檔案為控制手段有關。至於極有限的司法檔案的面世，憑藉了何種機緣，不得而知。儘管有上述開明措施，你仍不妨相信，組織所掌握的你的檔案之於你，有未解之密——或竟是永遠的秘密。

　　自2000年出版的《郭小川全集》將郭的「運動檔案」收入「外編」，出版界漸有此類文字刊行。2004年李輝自潘家園淘得的杜高

檔案，經「檔主」同意出版（即《一紙蒼涼——〈杜高檔案〉原始文本》）後，如《聶紺弩全集》第十卷的《運動檔案》，《徐鑄成自述：運動檔案彙編》，不再作為「外編」。雖以「運動檔案」為題，卻只是該人有關檔案的一部分，或可曰「作者部分」、「個人部分」；此外尚應有「組織」——由單位黨組織到司法機關到文革中的「群眾組織」——的那一部分，包括他人的檢舉揭發，「外調」搜集的材料；倘有刑事檔案，還包括審訊筆錄、法院判決等。也因此作為「運動檔案」是不完整的。杜高檔案或許是罕有的例外。該檔案因由單位的人事部門流出，故包括了「組織部分」，較能呈現「運動檔案」的全貌；卻又因「檔主」問題的大小，「案情」的輕重，不足以概其餘。

「運動檔案」例有政治運動中揭發、舉報以及本人的檢查、交代、思想彙報等項內容。「揭發」、「檢舉」係他人所為，卻也包括「檔主」對他人的「揭發」、「檢舉」。「檢查」、「交代」、「彙報」出諸「檔主」本人，或也包括檔主對所知他人問題的交代。除此之外，還有批判會紀錄等。批判文章通常並不收入個人檔案。《郭小川全集》外編中郭本人所作批判會紀錄，較為少見，傳達出此種場合的現場氣氛，別有價值。以上諸體均非知識分子專用；使用之普遍，涉及各行各業、各色人等，上自領導幹部，下至底層民眾；且非運動狀態下也隨時使用。尤其「思想彙報」（無論口頭還是書面），是「組織」據以掌握「思想動態」的常規手段。只不過如文革這樣的運動中，上述文體的使用更為集中頻密而已。本文中的「運動檔案」主要出諸知識分子，也因行世的此類文獻，確也由知識分子本人或親屬提供且公開出版、發表。至於對此類文字由文體、修辭方面的考察，非我為自己提出的任務。

文革前與文革中流行的革命導師的教誨中，有「無產階級只有

解放全人類，才能解放無產階級自己」，以及「改造客觀世界，也
改造我們的主觀世界」等等。共產黨內有所謂的「三大作風」；與
本題相關者，即「批評與自我批評」。其日常形式，包括了「民主
生活會」等。在政治運動狀態中，民主生活會或即成批判會。《王
力反思錄》寫到文革中高層召開的關於陶鑄的「生活會」（政治局
擴大會議），說「打倒劉鄧叫生活會，打倒我也叫生活會，打倒胡
耀邦也叫生活會」（頁673，香港：北星出版社，2001）。在這種性質
的生活會上，與會者奉旨申斥，被申斥者沒有申辯的餘地。1958年
「雙反」（反浪費、反保守）中，王瑤曾在某次會上說，對於學生
的批判，「你只有檢討權，沒有解釋權，而且是越解釋越糟糕。」
（〈檔案中的王瑤〉，陳徒手《故國人民有所思》頁188，北京：三聯書店，
2013）。說得足夠委婉——何止「糟糕」而已。

　　「運動」中無論揭發、檢舉還是檢查、交代、彙報，均帶有某
種強制性，與「批評與自我批評」無關——延安整風及「搶救運動」
（「搶救」即所謂「搶救失足者」），或可作為1949年後的政治運
動的範本。當然有關方式尚非始於延安，為黨內長期使用。搶救運
動中的過火行為，已有親歷者的證詞。這種運動形態在文革中有極
致的展演。文革中大辦「學習班」，源於一條「最高指示」：「辦
學習班，是個好辦法，很多問題可以在學習班得到解決。」（〈辦
學習班是個好辦法〉，《建國以來毛澤東文稿》第十二冊，頁466，北京：
中央文獻出版社，1998）。各類學習班功能不一。有的近於當下的「雙
規」，有的則近於半封閉式的「生活會」。「學習班」這一形式因
被濫用，漸失效用，最終徒具形式。文革後仍沿用上述形式，只是
更趨懈怠，甚至戲謔化了，或許可以視為中國特色的「檢討文化」
式微的徵兆。

　　或可與下文將要提到的「檢討文化」配對，有人使用了「告密

文化」的說法。如實地說，1950-60年代，告密與檢討的確是一種「文化」，或曰「文化現象」。1958年的「『交心』運動」中，中山大學教授冼玉清認為，「風俗之良劣，在乎人心之厚薄。自檢舉風興，人心之涼薄極矣」（參看陸鍵東《陳寅恪的最後20年》頁49，北京：三聯書店，1995）。「世道人心」，曾經是傳統社會政治考量的一個重要維度。惜此義早已不為當代官員所知。鼓勵相互告發、偵伺，不難造成以窺測、密報為進身之階的傾險人格。制度設計者出於功利的目的，上述後果非所計也。他們毫不懷疑鼓勵彙報的正當性，只要「革命需要」，或以「革命需要」的名義。即使在文革結束數十年、當局選擇性地提倡傳統文化之時，又有誰真的理解冼玉清的上述憂慮？

　　「揭發」，吳宓日記中作「訐發」，對此種行為的惡感毫不掩飾。吳所說「訐發」，涉及私下的交談，私人交往及其他私人事務。其人1967年3月30日日記，記勞改隊中有人告誡他慎言，因整人者「以分化、離間為策，隊員同人亦皆以進讒、告密，競圖自進、自脫」（《吳宓日記續編》第8冊，頁86，北京：三聯書店，2006）。他不久也聽說確有人對其「告密、誣陷、造謠、誹謗、多方中傷，以此立功自進」。曰「按，此等習俗行事，誠新時代之污點也矣。」（同書，頁89。著重號為原文所有）也如對冼玉清所云，吳宓以「此等習俗行事」為「新時代之污點」，執政者會不知其所云的吧。

　　楊絳《幹校六記》寫文革初有對錢鍾書的揭發，涉及「惡攻」，錢在兇險情勢中被迫應對。軍宣隊認為告發的內容「情節嚴重」，「雖然查無實據，料必事出有因」，命錢寫一份自我檢討。錢即「婉轉其辭、不著邊際地檢討了一番」（該書六〈誤傳記妄〉，頁63，北京：三聯書店，1981）。「婉轉其辭、不著邊際」更像是「文字遊戲」。以錢鍾書的才學與機智，自不難於此，卻絕不會有遊戲的心境，甚

至不可能全無屈辱感。

　　文革中遇羅克在其關於出身問題的系列文章中，曾痛批「小彙報制度」（「小彙報」通常也叫「打小報告」），說「積極分子」「以搜尋小是小非、瑣瑣碎碎的新聞為能事」，「誇大、渲染，以便於他們的上級隨時利用」（〈論鄭兆南烈士的生與死〉，《遇羅克遺作與回憶》頁46，北京：中國文聯出版公司，1999）。那確是一種「制度」，使彼此間的告發合法化且正面化了。對他人的「彙報」被作為「政治積極性」的表現，不難出自至愛親朋。也因此，所謂「說者無心，聽者有意」，所謂「隔牆有耳」，都是實實在在的事，非止「世故談」。知道能說什麼，不能說什麼；什麼場合能說，什麼場合不能說；什麼話只能在枕邊說，甚至連枕邊也不能說，是生存之道。禍從口出。有必要管住嘴；當「運動」來臨，即多吃飯少說話。嚴別公私場合，在前一種場合只說公認正確的話，或「正確的」廢話。

　　既有面對面揭發，又有背對背揭發。運動中的恐怖，固然來自「打倒」以至施暴，卻更可能來自「背對背揭發」。楊絳的小說《洗澡》寫到1950年代初知識分子改造運動中，人們關於「粉碎攻守同盟」的了解：「對這一個說，對方供出了什麼什麼；對另一方說，對方供出了什麼什麼」（頁270，北京：三聯書店，1988）。到了文革，「背對背揭發」早已成慣例，是行之有效的「運動」手段。《李慎之的私人卷宗》中收有李1969年所寫「交代和揭發」自己和某人之間「相互散布的反動言論」（頁1147，香港：新世紀出版及傳媒有限公司，2013）。所謂「相互散布」，即兩人間私下的交談。私人交談中的「反動言論」，因「背對背揭發」而不斷衍生。被強令「背對背揭發」的，甚有夫妻間枕邊的私語。由此「無產階級專政」無遠弗屆、無微不至地進入了日常生活，進入了生活中最隱蔽最幽深的

角落。

李慎之「反右」中檢討說，自己「過去強調二、三知己無話不談是好的」（同書，頁231）。言外之意，即未曾料到即二、三知己間的言談亦可為罪證。由其《私人卷宗》看，李1957年的右派言論多發表在私人交談的場合（參看該書頁99、111）。這種「公私不分」由來已久。「私下」，有可能被認為更具真實性。身為黨員、黨的幹部，聶紺弩、李慎之等人，甚至不能如被認為老朽昏瞶的吳宓，對此尚能理直氣壯地質疑。

北大教授傅鷹反右前「鳴放」中的言論，就有「黨團員像特務」（〈傅鷹：中右標兵的悲情〉，《故國人民有所思》頁153）。說得太直接，卻未必不是一些知識分子的共同感受。民間將此類揭發、舉報稱為「咬」，俗則俗矣，卻形象傳神。明清之際的錢謙益批評當時戾氣充斥，就說到了人的自齧與互噬：「拈草樹為刀兵，指骨肉為仇敵，蟲以二口自齧，鳥以兩首相殘⋯⋯」（〈募刻大藏方冊圓滿疏〉，《牧齋有學集》卷四一）相互「咬」，乃政治運動中常見一景。身處此種場合，傳統知識人的自尊、潔癖，不難沖刷淨盡。陳白塵《牛棚日記》寫到中國作協迫令他和張天翼面對面揭發，使他「體會到某些家屬被迫揭發親人的痛苦」（頁89，北京：三聯書店，1995）。一向謹慎的譚其驤，文革中也曾受命揭發他人（《譚其驤日記》頁120，上海：文匯出版社，1998）。杜高檔案則公開了政治壓力下朋友間的相互舉報。犯罪嫌疑人的近親有權不出庭作證、或在庭審中只提供對嫌犯有利的證詞的「免證特權」，在我們這裡還是「新鮮事物」。那種思路，古代中國的知識人並不陌生：這個被認為「早熟」的民族，有「父為子隱，子為父隱」的傳統，有關於「證父攘羊」的經典案例。

在文革的情境中，已無所用武則天時代的告密匭，告密與公開

舉報間的界線已然模糊。揭發的公開化，也因「組織」一度癱瘓，致使告密失去了意義，以告密表現「政治積極」失卻了對象。公開的大規模的階級鬥爭，將暗中進行的擺到了明處；街道派出所向紅衛兵提供抄家名單，就將監控公開化了。當著揭發他人被作為改善自身處境的途徑，知識分子間的「分化」不難加速推進。

　　直至文革結束，李慎之才得以由「右派」這頂帽子下走出。戲劇性的是，三十年河東、三十年河西，當年主持「反右」的官員，「文革」中成了李揭發批判的對象，如吳冷西。李的揭發，對吳刻畫生動，是否也有一吐積鬱的快感？李所寫這類文字，較他的檢查交代順暢，甚至繪聲繪色，筆下不止有了活氣（參看《向黨認罪實錄——李慎之的私人卷宗》）。「文革」中的李慎之，既要自認舊賬，又要奉命揭發他人，雖不免要挖空心思，角色畢竟有了不同。

　　政治運動中的被迫揭發，與日常狀態下領受任務以特定人物為目標搜集言論，仍然不同。一個時期以來，某些被長期雪藏的情事浮出水面，即由有關部門安排對特定的目標人物監視、密報，涉及多位文化界人士。出版於2000年的馮亦代《悔餘日錄》，出版於2012年的《徐鑄成自述：運動檔案彙編》，披露的事實均令人震驚。《悔餘日錄》的付梓，出自馮的主動；徐的相關文字的刊印，則得益於其哲嗣。前者記述了馮在有關人士的具體「指導」下偵伺某幾位著名「民主人士」的詳細過程，徐的運動檔案則涉及了其「反右」後受命於某部「摸摸」某知名人士（如李平心）的「思想情況」（《徐鑄成自述：運動檔案彙編》頁104、198）。至於徐文革中對周邊人物動態的分析、反映（參看同書頁83），像是依循文革前的慣性，未知是受命還是自告奮勇，是否屬於為了脫罪、改善處境的有意「表現」。上述行為的確關係知識人的品質，不能僅歸之於環境。知識社群應當有維繫其傳統、保存其品質的能力。倘若失去了這種自我淨化的

能力，又是誰之過？即使「向組織彙報」被認為正當，仍然為有潔癖者所不齒，持守的更像是古代知識人的道德。在「組織」被認為有權知曉個人一切的1950-60年代，此種操守已成古風。明代知識人警戒至於朝廷言事的使用密摺，無非因關係世道人心。這一種思路，豈是當代官僚所能曉得？

通過搜集知識分子（尤其著名學者、文化人）公開與非公開的言論，掌握其人以及知識界的思想動向，曾經是黨組織的一項正常業務。知識分子對此的配合，即包括了思想彙報與彙報他人。檢舉、揭發與彙報（個人「打小報告」），彙報更經常而普遍。在黨、團幹部，「彙報」是其職分內事；在「積極分子」，則作為其「靠攏組織」的表現。對於如馮亦代、徐鑄成一類污點人物，授意彙報，既以之檢測其「改造」的誠意與效果，更由之掌控文化界、知識界（以及某個目標人物）的思想狀況，作為決策的參考。在其時的氛圍中，充當「組織」的耳目，未必自認為可恥；被委以此種任務者，或許慶倖有機會回報「組織」的信任。你並不需要在道德、道義與「利益」間選擇——前者被空洞、抽象化了，而後者（利益）則被壓進了下意識。你被反復告知，道德是有階級性的。不同於職業告密者（「臥底」、「線人」），你的告密似乎是無條件的、義務的。那是一種「政治任務」。「政治」本來就具有優先性。只有當那一種「政治」被質疑，道德、道義一類概念才驚心動魄地浮現。至於鼓勵相互揭發所造成的人與人之間互信的破壞，這一種社會成本，在所不計。

長期在中國工作的美國人李敦白發現，「每個黨員都負有觀察、監督同事的責任，並把任何對黨不滿的跡象記錄下來」。「很少人會認為這樣子打小報告是不對的。因為這種事是對黨應負的責任」，對被監督者也有益。他坦承自己也作這種彙報，且確信自己的報告

也會在被彙報者的「人事機密檔案」內（《我在毛澤東身邊的一萬個日子》中譯本頁233，台北：智庫文化股份有限公司，1994）。至今我在自己周圍也仍能察覺那一種人格，只不過與前輩的思想根柢有了不同。無所謂感激於「組織的信任」，也不必有哪怕是自欺的「正義感」，不過出於純粹功利的動機，心理更卑瑣陰暗，或竟不過意在打擊陷害某個特定個人，背後倒可能是道德虛無主義與對「政治」的玩視。至於職業告密者，更是將告密做成了一樁生意，或也真的有其所期待的進項。這種「制度」下，受害與加害的界線遠非清晰：鼓勵告密，不難造就陰暗委瑣的人格（古人所謂的「宵小」），希冀由他人的災難中獲利的冷酷。在良知尚存者，對他人的告發有可能成為終生的隱痛，其個人史中最不敢面對的曖昧晦黯的部分。

　　陳徒手《故國人民有所思：1949年後知識分子思想改造側影》一書，據當年北京大學向北京市委的彙報材料，考察北大校長、教授如馬寅初、馮友蘭、王瑤等人的處境，是獨具一格的知識分子研究。由北大黨委到北京市委到中央某部門的層層彙報，材料主要來自基層黨組織、黨團員、積極分子。說者無心，聽者有意。黨組織對私人間言談的及時掌握，靠的即這種彙報制度[1]。可惜的是此種材料仍大量地局鑰在檔案庫中，使關於「知識分子政策」執行情況的研究，缺少了關鍵的根據。當我得知我所尊敬的某黨員教師，經常

1　據陳徒手該書，黨內系統關於王瑤「動態消息」的彙報，「時間跨度長達二十多年」。王瑤之外，北大中文系搜集的材料，還涉及游國恩、吳組緗、林庚、王力、高名凱等著名教授，「在至今留存數百萬字的北京高校黨內文件中構建了獨特的『北大中文系意見群』。」（〈文件中的王瑤〉，該書頁178-179）由該書所引高校黨委、北京市委的檔可知，彙報，包括對私人間交談的彙報有何等經常、普遍。甘當耳目者人數之多，也證明了這種制度被普遍認為的正當性。

性地彙報我所尊敬的某著名教授，並不感到驚訝。那曾經是黨員、
「積極分子」的義務——甚至無所謂義務，是如他們的教學工作一
樣的「工作」：青年教師受命彙報老教師，黨員受命彙報黨外專家、
「民主人士」。我猜想被彙報的先生未必就蒙在鼓裡，只是他們仍
然不能杜絕私下裡的言談，那種言談不可能全是「今天天氣哈哈
哈」。

　　也因此，對於被熱議的「告密」，我傾向於使用較為中性的說
法，即「彙報」。更值得致力的，是清理使「彙報」作為一項無關
道德的「政治任務」的邏輯，使人坦然接受此類任務的環境。那是
一個「政治壓倒一切」、「黨的利益高於一切」的時代，政治倫理、
個人道德的評估，所持標準與目下不同。更應受到追究的，是濫用
權力的「組織」而非奉命行事的個人。但也應當說，某些被「組織」
以這種方式「信任」過的人，其行為仍不免令人錯愕，尤其當他們
不滿足於「規定動作」、尚有「自選動作」，超出了必要以至自身
利害的時候。如若我們這裡也有一天解密相關檔案，其衝擊力之劇，
不難想見——這一天很有可能永遠不會到來。

　　我並不想對「彙報」作事後的辯護，只是希望還原使一些文化
人當年坦然於此種「玷污」的歷史情境，以便對有關人士的行為有
「了解之同情」。不考慮到這一點，即會將問題僅僅歸諸「個人德
性」，而為那一種政治卸責。令人難以理解的是，當著某些真相終
於被公諸於世，那個既抽象又具體的「組織」繼續隱身幕後，不準
備現身。

　　至於司法審訊中的「交代」，涉及他人，有情境的特殊性，與
「線報」更有不同。如寓真《聶紺弩刑事檔案》中所說，聶紺弩的
供述，「是在誘供指供的情況下複述了審訊人員掌握的東西，而非
本人主動交代了什麼」（頁46，香港：明報出版社，2009）。該書所引

聶出獄後的申訴材料所述審訊過程可供佐證（頁47）。聶被捕後，
其好友戴浩、向思賡也被迫向司法機關寫了關於聶的揭發材料（同
書，頁412-413、頁416）。但揭發舉報，確有被迫與主動之別。寓真
該書所錄奉命偵伺聶紺弩、解讀聶詩作的文字，甚至像是有書寫中
的快感。未知寫這種東西，興致何以如是之好？卻也有洋洋灑灑寫
了一大篇等於不寫的，寓真以為乃「點者所為」（參看同書頁425-429），
亦當年一種可供玩賞的特別文字。誰說文人的伎倆沒有用處？

　　監獄、看守所鼓勵在押犯、嫌疑人相互檢舉以求減刑或從輕發
落，是監獄、看守所、勞改農場的管理手段，也適用於「牛棚」一
類變相拘押的場所。季羨林在《牛棚雜憶》中，逕指「彙報人」為
「特務」（頁127，北京：中共中央黨校出版社，2005）。吳宓日記一再
記勞改隊中人的相互揭發、「告訐」。這種處境令吳「苦惱之極」，
想到「必須力避與眾在空室同坐聚談，以免惹禍招非」（1972年1月5
日，《吳宓日記續編》第10冊，頁8）。縱容同類相殘，不止在此種場
合。如《束星北檔案》中的月子口，那種右派分子集中勞改的地方，
實行的更是叢林法則，縱容為爭奪生存機會（由改善處境到「摘帽」）
而相互撕咬。因直接關係利害，同在難中的「右派分子」以揭發他
人自求脫免，不難作誅心之論（參看該書頁198-204，北京：作家出版社，
2005）。但我仍然要說，據我的個人經驗，即使1950-70年代的中國，
也未到「道路以目」的程度。因而擬之於某國，稍嫌牽強。

　　文革中的鍛煉羅織，由批吳晗、「三家村」的權威文章示範。
有拆私人信件將人「拆」成了反革命。更常見的，還是批判文章將
人「分析」成了反革命。在這一方面，最高當局關於吳晗《海瑞罷
官》的要害是「罷官」，最稱範例。抓「要害」，掐「命門」，揭
背景，挖動機，抉微闡幽，文革期間隨處都有這類殺機重重的智力
遊戲。其時既有作為批判對象的「影射史學」，又有穿鑿附會、以

索隱、專事搜尋「影射」為能事的「批判」。令陳白塵百口莫辨的，是將其1930年代紅軍已抵達陝北後的劇作《石達開的末路》，與紅軍長征掛在一起。對此陳指為「誅心之論」、「羅織人罪」，使自己「心痛欲裂」（《牛棚日記》頁10、177）。

郭小川運動檔案中郭本人所作1959年11月某日他所供職的作協舉辦的批判會紀錄，有的發言說他「向黨鬧獨立性」（《作協批判會議發言紀錄》，《郭小川全集·外編》第十二卷，頁67，南寧：廣西師範大學出版社，2000）；更有人說他的主要問題，是「跟黨的關係」，「向黨伸手，反黨反社會主義性質（按原文如此），向黨鬥爭」（同上，頁64），都較為致命。那種場合施之於渺小個人的語言暴力，正以摧垮對方的精神防線為目標。當面批判自己的同事、同行而面不改色心不動，也要久經歷練才能。由郭小川的批判會紀錄看，他的那些同行同事不難將其視為無物。這也是久經政治運動者通常的態度。而被批判者記錄對自己的批判，在當時的情境中，亦謙卑的表現，卻仍然需要勇氣。這是今天的人們難以體會的[2]。

郭小川外，李慎之、邵燕祥的運動檔案，也收入了當年他們作為被批判者所作記錄，可據以考察批判會——文革中通常作「批鬥會」——的組織方式及現場氛圍。當面批判，較之大字報，衝擊自然更直接。對於邵的某次批鬥會上，甫一開場，就由主持者定了調

2　黨內高層的批判會，亦「群起而攻之」，其蠻橫、不由分說，甚至涉及隱私、爆粗口，與「群眾」無異（參看卜偉華《砸爛舊世界》——文化大革命的動亂與浩劫（1966—1969））關於1966年5月19日中央政治局關於彭真、陸定一等人的批判會的敘述，見該書頁87-91）。因等級森嚴，上下懸隔，如無披露，老百姓的確無從想像。卜偉華《「砸爛舊世界」——文化大革命的動亂與浩劫（1966-1969）》，香港：香港中文大學當代中國文化研究中心，2008。

子：「邵提出『反官僚主義』，實質即瓦解無產階級專政，推翻黨的領導。『干預生活』，即干預政治，干涉無產階級專政。」（《人生敗筆——一個滅頂者的掙扎實錄》頁215，鄭州：河南人民出版社，1997）這樣的批判猶如「釋之之愛書」，不由分說，亦無需申辯。邵在同書的另一處卻又說，「反黨反社會主義反毛澤東思想」的罪名雖可置人於死地，卻又因用得太濫，「以致幹部群眾大家都『疲』了，習以為常了，見怪不怪了，無動於衷了」——亦一種諷刺性（同書，頁229）。李慎之檢討後的答問環節，也更像「應訊」。審訊者意在坐實其罪（參看《李慎之的私人卷宗》頁254-257），既無可能也無需申辯。顧准1970年2月5日的日記中說，他得之於批判會的「最大收穫是從此要夾緊尾巴做人」，「念念不忘自己是罪人與敵人」（《顧准日記》頁181，北京：經濟日報出版社，1997）。徐友漁據自己的經驗說：「一切揭發、鬥爭，都是為了誘使你承認你不願意承認的罪名，以及他們懷疑你犯過，但尚未確切掌握的罪行，並要你自己提供對於那些罪行的證據。」（〈我在一九六六年〉，《1966：我們那一代的回憶》頁27-28，北京：中國文聯出版公司，1998）

　　歷經政治運動，對他人的文字吹毛索瘢，幾乎發展成一種準「專業技術」。這種畸形發展的能力（基於所謂的「政治嗅覺」），文革結束後的一段時間，仍有施展的空間。你由當時主流媒體發表的「文學批評」即不難發現。大批判中的鍛煉羅織、深文周納，正利用了一些知識分子的專業知識、學術訓練。「索隱」本是一種學術取向，「穿鑿」亦不失為「學術風格」，當此之時有可能派上了用場。對於文化人、學人的大批判中，最具殺傷力、足以致人死命的「誅心之論」，通常正來自他們的同行、同事，更不要說中央文革旗下的專事批判的「秀才」、「筆桿子」。

　　批判知識分子最致命的，在針對其心血所注的作品，無論文學

還是學術。著名的《黃河大合唱》詞作者張光年（即光未然），在
其幹校日記中寫到，幹校組織了對包括《黃河大合唱》在內的作品
的批判，「我服服貼貼地誠懇接受了對我的批判，認為是對自己的
教育和挽救」（1970年6月22日，《向陽日記》頁27，上海：上海遠東出
版社，2004）。但日記的其他處，卻讓你看到了他對自己這部作品命
運的關注。

　　批判往往即指控以至聲討。文革中的大批判更追求殺傷力，刺
刀見紅，甚至刀刀見血。周一良寫對其時北大批鬥會的印象：「大
會批鬥一般是迅雷烈風似的轟炸，罪行務求聳人聽聞，反動得越尖
端越好。小會批鬥則另是一景，深文周納，鍛煉冤獄。」（《畢竟是
書生》頁59-60，北京十月文藝出版社，1998）

　　不正常的言論環境，也造就了東方朔式的智慧。王瑤先生被我
所在班級的同學批來批去的「黑話」，多半有戲謔的成分（包括自
我嘲謔）。如說自己「苟全性命於治世，不求聞達於諸侯」，說自
己「走鋼絲」，說自己「課堂上是馬克思，課下是牛克思，回到家
裡是法西斯」。這類俏皮話，儘管「骨子裡」反動，卻難據以定讞。
那「反動」泥鰍一般，像是被攫住，卻又給它溜掉了。也因此王先
生被公認「老奸巨猾」。好像必得反動到「赤裸裸」，才對得起革
命群眾似的。

　　前不久在我家所在社區的超市，還聽到兩個售貨員使用「上綱
上線」的說法。「綱」即階級鬥爭的綱，「線」則是路線鬥爭的線。
大批判中最有威懾力的，即「上綱上線」。有「無限上綱」的說法，
是文革中批鬥中常見的做法。美國人威廉·韓丁（William H. Hinton）
文革中在中國北方某村（張莊）看到的如下現象令他困惑不解：該
村的齊姓青年有盜竊行為，此行為被「劃成階級鬥爭，並把它歸咎
於資產階級思想」（《深翻》中譯本，頁434，香港中國國際文化出版社，

2008）。此即「上綱上線」。該村的宣傳隊不關心齊的經濟狀況，卻將抓到齊作為「揭開張莊階級鬥爭蓋子的契機」（同上，頁435），也是文革中通常的鬥爭策略。在這種意義上，「上綱上線」更基於發動「階級鬥爭」的需要。

　　但「揭發」確有避重就輕、寓「迴護」之意者，批判也有「假批判、真包庇」，「捨車馬、保將帥」等一套應對之策。1966年5月8日《光明日報》刊載的何明（即關鋒）〈擦亮眼睛 辨別真假〉，指《前線》、《北京日報》對「三家村」「假批判、真掩護，假鬥爭、真包庇」（參看王年一《大動亂的年代》頁22，鄭州：河南人民出版社，1988）。這類指控常見於文革中相互攻防之時。曲折地為批判對象開脫，乃政治高壓下不得已的對策，與揭發、批判對象彼此心照不宣，甚至暗通款曲——也是良知於此為自己竭力爭取的一隙之地。社會的逐漸回歸理性，也就這樣點滴地進行。此外，發生在運動中的變化也緣於「運動」本身的邏輯：運動的主持者要的是「猛料」，越聳人聽聞越好。揭發舉報者往往有意迎合，添油加醋，甚至無中生有，到了後來，未始不也是在娛樂大眾。揭發者與主持者對此未見得沒有默契。「批鬥」的漸趨戲謔化，也與此有關。

　　1979年右派問題改正後，李慎之在寫給黨支部的信中說，二十多年來，「我唯一可以自慰的是，我手上沒有別人的血，也沒有別人的淚，但是我自己心上的創口是永遠敞開著的，流著我自己的血。」（《李慎之的私人卷宗》頁1213-1214）。在1980年的〈自我鑒定〉中他說，自己「始終堅持『寧人負我，勿我負人』，決不作任何造成他人痛苦的『交代、揭發、批判』」（頁1217）。在文革這樣的運動中，做到這一點，殊為不易。在巨大的政治壓力下，能有一說一、有二說二，不無中生有、蓄意誇大渲染，就算守住了底線。

　　尤為難得的，是邵燕祥的自省。《人生敗筆——一個滅頂者的

掙扎實錄》一書的自序〈為什麼編這本書？〉說：「在我，無論違心的或真誠的認罪，條件反射的或處心積慮的翻案，無論揭發別人以劃清界線，還是以攻為守的振振有詞，今天看來，都是阿時附勢、靈魂扭曲的可恥記錄。」（頁1）似過於嚴苛。但又有幾人有說出這番話的勇氣！廖沫沙與邵燕祥，是較早公開自己的運動檔案以開風氣者，也是他們對於文革研究的特殊貢獻。

錢鍾書為楊絳的《幹校六記》寫〈小引〉，說覺得妻子的「六記」「漏寫了一篇，篇名不妨暫定為〈運動記愧〉」。接下來寫到「歷次運動」中均有的三類人：受冤枉、挨批鬥者；一般群眾；以及充當旗手、鼓手、打手者。他以為後兩類人都應當「記愧」，只不過最後一類人通常「既不記憶在心，也無愧作於心」。文革至今，確也有了一些「記愧」的文字，多半出自知識分子（包括韋君宜這樣的知識分子幹部），而那些以「整知識分子」或「整其他知識分子」為業者，卻如錢鍾書所說，像是「無愧作於心」。

國外學者陳佩華（Anita Chan）由訪談中得到的印象是，在文革的派仗中，青年人終於得以「前所未有的在不受約束的氣氛下自由交流思想，相互訴說自己的想法，用不著擔心有人向團支部打小報告」了（《毛主席的孩子們──紅衛兵一代的成長和經歷》中譯本，頁169，台北：桂冠圖書股份有限公司，1997）。我自己的經驗，1968年「清理階級隊伍」過後，像是不能再有那種迫使人告發的壓力──當然不是當局有意減壓，而是其權威已不足以維持。儘管文革後「打小報告」仍未絕跡，有可能轉入了地下，也更加職業化了，卻不再公然受到鼓勵，且有可能在敗露後被孤立。這也是政治環境漸趨正常之一端，要經過與五六十年代的比較才能感受到。社會生活中諸如此類細微的變化有可能意義重大，可以作為一個時期結束的標誌。它們不會被政治史記錄在案，在社會生活史上卻非同小可。大的變

動也就由諸種細小變動彙聚而成，由諸多個人生活史中的變化彙聚
而成。後來的情況證明這些變化是不可逆轉的。「後文革時期」也
因此不可能是五六十年代的直接延伸。有延伸，也有斷裂。

　　1976年「四五事件」後的追查，曾被隔離審查的趙世堅說，自
己「沒聽說過誰揭發了誰」（阿堅〈我在四五事件前後〉，《七十年代》
頁212，Oxford University Press 2008）。他對此歸結為「幾千年來傳統
中的『不告密』是道德底線之一」，是經不起推敲的。被革命搖撼
最甚的，就有這「傳統」。但到了「四五」，確實有了變化。話劇
《楓葉紅了的時候》中追查政治謠言的情節並非杜撰。如若真的有
那種「不告密」的「傳統」，也至此方得修復，卻又非因了道德感
的恢復，而是更多的人以拒絕告密為政治反抗。由1989年「政治風
波」後的追查政治謠言，也可以看出修復的成效。儘管至今仍有監
控，有「資訊員」之類的角色。

　　本文所謂的「批判」，不具哲學含義，是當代中國政治文化的
特有現象。至於「揭發」、「檢舉」，任何社會都有，亦社會治理
的正常手段，區別在於情境、條件——就本文而言，這種區別意義
重大。你由上文可以相信，那樣的「揭發」、「檢舉」縱然不為當
代中國所特有，也大有別於其他社會的類似現象。而下文所涉及的
「檢查交代」、「思想彙報」更有十足的中國特色。

二、檢查、交代、思想彙報

　　運動檔案中文革後發還本人的，主要係自查部分，檢查交代，
思想彙報等。「交代」則如前所說，可能既有檔主對自己問題的「交
代」，也有對所知他人歷史及現行問題的「交代」（如杜高檔案中
對同案諸人問題的交代），包括應外調人員的要求所寫材料。另一

種檔案或許更重要；至少要與本文所談檔案材料對讀，才能接近真
相，即陳徒手在其《故國人民有所思》一書中一再引用的當年黨組
織對某人觀察、評價的「內部報告」。接觸到這些材料，是陳的幸
運。

　　鮑彤為李慎之《向黨認罪實錄》所作序，提到了「有中國特色
的檢討文化」（〈李慎之先生《向黨認罪實錄》序〉，李慎之《向黨認罪
實錄——李慎之的私人卷宗》）。這一種文化的確淵源古老。鮑序說，
「有中國特色的檢討文化可以追溯到周武王的父親姬昌」即周文
王。但影響深遠的，仍應推曾子的「吾日三省吾身」（《論語·學
而》）。宋明理學宣導的修身活動，更將這種省察技術化了。袁黃
（了凡）的「功過格」，以及不如功過格流行的東南大儒劉宗周的
「遷改格」，設計了供知識群體自我完善、提升的一整套儀式。清
初士大夫的「省過會」，以日記一類書寫方式自查、互規，作為修
身手段，甚至被早期社會主義者承襲。早期儒家主張的「反求諸己」，
宋明理學對「克治」己私的強調，這一脈思想傳統影響極大，綿延
至今，用於士人群體道德的完善，也以之對沖功利主義、實用主義，
積極意義無可置疑。

　　當代政治中的檢查交代、思想彙報，與古代知識人的「自省／
互規」看似對應卻性質迥異。檢查交代帶有某種強制性，尤其在政
治運動中；思想彙報亦然。儘管由字面看，「批評與自我批評」與
「自查」、「互糾」庶幾近之，具體實施中卻可能全無可比性。經
由反省，經由自我克、治而去「私」，不再是自覺的道德追求。在
如文革這樣的情境中，更不過是針對一部分人、尤其知識人的壓制、
控馭手段——當局將這一部分傳統資源高度政治化了。一個又一個
「運動」強有力地介入了這一過程，直至文革。這自然非理學家的
想像所能及。

即使如此，理學在塑造當代中國思想文化方面的作用，也仍然值得充分估計。嚴於道德修煉的士人，力圖以「無不可告人」自證其磊落，所謂不欺暗室、不愧屋漏。那是知識人的自我規範，非緣於外部的強制。而文革前已大力宣導的「鬥私批修」、「亮私不怕醜，鬥私不怕疼」、「狠鬥『私』字一閃念」（「克治」至於意念）、以「竹筒倒豆子」強調「暴露」的徹底性，要求和盤托出──由「活思想」到「醜惡靈魂」，表面看來也如宋明儒者，對所謂的「私」四路把截，卻是在誘導以至強制下進行。政治運動中，倘所暴露的不夠「反動」、「醜惡」，即不能自證其態度誠懇，難以被「革命群眾」放過。文革中大舉反孔，批儒，在實踐層面，卻將「克治」推向極端，是那一種儒學傳統的扭曲變形。

古代中國知識人的自省曾有十足的嚴肅性，凜凜然如「上帝臨汝」。專致於修省的士人之間，則有等級制度下難得的平等。「德業相勸」，「過失相規」。在講學一類場合，更是既不計年齒，也不論官階。今人的自查，面對的是「組織」或組織的肉身，既非為上帝代理凡間事務的牧師，也非一道修行的同人。世俗權力關心的不是為人解脫（罪錯），而是對人的掌控。

文革興起，自省／互規不再適用，流行的更是相互揭發舉報與自我批判（「自誣」、「自汙」）。對於運動對象，「檢查」更升級為「請罪」，「批判」則加碼為「聲討」。請罪的對象本應是神祇，文革中則是黨和毛主席（當時的說法，是「向黨和毛主席請罪」）。要過關更要對自己痛下殺手，無論所說是否實情。

邵燕祥《人生敗筆──一個滅頂者的掙扎實錄》一書的自序〈為什麼編這本書？〉中說，經歷告訴自己，在政治運動中，「自我批評已經淪為指供與誘供」。其間有分工，即有人專司批評別人，有人專作自我批評（頁4）。而「所謂檢討交代，即『自我批評』或『自

我批判』，其實就是第一人稱的『大批判』。」（同書，頁7）當說
或寫違心的話成了習慣，說或寫者自己也會真偽難辨。到了這種境
界，自律與他律的界線消泯，倒是會心安理得，而不必面對良知的
拷問。至於下述信念——即「私」可以經由「克治」全然消滅——
的崩坍，其後果不止於1980年代的重新發現「自我」、「欲望」（諸
種情欲以至性欲）。實現在1990年代市場化過程中的，更有戲劇性。
「自我」進而膨脹為「自我中心」，欲望的表達在文學中，有所謂
的「下半身寫作」。當然這樣說過於簡單，也不免誇大了文學的象
徵意義。但觀念層面一旦引入了現實力量，破壞力有可能超乎想像。

　　1949年之後知識分子的自查，應由1950年代初的三反五反、「忠
誠老實運動」發端。楊絳的小說《洗澡》，即以上述運動為背景。
這或許是前國統區的知識分子「新社會」初次與陌生的政治文化遭
遇。關於他們如何笨拙地學習、訓練那一套技術，發生在這期間的
悲喜劇，《洗澡》有生動的描寫。可以作為該書注腳的，即有顧頡
剛、吳宓、譚其驤等人傳世的日記。

　　實施「改造」的每一步，有重點的不同。三反五反交代經濟問
題，忠誠老實運動著重在交清（個人）歷史。1958年的「向黨交心」
更進一步，要求交代的是思想，尤其與政治有關的思想。黨組織對
本黨黨員是否應當有此要求不論，向非黨知識分子要求「交心」，
且幾乎被作為了公民義務（其時「公民」的概念遠未普及），由今
天看來，是否逾越了限度？當年卻少有人質疑，像是順理成章。只
不過「公民」有「交心」的義務，「組織」卻沒有為之保密的責任。
主動說清楚的歷史問題，所交代的思想認識問題，均有可能作為你
的檔案材料，在被認為必要的時候被拋出。由此看去，「交代」、
「交心」更像是誘供；你的供述或許鑄就了你的命運。這種時候，
「言者無罪，聞者足戒」中的「言者無罪」，像是從來不準備兌現

的承諾；即使不曾當場定罪，事後也不能免罪。修改一句歐美執法人員的口頭禪：你不可以保持沉默，你所說的都將作為呈堂證供。文革回憶錄中，頗有人寫到了從此不但不敢向組織、也不敢向別人「交心」：「記住！只要有第三人在場，你就千萬不要說出自己的心裡話！」（周麗〈蕶然回首〉，者永平等編《那個年代中的我們》頁228，呼和浩特：遠方出版社，1998）這也許是「血的教訓」換來的一點世故。文革後的「信任危機」，由當局的「信用缺失」做了底子。

「任何人都不得被強迫自證其罪」，在我們這裡是長期以來不為人知的。強迫自證其罪的做法，歷次政治運動中都在運用。無論哪一次運動中，被批鬥者都沒有沉默權，也不知曉世間尚有此種「權利」。這種鍛造得極精緻的社會控制機制——占有他人的個人秘密，操控他人的思想、精神活動——不但制度化，而且內化，即「自查」由強制而自發、主動，甚至像是一種需求。因而有下文將要寫到的那種強迫症似的自我告發。我就曾目擊過這樣致命的「交代」：在文革的狂暴氛圍中主動供述，像是身不由己，鬼使神差。王蒙說反右中他把自己「檢舉成了右派」（王蒙、許子東〈1957·信與服·形而下〉，《上海文化》2011年第5期，頁39）。文革中把自己檢舉成了現行反革命的大有人在。我的大學同班同學「暴露活思想」，就暴露出了這種結果。

記得暴露出「危險思想」之後，該生當即被看管了起來。回頭看去，該生顯然有強迫症的嫌疑。但那種時候絕不會有人想到心理疾患，甚至也沒有這類心理學的知識。以後的故事，就有點不堪了。有一時你會聽到男同學說，該生在摳自己鞋底的泥吃；另一時又聽到，該生吃自己的大便。你會在班上開會的正經場合，看到該生旁若無人地走進來，手拿一束柏枝，嚼著上面的葉子。對該生真瘋還是裝瘋，我當時的同學未必不將信將疑。所幸大家尚保有善良之心，

不記得有人將那懷疑大聲地說出來。在工宣隊耳目的監視下，該生也始終沒有露出破綻。倘若他竟沒有瘋，那在他又是怎樣一段恐懼而又絕望的日子！

畢業後一班人風流雲散，該生也消失在某個地方──究竟哪個地方，或許有人知道，我卻不曾打聽過。七十年代初那個春天的畢業離校，在我的經驗中更像是逃離，我自己已夠狼狽，該生是怎麼走的，攜帶了何種身分，自然無暇留意。

由問世的運動檔案，約略可以窺見知識分子學習、訓練「檢查」、「交代」的過程。《杜高檔案》（李輝編著《一紙蒼涼──〈杜高檔案〉原始文本》，北京：中國文聯出版社，2004）中杜1955年的「交代」尚未標準化，文字間仍可感文藝青年的熱情與對理解的渴望。雖不免有違心之言，卻還不至於混淆了「罪」、「錯」，一味自誣。檢查、交代的一套技術，是在接下來的政治運動與漫長的「勞動教養」中練就的。最初的那一點真誠，也在此過程中消磨淨盡。

較之檢查交代，思想彙報更有常規性。文革前的十七年間，無論黨團員還是群眾，均有向組織彙報的義務。也如上文邵燕祥所說「有人專司批評別人，有人專作自我批評」，這裡則是「一派是專門彙報思想的，一派是專門聽彙報的」（遇羅克〈談鴻溝〉，《遇羅克遺作與回憶》頁66）。文革中被強制彙報的，更是運動對象。因各級黨組織一度癱瘓，其他人倒是解除了彙報的負擔；直至文革結束，這一種制度也不曾全面恢復。傳世的運動檔案，相當一部分文字以「思想彙報」標目。這一部分往往水分更多，內容瑣屑、重複，甚至表述大同小異。下文將要談到的徐鑄成的運動檔案即如此。奉命彙報者不免辛苦：為了填充篇幅應對審查而「翻箱倒櫃」、「窮搜苦索」、「深挖細找」、「巨細無遺」（《人生敗筆──一個滅頂者的掙扎實錄》頁200）。邵燕祥回頭看自己1969-1970年的思想彙報，

說「翻來覆去這點事、這些話，雖有耐性也不耐煩了」；那兩年的思想彙報雖「還算認真」，卻「也有了敷衍的痕跡」（同書，頁192）。此時尚未到「運動後期」。而徐鑄成運動檔案中最枯燥乏味的，即邵所說的那種「沒話找話說」的思想彙報（同書，頁146）。究竟是誠心誠意還是虛與委蛇，一心一意還是三心二意，徐本人也未必說得清楚。徐也偶爾在「彙報」的題目下發一點牢騷，訴說點委屈，如說自己本以為在過去十年中，「是想改造的，處處小心謹慎，聽領導的話」，仍不免如此（〈彙報我近來的思想情況〉，《徐鑄成自述：運動檔案彙編》頁82，北京：三聯書店，2012）；另如提到所在居民區「里委群眾專政小組」的過火做法，略示不滿。這種牢騷、不滿，也只能借諸思想彙報表達。

　　口頭與書面外，運動對象還被勒令使用其他彙報形式，如日記。日記的非私人性並不始於文革，如明清理學之徒的修省日記，1949年後的「思想改造日記」，以至作為範本於本人身後公開發表的《雷鋒日記》、《王傑日記》等。文革中于光遠奉看管他的北師大紅衛兵之命，每天寫認罪日記，該紅衛兵「在上面經常批示的是三個字：『不深刻』。交日記本時要交到他手上，可他還給我們時，卻是扔在地上，讓我們各自去找」（《文革中的我》頁19，上海：上海遠東出版社，1995）。修省日記、甚至思想改造日記有可能出於主動，其預設即包括了可公之於眾：既自我檢討，亦可供相互監督。「認罪日記」自然不同。即令迂執如吳宓，幾十年如一日以日記記錄其思想、生活、傾吐真情的，文革中竟也被迫練習寫一種可供「檢閱」的日記（參看《吳宓日記續編》第8冊，頁508、509），真的是難為了他。

　　知識分子精神意氣的斲喪，除了「急風暴雨式的階級鬥爭」如文革外，更是積漸而至的。日常性的檢查、思想彙報之類，即那把斲人的斧子。不一定大砍大殺，只消一點一點地雕琢，令你就範，

使你失卻了自主地思考、表達的能力。這種細密的功夫，應當算作
當代中國的一項發明，雖有傳統淵源，卻更是創造，或非其他社會
主義國家所能及。

　　革命史上的檢查交代，無疑是當代檢討文化的近緣，亦更直接
的源頭。何方《黨史筆記》反復寫到張聞天在強大壓力下為求檢查
過關而對自己作不實指控，包括了無中生有、「無限上綱」，說張
「認為維護領袖的威信和黨的團結（每次重大的黨內鬥爭，毛澤東
都以有分裂危險相警告），給自己的檢討上綱上線，是為了革命的
需要，是『顧全大局』。如同許多人1959年承認『右傾機會主義』，
文革中承認『反革命修正主義』，甚至『黑幫』、『三反分子』等，
就都有這一因素，而不完全是軟弱的表現」（頁135，香港：利文出版
社，2005）──令人想到了莫斯科審判中的布哈林。至於文革中高層
人士的檢查交代，則與平民百姓無異（參看王年一《大動亂的年代》頁
18-20），共用同一套修辭；從事這種書寫並不較百姓高明。

　　檢查、交代、思想彙報、認罪書與大批判文章，作為當代中國
政治八股的重要類別，都不同程度地格式化了。寫這類文字，亦如
明清間人的作「時文」，但求中「式」，也確有其「式」。因此有
必要作「檢查」、「交代」的文體學、修辭學考察：其文體淵源，
文體規範的形成。這也應當是知識考古學的題目。文革結束後有對
於1950年代至文革期間流行的「毛文體」的考察，亦有關於「檢討
文化」的分析文字。至於文體沿革，則非對文體、修辭（包括隱微
修辭）特具敏感者，所見或只是千篇一律，相互拷貝與自我複製。
我不是從事這項考察的適宜人選。

　　令我驚訝的是，收入《徐鑄成自述：運動檔案彙編》的徐寫於
1952年的此類文字（〈徐鑄成同志的思想檢查〉）已然「中式」。儘
管未曾經受革命根據地的訓練，徐對於此種文體，似乎已駕輕就熟。

而他本人1950、60年代所寫檢查、交代,與文革中所寫,文體大同小異,文字水準未見長進。顯然可見的,只是1952年到1957年到1967年,自我批判逐步升級。1957年徐即使用了「請罪」的說法(見該書頁28),以「滿身瘡疤」、靈魂醜惡自汙(頁26);文革中更屢屢請罪,一再寫〈認罪書〉,自說「罪惡滔天」、「反動透頂」、「罪該萬死」,自承「右派翻天」,說自己是「不齒於人類的狗屎堆」,直至無以復加。徐提到越劇著名演員袁雪芬的交代「像背臺詞」(同書,頁307),他自己何嘗不如此。徐鑄成以老報人文字運用的嫻熟,卻不得不模仿流行文體,事後看來,像是對其智商的侮辱。其檢查、交代、思想彙報,將自己的文字能力藏在了標準化的格式中,幾無一點洩露,也可稱一絕。

當自我告發、自我羞辱成為長期反復上演的劇碼,中國當代政治的荒誕面盡顯。陳佩華由訪談中得到的印象是,由小學到中學,多年訓練的「當眾做批評和自我批評的技巧」,如受訪人所說,熟練到了「只要一張嘴那些話就自然而然地湧到嘴邊上來」(《毛主席的孩子們——紅衛兵一代的成長和經歷》中譯本,頁105)[3]。這種訓練有利於造就偽君子,魯迅所說的「偽士」(〈破惡聲論〉),以口是

---

3 陳認為這種訓練是有成效的。「這種中國式的教育方法,不斷重複使用高度程式化的道德訓誨式語言來培養青年人的政治、道德價值觀,確實非常成功。這種無休無止的灌輸⋯⋯的結果,不只是表面上的一致,連人們的日常詞彙和表達方式,也都滲透著一整套特定的價值觀。」(同上)上述觀察不免浮面。經由強行灌輸形成的「價值觀」,不難一朝崩塌。「學部」(原中國科學院哲學社會科學部,即今中國社會科學院)歷史所劉重日寫自己「五七幹校」期間向軍宣隊員請教如何寫彙報,聽到的答覆是:「我們部隊有句話,叫做:『彙報彙報,連編帶造!』」(〈「泡」校〉,《無罪流放》頁74,北京:光明日報出版社,1998)上下欺矇,亦這種政治文化的特點。

心非的表演謀取「政治資本」。但也確有一些人，被灌輸的政治、道德價值觀終於內化，他律轉成自律，由口頭到確信。大批知識分子經年累月在重複不已的檢查交代、思想彙報中虛擲光陰、浪費生命，是否被計入了「改造」的社會成本？

正如從來有人頂住高壓拒絕不實的揭發舉報，也有人始終難以為檢查交代、思想彙報這一整套技術所規訓。《束星北檔案》收入了束反右中在不堪承受的重壓下所寫而終未上交的〈檢討書〉。為救家人也為自救而苦心經營卻終未上交，是那一點磨蝕不盡的尊嚴感拖住了他。儘管由收入該書的〈檢討書〉看，束已做到了最大限度的謙抑，甚至用了就他而言可恥的流行表述。出於功利考量的違心的檢討，終拗不過良知。他不忍踐踏自己。不上交才是束星北。但那份〈檢討書〉中的「悔恨」，或許是真實的，想到家人，想到一生的事業。我還記得反右後「處理」前聽到的後排宿舍董姓教師靜夜裡的哀嚎，如魯迅筆下的魏連殳（《孤獨者》），慘傷裡夾雜著的卻不是「憤怒和悲哀」，而是絕望——將無以為生，將無以養活家人。這種意義上的「悔恨」，當然不是「組織」所要求的。

學會寫「中式」的思想彙報，在束星北如此艱難，幾乎使他不再是他。他終於能不無真心地悔恨，抉發、晾曬自己的「醜惡思想」，將過失表述為「罪惡」（參看《束星北檔案》頁235-243，北京：作家出版社，2005），直至那個「他」在另一時間回歸。一旦「回歸」，周圍的人發現的，是其依然故我，不但對科學的癡迷，而且應對人事的率性以至粗暴：儼然經歷了漫長的一輪「否定之否定」。「橈橈者易折」。在政治運動的強大壓力——幾乎可稱「不可抗力」——下，寧折不彎者固有之，雖曾被壓彎而能復直，也不易得。這種自我修復的能力，難道不也是當代中國知識人大可傲視前人之處？

沈從文說自己「幾幾乎每年都自寫份『自我檢查』」（〈陳述檢

討到或不到處〉，《沈從文全集》第二十七卷，頁257，山西：北嶽文藝出版社，2002）。但沈的文字，本來就不是為這種文體練就的。收入北嶽文藝出版社版《沈從文全集》第二十七卷的寫於1950年的「學習總結」、「分析檢討」，一仍原有的筆調。他這一時期的文字，更像是在說服自己接受一個新的社會。反復提到的，是苦於不能融入集體，「難於合眾，群眾路線不會走」（〈我的分析兼檢討〉，1950年，同書頁74）；「缺少對於『集體』的認識，只知用『走單幫』方式的工作方法」（〈我〉，1958年，頁163）。說的是文學創作。文學創作本來就適用「走單幫」的工作方式。但沈從文畢竟不像吳宓的迂執。由收入該卷的文字看，他漸能掌握新的文體，儘管仍自認為「措辭不甚得體」（頁164），「寫檢討語句生硬，詞不達意」（頁167）。上綱則由「個人主義」、「經驗主義」到「骯髒靈魂」（頁166、168）；文革期間則使用了「向黨、向人民請罪」的流行說法，違心地說自己「是個對社會主義建設毫無好處的人，是作官當老爺擺臭架子的懶漢，是反黨反社會主義的一分子，是牛鬼蛇神，是應當鬥倒鬥垮鬥臭的一個不折不扣寄生蟲」（〈我的檢查〉，頁200、207）；1969年「解放」前的〈最後檢查〉，更說自己「思想混亂反動」，辱罵自己「是個沒有靈魂的庸人，或靈魂骯髒的混蛋」；本不承認的「罪行」也承認下來，如「向上爬」（頁270、272、277）。終於過關，大約也賴此。前此他曾經抱怨說「寫思想檢查，實在負擔沉重，不知如何是好」（〈「反右運動」後的思想檢查〉，頁161）。以沈從文對專業工作的癡迷，這種抱怨很可理解。

　　自文革爆發至1968年底，沈曾做過大小六十多次檢討（見該書〈我為什麼始終不離開歷史博物館〉，頁253）。由該輯看，運動初期，歷史博物館曾為其特闢專欄，僅范曾一人，就為其列出罪狀幾百條（〈表態之一──一張大字報稿〉，同書頁171）。面對最初的攻訐，沈態度

強硬，辯解、申訴、說明真相，時有抱怨，甚至反唇相譏（參看同書
頁174、177、179、183、184等）。出於專業態度，他拒絕對自己的文
物工作、也不贊成對歷史博物館的文物陳列全盤否定（〈回答〉、〈關
於服飾資料問題〉、〈我為什麼搞文物制度〉等）。不但不能低首下心，
徹底認罪，對自己的工作還時有表彰（如〈我為什麼研究雜文物〉）；
有的檢查，更像是自己文物工作成績的清單。一邊辯解一邊仍積極
建議，絮絮不能自休。凡此，最易觸「群眾」之怒。〈我為什麼強
調資料工作〉中說，歷博當局「與其要我寫思想材料，使得我頭腦
沉重到幾乎發狂，卻什麼也寫不出，對國家說實在極不經濟」；希
望能考慮趁自己健康狀況許可「整理一兩個卡片箱」（頁186）。那
正是1966年舉國若狂的「紅八月」。在這幅背景下，他的檢查才稱
得上獨具一格。這種不識時務、不合時宜確係沈的本色，令人可感
此老骨子裡的倔強。卻又不像是有意「抵抗」。沈到此時，仍然活
在自己的小世界中。毋寧說這種「自閉」與對專業的沉迷拯救了他。

　　文革中沈的檢查，一旦述及個人經歷，即不免信馬由韁，使用
了散文筆調以至「小說家言」，令人察覺到這種寫作中的快感（如
〈文學創作方面檢查〉、〈我到北京怎麼生活怎麼學習〉、〈我到上海後
的工作和生活〉）。這類文字，掏心掏肺，將其對於文學對於文物工
作的期許，表露無遺，大可與《從文自傳》互為補充印證。這種與
時式大不侔的「運動」文字，置於文革的語境中，堪稱一絕。如此
寫「檢查交代」而能為所在單位「革命群眾」所容，已然稀有。儘
管對歷史博物館有諸多不滿，沈從文能獲保全，或也因其不在高校
或「學部」吧。

　　北大出版社出版的《顧頡剛自傳》，第二部的一組文字，寫於
1950年5-6月，其中〈我的性格分析〉一篇，開頭就說：「近來各種
從業人員都做自我的檢討」（頁139）。對於原國統區的文化人（以

至其他人等），這種經歷實在從所未有。有趣的卻是，除吳宓等另類，對這種「新文類」，知識分子似乎不難習得。由「老區」、「解放區」進城者固早已熟極而流，如上文所說，徐鑄成這樣以弄筆為業者，也不難照貓畫虎，適應既經形成的套路，寫得中規中矩。倒是聶紺弩，雖革命資格足夠老，收入全集裡較早的檢查彙報，並不中式。也證明了個人的「革命歷史」並不足以保障其改造的成效。

顧頡剛在1952年的三反五反、思想改造運動中，已有寫檢查交代（顧謂之「坦白書」）的訓練（《顧頡剛日記（1951-1955）》第七卷，頁201，台北：聯經出版公司，2007）。「自我批判」，1958年也曾做過（〈在解放後的大事記〉，《顧頡剛自傳》頁180、190）。其1965年的日記，一再記述有組織地討論「知識分子改造」、「思想改造」等問題，自己因發言不當而受批評（《顧頡剛日記（1964-1967）》，第十卷，頁324）。到文革，已算得「老運動員」了，即使仍然會應對失當。這也是其性情中的堅硬處，再大的壓力下也不易變形的。

「三反五反」時顧頡剛就發現，「三反之時，不貪污不如貪污。思想改造時，則不反動不如反動，以貪污反動者有言可講，有事可舉，而不貪污、不反動者人且以為不真誠也。」（《顧頡剛日記（1951-1955）》第七卷，頁154）到文革仍然如此。只是顧習得的那一套技巧已不夠用。他文革期間的日記，一再寫其妻為其所寫「交代」把關，為其應對即將到來的批判所寫材料把關，一改再改，惟恐不合要求；顧則不勝其苦。他說，自己「盡心竭力地罵自己」，在其婦看來，仍是「處處在吹捧自己」（同上，頁615）。說其兩個月五易其稿，「一次一次寫」，其婦「一次一次改」（同上，頁660），其同事老友也一再提供修改意見。另一處，說自己的「檢討」「改而又寫，寫而又改，稿三四易」，成「解放後所作之長文」（同書，頁668）。另有一處，說修改不已，致使其有「江郎才盡」之感（頁

702），其婦「反復挑眼，直將把我逼死」（頁796）。由此看來，毋寧說其婦心理的緊張實更甚於顧。

由1968年顧氏的日記看，是年他不但向「外調」人員，且向「街道」（居委會）寫「交代」。所寫自我批判（認罪書）近於自我詬詈。當年12月6日記續寫〈我毒害青年和欺騙社會的罪行〉（《顧頡剛日記（1968-1980）》第十一卷，頁53）。12月15日，寫〈一生罪行檢討〉（同書，頁56）。12月21日，記自己「把解放後罪行列出」（頁57）。12月24日，寫完〈我在五十年中的罪行〉（頁57-58）。「罪行」的字樣似不見於1967年年底前的日記。1968年年終，則在日記中錄下〈我的五十年的罪行〉的提綱，「在舊社會」計十八條，「在新社會」計十二條（同書，頁60-62）。所列「罪行」，應據「革命群眾」由其日記等材料中鉤稽而出，白紙黑字，不容抵賴，是顧氏當交出日記時絕難料及的。如此「罪行累累」，顧的精神狀態不能不為之一變：看到了自己也幾乎認不出的自己。接下來的〈自我批判〉（自注：「大潑冷水」），計十二項（頁62-63），無不從嚴，自覺「上綱上線」，認戴各種帽子。顧氏對大批判文體的操作，至此已臻熟練，文字流暢，態度誠懇，合於其時「認罪書」的標準。1969年年終錄入日記的交代材料的提綱（同書頁169-174），亦可作為其時「認罪書」的樣本。提綱中〈我在新社會所犯的罪行〉計十三條；說自己既是「老反革命」，又是「新反革命」（頁173）；甚至列出九條針對自己的標語口號（頁174），急於脫罪的心情溢於言表。其中〈反魯迅的本質〉若干條及有關分析（頁171-172），由此後的日記看，絕非由衷。〈《古史辨》與反封建〉中的自我批判，也絕非由衷（頁170-171）。〈我的總結〉六條，則有辯解的成分。即使如此，仍然應當承認，顧氏的善於學習（模仿），是吳宓難以企及的。

至於上文提到的顧頡剛的〈我的性格分析〉，的確只能說得上

「性格分析」，不符合此後政治運動中「檢查」、「彙報」的要求。該篇名為自我批評實則自我表揚太多；若用於後來批判的場合，必被斥之為美化自己。文中記其曾對勸其信教的基督教牧師說：「我是一生不做罪過的，自己既不需懺悔，上帝也無所用其赦免。」（《顧頡剛自傳》頁141）。這種自信，後來自然動搖，只不過對之懺悔的，是另一個「上帝」而已。

　　1965年社會主義教育運動中，同事某為吳宓自我批判「過關」指示門徑，即於群眾所揭批各項，「舉出最反動、最醜惡之若干事例」，「而今則鄙棄、痛恨，全部否定並根絕」（《吳宓日記續編》第7冊，頁34。著重號為原文所有。下同），也是深諳「政治運動」者通常的對策。另有人傳授經驗，要吳想像自己「是一無產階級人員」，「而談論、批判彼人吳宓之種種言論、行事」（同書，頁38）。對於此類指點，吳均不能得要領，卻也仍略有改進。1965年5月18日日記，自說發言中「作真心愧悔之狀」（同書，頁127）。迫人「作……狀」，真的是運動主持者所需要的？

　　有革命經歷的知識分子的檢查、交代，與「舊社會過來的知識分子」，文體、辭氣往往相差無幾。文革爆發前夕自我否定之徹底，郭沫若就作了示範。他關於自己以前所寫的東西「應該全部把它燒掉，沒有一點價值」的表態（1966年4月14日在全國人大常務委員會第三十次會議上的發言，刊同年4月28日《光明日報》），雖係其人一貫的誇張風格，卻也有某種自覺不自覺的表演性。

　　廣西師範大學出版社出版於2000年的《郭小川全集》，以《外編》收入郭運動中的檢討，如上文所說，是較早面世的運動檔案，引起了知識界的關注，或有開風氣之功。據該書第十二卷的〈本卷說明〉，郭現存的檢查交代和批判會紀錄共有40餘萬字，該卷編入約25萬字。由收入《外編》的有關文字，不難清楚地察知郭小川在

歷次政治運動直至文革中，因日益增大的壓力，不得不以自汙為代價，由「缺點」、「錯誤」到「罪行」，由「檢查」、「交代」到「請罪」，極力抹黑自己以求脫罪的掙扎。即如說寫敘事詩〈一個和八個〉是自己「全部陰暗思想的大暴露」，「全部醜惡靈魂的大暴露」（頁102）；說自己的「錯誤和罪行，最根本的是對毛主席、對毛澤東思想的態度問題」（頁222）；「關鍵中的關鍵、核心中的核心、大節中的大節、要害中的要害」，是「懷疑甚至抗拒」毛和毛思想（頁162）。至此，上綱已到頂點，無以復加，與批判者「瘋狂反對毛澤東思想」（頁194）的說法終於吻合。1969年的〈向毛主席請罪，向革命群眾請罪〉、1974年的〈關於我參與炮製毒草劇本《友誼的春天》的交代材料〉，由題目到文風，都有十足的文革特色。郭小川身為黨員、幹部，檢討的內容往往涉及左、右，以及個人與黨組織的關係，個人交往、「朋友圈子」的「非組織活動」，與誰接近，有何交談等等（參看《郭小川全集》第十二卷《外編》，頁42），難免牽連他人。

　　上個世紀五六十年代之交的「反右傾」中，郭小川被中國作家協會列為「重點說明對象」。「重點幫助」雖不同於文革中的批鬥，卻令人可知所謂的上綱上線早已有之；批鬥對象自覺「上綱上線」亦然。文革不過極端化了而已。郭小川寫於1971年的〈贈友人〉一詩，還檢討說「我們」沒有什麼「稱得起是真正的貢獻」，「而你和我，尤其是我／那些嚴重的過失呵，／卻真正為人民招過禍患」（《郭小川全集》第二卷，頁301-302）。一個詩人，又能「為人民」招致何種樣的「禍患」？

　　黨內知識分子中也有某些久經歷練者，與普通知識分子或有不同。他們畢竟有革命經歷作為本錢，有深諳政治鬥爭三昧的底氣，不易被催眠。如聶紺弩，縱使不能全無「自誣」、「自汙」，仍未

失倔強自信。

　　無論黨內黨外，聶紺弩均堪稱奇人；或者說亦庸亦奇，其庸可及，其奇不可及。檢討書也別具一格，在力求合格的文字間，仍有真情流露。文革中身陷囹圄，決不說假話或許做不到，卻也另有種種文字技巧可供選擇，如避重就輕，關鍵處保留，皮裡陽秋等等就是。寫下的或許是實話，但實話未必就寫。不一定說真話，只是盡可能不說假話而已。關於聶，寓真（李玉臻）說，「看他的那些反省材料，檢討都很懇切很深刻，但仔細捉摸他的話又都似是而非」（《聶紺弩刑事檔案》頁160）。這才是聶之為聶。肅反後聶曾對友人說：「當我承認我是胡風分子，是反革命的時候，就是最不相信黨的時候。」（同書，頁160）另有詩曰：「文章信口雌黃易，思想錐心坦白難。」（〈歸途〉，《聶紺弩詩全編》頁185，上海：學林出版社，1992）聶紺弩確屬另類──當局者並沒有誤判。

　　文革之初最先被拋出的「三家村」人物之一的廖沫沙，編自己的運動檔案，也未失幽默感。這一點僅由「甕中雜俎」的書名即可感知。廖即令大禍臨頭也不亂方寸，屬於異秉，非誰人都能。見諸該書，其人當年在巨大壓力下所寫檢查交代，多限於陳述事實，包括「時代背景」，自己寫該文的立意（隱含了自我辯解），甚至有對批判者的反詰，並不一味「臣罪當誅」，也應性情使然。雖也不免有違心之言，往往限於「歷史觀」之類，而不迎合「革命群眾」的口味。廖1969年講述自己1966年遭到公開批判時的反應，說自己「不是驚慌，而是怒火突發」，因為「事先一點都不知道要這樣批判我們」（《甕中雜俎》頁323，北京：中國社會科學出版社，1994）。到了運動後期，即使寫信給專案組，也不一本正經，竟將自己奉命所寫材料超出了預計，表述為「發生『通貨膨脹』」（同書，頁208）。當然，與專案組耍貧嘴，說俏皮話，決不會在剛被「打翻在地」之

時——那已是1975年。這篇發生「通貨膨脹」的文字，開頭就說：
「攻擊魯迅先生是犯罪行為，這點我是承認的。不過我得訴點苦情，
喊幾聲冤屈，然後作檢討。」（頁209）這種態度，豈是「革命群眾」
所能容忍？尤其在運動之初。同篇中還說，批判「三家村」既被當
作了發動文革的「導火點或著火點」，自己作為小人物，躬逢此「偉
大的歷史盛舉」，「足以引為『榮幸』而自得其樂」（頁211）。即
使在運動初期等待批鬥的間隙，廖也仍有寫打油詩的「閒情逸致」
（頁215）。以這種心態寫檢查交代，自不免莊諧雜出，部分地消解
了此種文本應有的嚴肅性，不妨視作「別體」，供文體研究之用。
如聶如廖，倘在古代，當是滑稽列傳中人物的吧。有這份強硬，無
怪乎直至1975年，廖仍拒不在中央專案組的「結論」上簽字（參看
同書頁332）。「三家村」中人唯廖存活，當非偶然。

　　值得提到的還有《甕中雜俎》編輯體例的特別：文革中所寫檢
查交代後，附其被批判的文章，供對照閱讀。倘能將代表性的批判
文章也附在後面，則更完整，更適於作為「深文周納」的標本。「檢
查交代」這種高度政治化、規格化了的文類，竟也能被聶紺弩、廖
沫沙這類當代名士寫出性情！讀多了千篇一律的此類文字，也要
聶、廖的運動檔案，才能令人耳目一新，感覺到了趣味。

　　收入了（部分）檢查交代而書名醒目的，應推邵燕祥的《人生
敗筆——一個滅頂者的掙扎實錄》。經歷過那年代的，人生幾無可
能全無「敗筆」，只是能坦然承認甚至公然標出者，未必多見。其
實就該書看，運動檔案「檔主」中態度強硬如邵者，已然稀有，自
審卻有如是之嚴厲。儘管邵一再自慚於當年姿態的卑屈，讀者讀到
的卻是，其人一遇機會即反彈，鋒芒畢露，咄咄逼人——由其1967
年2月批判「資反路線」的文字，與1968年初〈致廣播局軍管小組的
信〉均可看出。由於誤判形勢，他甚至借流行的口號（「造反有理」、

「自己解放自己，自己教育自己」），斗膽為自己辯誣（見該書頁14、
131）。更試圖「以其人之道，還治其人之身」，抓對方表述上的漏
洞（頁135-136）。下文還將談到，李慎之始終有「不服罪」的問題，
邵燕祥亦然。「改造」之於他，成效可想。經得住千萬次捶打的，
是何等堅硬的骨頭！廖是1930年入黨的老黨員，邵14歲加入共產黨
的週邊組織，16歲即參加革命工作，或也因此，多了一點抗壓的能
力。也賴有抵抗，保全了他們各自的人格。

　　但你也不要以為邵燕祥會一味硬頂。1966年4月到7月，他即順
應形勢，將自己的問題自動升級。即使材料還是那些材料，自我批
判的措辭卻大有不同。只不過「篡改毛主席制定的文藝方向，鼓吹
修正主義文藝路線」、「按照黑線的政治和藝術標準，製造反黨反
社會主義的毒草」、「鼓吹復古崇洋，為封建主義和資本主義反動
文藝鳴鑼開道」之類文革中標準化的表述，看起來像是真誠悔罪，
實則因千篇一律易地皆然，方便了「大帽子下開小差」。邵事後也
說到了「自己『上綱』上到了無可再高的高度」，反倒使得對方無
以復加。應對上綱上線，這豈不是一種有效的策略？

　　以如此粗暴野蠻的方式讓人悔過服罪，談何容易！田漢完稿於
1967年6月9日的〈自傳〉，申辯說自己不是「反共老手」，不是「特
務」，不反對毛主席（《田漢全集》第二十卷《難中自述》，頁542-543，
石家莊：花山文藝出版社，2000）。他承認了加之於他的有些罪名，卻
不能承認上述罪名。洪子誠文革中為編《文藝戰線兩條路線鬥爭大
事記》，有機會接觸文藝界的運動材料，說自己在邵荃麟、張光年
的檢討、交代中，「多少看到他們在逆境中可能保持自己的自尊，
在維護人格尊嚴上的勉力堅持。也批判自己，但更多是講述事實本
身；既不是竭力將責任推給他人，也沒有將難堪的罵名加在自己頭
上期待寬恕」（〈思想、語言的化約與清理──「我的閱讀史」之〈文藝

戰線兩條路線鬥爭大事記〉〉，《我的閱讀史》頁167-168，北京大學出版
社，2011）。在非痛罵自己、痛批他人即不能過關的情況下，能不將
他人的指控照單全收，已屬難得。

　　我所讀過的運動檔案，由數量（數量/品質）而言，首推李慎
之的《向黨認罪實錄——李慎之的私人卷宗》（以下作《李慎之的私
人卷宗》），竟有一千二百多頁，若不考慮內容，稱得上「皇皇巨著」。
可知其人一生銷磨在此等事上的，有多少光陰！李慎之將自己最有
思想活力的歲月，耗費在這種往往是自我重複的文字操作中。據說
明太祖對能直言的解縉，欲「老其才」而用之。此所謂「老」，應
當指老成即今人所說的「成熟」。據《明史》本傳，解縉是醉酒後
被埋積雪中死掉的。李慎之的才華也曾為某些高層人士欣賞，任其
銷磨以至於老，不過是對人才的輕視，沒有任何深意。

　　由《卷宗》看，反右中李的罪案，除同事間的個別談話與發表
於單位壁報、內部刊物上的有限文字外，致命的，是應黨的最高領
袖之約表達的意見。在上級黨組織或黨的領導人向黨員徵求意見之
時，黨員表明自己的觀點，即使屬危言，也符合組織程式；何況李
的所言，出於「憂黨憂國」的拳拳之心。卻仍然被拋了出來，作為
公開批判的材料（參看《李慎之的私人卷宗》頁248-251）。

　　黨內知識分子中本不乏有識之士，如曾彥修，如李慎之，如顧
准。不同於大學中的激進青年，他們穩重謹慎，出於為黨為國的一
片忠忱，更是體制內的批判性思考者，卻不見容於其所憂思的黨。
李慎之1957年整風中的言論，涉及體制，不同於聶紺弩的憑直覺與
經驗的率爾而談，確係經了反復思慮，縝密周全，包含了較為系統
的「資產階級民主要求」，又力求應對中國的現實政治，或也因此，
被視為更危險的思想者。李慎之回答質疑時並沒有明確表示放棄其
基本觀點。如關於黨政關係，認為「黨不是權力機關，人民沒有給

它權力發號施令」（同書，頁266）。讓李這樣有系統的思想主張者說服自己有罪，談何容易！此後李的罪過之一，即「不服罪」。收入《私人卷宗》寫於同日（1958年7月16日）的兩篇短文（或即「思想彙報」），題目分別為「我對黨有疏遠的傾向」、「我並沒有完全心服」（頁428、429），是老實話。李慎之1960年代的交代，一再涉及「服罪」問題。他也確實未被壓服，曾對某人說，自己的錯誤不過是「大聲地想」或「想出聲來了」（頁667）。

　　李1957年的檢討，承認蘇共二十大之後，自己「對黨的正義性發生了懷疑」，「對黨的作用也發生了懷疑」，「對於黨作為工人階級隊伍的先進性也發生了懷疑」（同書，頁258），不免「歧路興悲」。檢討交代至此，無異於將自己放在了火上烤。他不但力圖澄清事實，且一再分析、陳述自己複雜矛盾的心理，希冀組織和群眾明鑒。他承認自己「交代」不多，「解釋與說明」不少（同書，頁134）。「解釋與說明」亦不容已，不吐不快，何況是向著他未失信賴的「組織」。雖然有承認「反黨」一類表態，大部分時間卻是在談問題，不隱瞞觀點，承認自己的主張，態度毋寧說是坦然的。而他的主張迄今也仍屬異端，不可能為執政黨所接納。

　　由李的《私人卷宗》看，反右過程中他的自我批判也曾因壓力增大而升級。1957年10月28日的檢討，一上來就說：「我現在是作為一個黨和人民的罪人站在同志們面前，向黨、向人民請罪。」（同書，頁302）文革中人們熟悉的，不正是這一類表述？聶紺弩有對組織上原本了解的「歷史問題」反復陳述不獲解脫的苦惱，李慎之則有問題被「批判」曲解、簡化、致使自己也被迫以簡化回應以求過關的無奈。

　　如李慎之、徐鑄成、邵燕祥這樣的「老右派」，文革中承認其罪名，重申其罪行，不過燙冷飯，內容往往不出前此檢查交代的範

圍，甚至不及前此的「深刻」，有誠意，有痛感。儘管1961年李慎之已「摘帽」，卻仍一再被迫檢討其罪行而不獲通過。文革中回到了原點，繼續糾纏於「服罪」與否，如此周而復始。王造時反右中曾對他人的指控逐條申辯，據理力爭，態度強硬（〈我的當場答覆〉，沙葉新編《王造時：我的當場答覆》頁242-244，北京：中國青年出版社，1999）。不久後即態度軟化，前後判若兩人（參看同書〈我的檢查〉）。卻直至1959年還說其對黨「雖然有了敬畏的心情，但是還沒有敬愛的心情」（〈改造規劃〉，同書頁263）。另一份〈思想彙報〉寫到了自己對黨由「敬畏」到「敬愛」，卻又說自己只是開始「愛黨」，「還遠遠談不到熱愛」（頁267、270）。這份天真，文革中豈能再有！

　　在文革這種充滿戲劇性的運動中，縱然「老運動員」，也會遭遇「突發事件」。1969年因某人被「揪出」，李慎之不得不一再「交代」、「揭發」他與該人間「相互散佈的反動言論」（同書，頁1147-1161）。由此，「老右派」被發現了新問題。李慎之前此還因自己係老問題而被「冷處理」為幸。這意外的變故無異於晴天霹靂。兩人間的背對背揭發，勢必使問題升級。李此時的交代，顛覆了他前此檢查中的刻意塑造的自我形象，證明了他對文革絕非冷眼旁觀，而是保持了相當的敏感與活躍的思考。李承認他與該人的私人交談，「是兩個沒有改造好的右派分子」在文革中犯下的新的現反罪行（頁1154）──也提供了「改造」失敗的例證。這次意外事件使李慎之關於文革的思考得以暴露。李的思想仍不失犀利，鋒芒並未被1957年後的「改造」磨平。亦可證明在眾口一詞的表像下，即使極其狹小的私人空間，也可能有依然活躍的思想與言論。而李慎之這次的悔過、認罪，誰說不是又一次違心的表白！李說自己「思想反動，腦筋複雜，舌頭更快，話說到一定的時候，就會冒出一兩句尖端的話來」（同上）。他的罪過，仍然不過是「大聲地想」或「想出聲來」。

　　無論李慎之反右中的檢討有多少出於自救的動機，多少屬於真誠悔罪，他鳴放中的言論較之他反右中的檢查交代更經得住時間，則是無疑的。《李慎之的私人卷宗》邵燕祥序，說收入該「卷宗」的「雖是在特殊年代語境中的文字」，自己「仍然從中讀到了他的真聲音」。那些材料保存了李「對自己原始思想狀態的清醒描述」，可由之「找到了他晚年思想的源流」；那些文字「不像是僅僅為了迎合權力者的指供誘供」，「不排除更深遠的用心，就是『立此存照』，留待歷史的公論」（頁2）。的確不應排除邵所說的這種情況，無論其人當書寫時是否明確、自覺。

　　我所讀運動檔案，時間跨度不等，有的到反右，有的到文革。如李慎之的《私人卷宗》時間截止於1980、90年代之交，其中有關於1989年六四的檢討的，止此一份。在檔主，確屬有始有終，其運動檔案也因此是更為稀有的樣本。六四後的清查中，李承認自己「鼓吹了一下新聞自由」（頁1227），卻未及於自己一貫的「資產階級民主思想」。李還說自己「總是不能在和平建設的時代看到你死我活的階級鬥爭，總是不能在學術探討的範圍來看到敵我鬥爭」（頁1247），在領導幹部中，毋寧說很難得。足證李慎之還是那個李慎之。

　　文革中陳毅曾公然聲稱自己的檢討是「假檢討」（參看《王力反思錄》頁273），說自己的檢查「是被迫的」（署名「外交學院革命造反兵團」的《陳毅反動言論錄》，譚放、趙無眠選輯《文革大字報精選》頁322，香港：明鏡出版社，1996）。陳敢於公然說，更多的人則心裡說，私下裡說。增訂紀念版韋君宜的《思痛錄》收入了〈我的老同學王瑤〉一篇，其中寫到文革前某年楊述帶北京市委的大學工作組去北大，向王瑤了解其應對批判的情況，問：「系裡叫你檢討，你心裡到底服氣嗎？」答：「跟你說實話吧，我的嘴在檢討，我的腳

在底下畫不字！」（頁271，北京：人民文學出版社，2013）文革中武漢大學生魯禮安被捕入獄後交代其「罪行」時，寫進了自己「將來翻案的密碼」，「相信總有一天人們會讀懂它」（《仰天長嘯——一個單監十一年的紅衛兵獄中籲天錄》頁286，香港：中文大學出版社，2005）。這種設置金鑰、「埋釘子」的技巧，年輕人竟也無師自通。

如本文開頭所說，文革開始前「檢討」（亦作「檢查」）即已制式化了。兒女向父母寫檢查，學生向老師寫檢查；更不消說群眾向領導，下級向上級，組織成員向組織。文革中的檢討對象則可能是任何人，任何人群。直至文革後，還聽說有家庭中夫（或妻）令妻（或夫）寫「檢查」之類的事，一本正經，恬不為怪。

邵燕祥《人生敗筆——一個滅頂者的掙扎實錄》一書的自序〈為什麼編這本書？〉，寫到了運動中「聲討」與「認罪」的藝術，猶如「推擋」，具體生動（頁5），是身歷也看過了無數次攻防演練者才有的經驗。即如避重就輕，在「主觀／客觀」、「認識問題／立場問題」、「動機／效果」上做文章；承認一般性的指控，由致命的罪名下脫身等一整套對策。至此，無論聲討還是認罪，都不可避免地戲謔化了。於是姑妄言之，姑妄聽之，莊諧雜出，臺上臺下配合默契。檢查（或請罪）者半是懺悔，半是撒嬌，以至有意過甚其辭，繪聲繪色，添油加醋，以討好聽眾，增添趣味。越到後來，這種場合越需要噱頭，戲劇性，故事，以刺激漸就麻痺的神經[4]。

4　假作真時真亦假。因「假檢討」流行，即真檢討也會被指為假。葉篤義《雖九死其猶未悔·前言》：「說來可笑，反右、文革時，自己寫過的檢查千千萬，絕大多數被批為假的、違心的，今天，當文革被徹底否定時，我倒要開誠佈公地說，當時我確實從『靈魂深處』認識到了自己的『反動』。」（頁2）動輒指別人的檢討為「假」，亦因誠信、互信、甚至運動主持者自信的缺失。《雖九死其猶未悔》，

　　文革中有「打態度」的說法。態度較之於「犯罪事實」更重要。為此你切勿「抗拒」，最好涕淚橫流——亦一種過關的技術。「呼我牛也而謂之牛，呼我馬也而謂之馬」。「以天下為沈濁，不可與莊語」。到得對一切（包括對自己）均不莊，即難免於自輕自賤。直至文革結束後，你仍能看到這種政治文化的遺留，即如暴露癖：「亮私」成了亮醜，不過為博得聽眾一樂。「真誠」被政治過度消耗，其後果，即虛無，油滑玩世。對莊嚴的輕褻，作為文化現象，文革後期即漸成常態，延續至今。

　　小說《洗澡》所寫50年代「改造」之初的知識分子尚天真。到了文革，即使迂夫子，也已漸漸老於此道，對所說是否真話不那麼在意了。寫檢查交代，逐漸成了技術活兒。作痛心疾首狀而並不動心，或「上綱上線」而無關痛癢。何西來說自己的檢討「寫得洋洋灑灑，誠懇而又熟練」，有人建議其到上海擺攤兒代寫檢討（《往事如煙》，《無罪流放》頁3）。確也有一則笑話，說的是某落魄文人擺路邊攤兒，招牌書曰：「代寫情書，保證成功；代寫檢討，保證觸及靈魂。」代寫者允諾「觸及」的，是主顧的靈魂。令人絕倒的，是這後一句。這也是文革中才有的幽默。倘若不知曉「檢討」為何物，「觸及靈魂」典出何處，是不可能領略其中的妙趣的[5]。這類書寫與「皮肉」、「靈魂」均不相干，卻毀了不少書生，陷入「檢討體」、「大批判體」而難以解套，「文革遺風」也借此延續。由自汗到自輕自賤——即使文革過去之後，也仍然有人慣於充當丑角，當眾抖摟自己的劣跡醜行，不過為了博人一笑。

（續）────────────

　　北京：北京十月文藝出版社，1999。
5　1966年9月5日《人民日報》社論〈用文鬥，不用武鬥〉：「毛澤東同志反復地告訴我們，無產階級文化大革命是一場觸及人們靈魂的大革命。」

　　如若沒有在文革過後及時燒掉，你會在自家的箱底或抽屜深處，發現一兩份認罪書或檢查材料，恭楷謄錄，抬頭必寫著「敬祝萬壽無疆」以及「最高指示」，通常所引，無非「凡是錯誤的東西，凡是毒草……」還記得文革中代父親寫「檢查」、「交代」，不假思索，那一套詞彙像是自動由筆下流出，輕車熟路，手到擒來，既不費腦子，也不消耗感情。寫了之後讀給父親聽，父親笑道，寫得很好，只是不太像我的口吻。我自己也寫了不計其數的檢查、彙報，半是懺悔，半是賣弄，甚至力求行文漂亮——可惜那些東西早已毀掉了。

　　所幸時下的年輕人已無須訓練這一種應世的技巧。卻又得知有網路寫手，專為「民主生活會」發言操刀；以致動用高科技手段，直接由網上下載。近年來線民總結「民主生活會萬能發言金句」，是我們曾經熟悉的「表態」的當下版，令人想到魯迅所說「做戲的虛無黨」（《華蓋集續編・馬上支日記》）；甚至愈趨愈下，做戲也做得更拙劣。誰也不信（包括說者自己），卻誰都在說，且不能不說。我們的政治生活中有太多歷史的遺跡，歷歷可辨。季羨林晚年有名言曰，不能都說真話，卻一定不說假話。為什麼讓人敢說真話、不逼人說假話有那麼難？

　　趙園，中國社會科學院文學研究所研究員，已退休。主要研究方向為中國現當代文學、明末清初思想文化。著有《論小說十家》（1987）、《北京：城與人》（1991）、《明清之際士大夫研究》（1999）、《家人父子》（2015）等。

在「波拿巴時刻」重讀托克維爾

龔 克

一、托克維爾：其人與其地

　　當人類群星閃耀之時，世界往往低估其重要性；而當他們隕落之後，墓地便成了唯一可資追憶之處。在巴黎，無論是盧梭伏爾泰遙相對峙、作為官方欽定聖殿的先賢祠，還是巴爾扎克、雷蒙・阿隆等人棲息的拉雪茲、蒙馬特、蒙巴納斯等公墓，都構成了這座城市歷史敘事的載體。這是一個思想共和國，卻在很大程度上仍然是中央集權制的。

　　然而，並非所有偉大靈魂都願意棲息在這座城中。文如阿爾貝・加繆，武如夏爾・戴高樂，在征服了首都之後，身後都選擇了遠離，並且出於本人或者家屬意願，拒絕回到首都受人供奉崇拜。同樣，貴族出身的托克維爾在宦海浮沉之後，退隱回到諾曼第家鄉領地，並且長眠於此。儘管後世曾有人建議移靈先賢祠，但屬一廂情願，他和這塊土地的聯結紐帶，遠遠超過先賢祠墓室中的冰冷石柩。

　　富有意味的是，作為漢語學界耳熟能詳的名字，「托克維爾」事實上是一個地名而非人名。和大多數法國地方貴族一樣，托克維爾家族以領地而得名。其祖先最早姓克萊赫（Clérel），後來因為隨

同諾曼第公爵威廉征服英國而獲封領地。該地最早以古丹麥語中人
名Toki為詞源，名為Tokevilla，後來演變為Toquevilla和最終的
Tocqueville。作為政治社會學家的托克維爾，全名其實是「阿列克
西—亨利—夏爾—克萊赫，托克維爾伯爵」（Alexis-Henri-Charles
Clérel, Comte de Tocqueville），而眾所周知的Alexis de Tocqueville，
則是這一冗長名稱的縮略，意指「來自托克維爾領地的阿列克西」。

托克維爾鎮位於諾曼第地區科唐坦半島的頂端。在法國西北部
的平滑海岸線上，半島如異峰突起，插入英吉利海峽的深處，與英
國隔海相望。在阿列克西誕生的19世紀初期，托克維爾鎮常住居民
不過700餘人，如今更只有260餘人。雖然伯爵稱號世襲罔替，但該
地幾乎唯一的驕傲，就是從這裡走出去的阿列克西。事實上，阿列
克西1805年生於巴黎、1859年逝於坎城，少年時期隨父親任職而在
梅茲等地完成學業，隨後在凡爾賽擔任法官，遊歷美國之後在巴黎
投身政治，除在本地選區競選議員之外，很少回到家鄉。直到1851
年退出政壇，他才歸隱封地上的家族城堡潛心著述。也正因此，他
的最終歸宿，便是位於鎮中心教堂角落、幾乎與教堂合為一體的石
柩。

法國歷史學家弗雷（François Furet）曾經評價托克維爾稱，後
者身上「沒有同代人米什萊的那種情繫往昔的思古幽情，也沒有那
種尋訪墓園者的悲鬱而又崇高的執迷。」頗具諷刺意義的是，正是
在這種「悲鬱而又崇高的執迷」引領下，一個來自遙遠中國的讀者
驅車尋訪墓園。在托克維爾的理論視野中，帝制中國正是他自由理
念的反面例證，而在現實政策上，他曾為英國在中國的動用武力而
喝彩，稱之為「歐洲的進步終於開始挑戰中國的停滯」。來自這個
20世紀變動最劇烈的「停滯國度」的訪客，專程拜訪這位遺世獨立
的智者，別具一番歷史意味。

二、民主在美國：昨日與今日

　　或許冥冥之中注定，隨機安排的尋訪墓園之行，恰好與2016年美國大選重合。從巴黎抵達下諾曼第地區重鎮瑟堡當天，正是大選投票日。次日一俟結果出爐，筆者便奔赴距離瑟堡二十餘公里的托克維爾鎮，第一時間將川普當選的消息傳遞給這位最早系統闡述「民主在美國」的作者。在此次大選引發對民主的反思之際，重讀托克維爾有種歷久彌新的感受。

　　在政治思想史上，《民主在美國》一書的意義已經無可置疑。後世論者往往為托克維爾在《論美國的民主》中某些歷史性預見所驚歎，例如南北戰爭、美俄爭霸、美國吞併德克薩斯等。但另一方面，某些論斷已經顯而易見地過時。很多研究者已經指出，托克維爾對美國的政治社會學描述定格在19世紀上半期，今日情形已經大為不同。而且即便考慮到歷史因素，他在這次九個月的短暫行程中，過於依賴直接接觸到的一手資料，對美國民主的觀察仍然是不完整的。儘管如此，這種「過時」本身也有其獨特意義，彷彿一塊琥珀裡的昆蟲標本，讓人們看到民主體制在近兩個世紀中的種種演進、背離和變形。從某種意義來說，2016年美國大選顯示出強烈的「反托克維爾」特徵。這種特徵不是意圖性的，而是隨時間維度而自然產生的反差。

　　眾所周知，托克維爾把影響美國民主的因素歸結成為環境、法制和民情（當然從今天的政治社會學研究角度來看，這是一個過於粗疏的劃分），而且在三者之間，他認為法制重於環境、民情又重於法制。他曾經強調，自己的意圖絕非讓其他國家來仿效英裔美國人的法制和民情，而且是以美國為例來說明，法制和民情能夠使一

個民主國家保持自由。然而在後兩方面，2016年選舉都展示出某種危機。

　　從法制方面來說，美國的憲政體制雖然保持了相當的穩定性，但在具體制度設計、尤其是選舉制度上，已經今非昔比。托克維爾訪美之前，美國只進行過11次總統選舉，而2016年總統選舉則已經是第58屆。此外，在美國總統這一角色的問題上，托克維爾認為「美國總統掌握的大權幾乎近於王權，但沒有應用的機會。他擁有的許可權，至今也只能在極其有限的範圍內行使。法律容許他強大，但環境使他軟弱無力。」但事實上，一方面，當時美國行政權的發展正處於一個轉折時刻，托克維爾並不欣賞的傑克遜總統和川普一樣，都具有濃厚的草莽英雄氣息，以軍功起家，任內驅趕印第安部落，多次否決國會法案、取消中央銀行特權等等，大大強化了這一職位的權威。自此之後，總統職位的重要性與日俱增，真正達到「幾乎近於王權」的地步。尤其隨著19世紀的小國寡民和孤立主義被20世紀兩次世界大戰引發的全球擴張取代，美國總統（及其選舉）的影響力事實上已經超越國界，對世界格局有牽一髮而動全身的效應。另一方面，托克維爾曾認為，「至今還沒有見到一個人甘願冒著榮譽和生命的風險去爭當美國總統，因為總統的職位是暫時的，且受限制和制約。……原因很簡單，因為他當上政府首腦後，只能使他的朋友們分享到很少一點權力、財富和榮譽，而且他在國內的影響很小，不足以在他當權時左右本派人的事業成敗。」然而正是在傑克遜當政期間，美國政治引入「政黨分肥制」，由此，角逐總統大位不僅僅是一場野心驅使下的個人冒險，相反圍繞這一競爭衍生出不同的利益集團，牽動整個利益板塊的重組。即便1883年的《彭德爾頓法案》在文官系統內終結了政黨分肥制，但在政務官系統內，「一朝天子一朝臣」的酬庸格局一直持續到今天。

　　從制度層面來說,更為凸顯的一個問題是,繼2000年選舉之後,選舉人票和普選票背離的情況再次出現。希拉蕊比川普多斬獲近300萬張普選票,卻由於制度設計而落敗於選舉人團。托克維爾曾經發出著名的「多數人暴政」警示,而且認為如果總統由公民直接選舉,人民的狂熱和激情將非常可怕,因此他傾向於由民選代表來選舉總統。但普選票和選舉人票背離的弔詭之處在於,真正意義上的「多數人」甚至無法贏得選舉勝利,更遑論實行「暴政」,而作為過濾機制的選舉人團制度,卻在很大程度上是各州投票結果的機械性反應(尤其針對「失信選舉人」還有宣誓和撤換措施),並沒有常規議會制下議員的審慎思慮作為折衝。如此一來,在選舉人票和普選票背離情形下上臺的川普總統,既缺乏坐擁多數民意的天然合法性,也缺乏政治精英的背書。如果說,在托克維爾考察美國的年代,這種背離僅僅在1824年首次出現,還不足以引起重視的話,那麼隨後在1876年、1888年、2000年、2016年又數次出現,則是後托克維爾時代的新問題。尤其是此次川普以其獨特的行事作風,前所未有地展示出制度裂痕,他不僅未能贏得多數普選票,甚至很難說得到共和黨精英的支援,在制度層面上可謂純粹依靠選舉人團制度上臺。以至於《時代》授予其「年度人物」時,認為他是「美利堅分裂國」而非「美利堅合眾國」的總統。

　　選舉人團制度的辯護者通常會聲稱,這一制度的合理之處在於均衡州權,防止人口高度集中的大州受益而令小州受損。的確,托克維爾在考察過程對州權問題並沒有給予足夠的重視,他的著眼點更多放在民主政體的整體角度。而正是在這一點上,法制和民情的內在關係展現出來。或者毋寧說,托克維爾意義上的民主,直接關涉到人作為個體的存在狀況,而不單純是制度建構。也正是在這一基點之上,衍生出平等與自由的悖論。而「民情」概念中涵蓋的種

種境遇，兩個世紀以來產生了劇烈的差異。根據1830年的人口普查，
當時美國共有24個州約1280萬居民，其中200萬是奴隸，最大城市紐
約不過20萬人。如今全美有3.26億人，僅紐約就有833萬人。民主機
制在一個完全不同的數量級上運作。

此外在更為廣泛的民情領域，托克維爾的很多論斷同樣被社會
發展所證偽。例如在兩性關係上，托克維爾聲稱「你決不會見到美
國婦女去管家務以外的事情，去做買賣和進入政界」，而事實上他
做出這番論斷的時機，正處於女權運動萌芽的前夜。從19世紀中期
開始，女權運動浮出水面，1960年代之後更是蓬勃展開，而希拉蕊
作為第一位女性總統候選人的出現，正是這一進程在政治領域中的
巔峰時刻。此外，托克維爾在他的時代已經預感到，在向西部挺進
的過程中，新邊疆的民情將無法同新英格蘭地區保持同一；這種差
異性經由南北戰爭，改頭換面成為東西海岸和廣袤中部之間的民情
鴻溝。而非洲裔、拉美裔、亞裔移民在戰後的持續進入、以及LGBT
群體在大城市的聚居及其平權運動，都加深了這種民情上的撕裂程
度。

托克維爾在1830年代看到，在美國「財富以難以置信的飛快速
度在周轉，而且經驗表明，很少有上下兩代全是富人的家庭」，他
甚至否認美國存在一個富人階層。但川普的崛起（以及隨後組閣過
程中披露出的閣員背景）以一種直截了當、毫不掩飾的方式證偽了
這一點。今天的「美國夢」雖然仍然不乏實質意義，但階層固化的
趨勢也同樣清晰可見，無論是人脈深廣的政經家族，還是中產階級
的常青藤情結，都顯示出在兩百年的演進之後，美國已經不再是托
克維爾曾經見到的那個經濟和知識水準都高度趨同、「在力量上更
近乎平等」的社會，民主／平等作為北美大陸的一種「原發性事實」，
正在遭受侵蝕。固然，這種階層固化是社會學意義、而非法權意義

上的（如19世紀之前的法國貴族制），但無論如何，它對托克維爾最為看重的身分平等提出了挑戰。事實上，托克維爾對美國社會中的階層分化全無認識，相反，他甚至明確將勞動分工導致的階層分化，視為某種貴族制度的重生，並認為這種實業貴族是「世上有史以來最嚴酷的貴族」。但問題恰恰在於，這種實業貴族體制是民主自然演進及遴選的結果，無法通過一場大革命或「八月四日之夜」（法國貴族於1789年8月4日主動放棄特權）來消除。相反，川普的當選，某種意義上說是這種實業貴族第一次以如此不加掩飾的粗鄙方式站在前臺。

　　此外，托克維爾曾經認為，「美國報刊的影響力很小」，在很大程度上也屬於過時論斷之一種，然而2016年大選用一種弔詭的方式同時證實和證偽了這一點。如果把「報刊」視為1830年代「媒體」的同義語，那麼今天媒體在美國政治生活中的角色，顯而易見遠遠超出托克維爾的時代。總統選舉不僅是投票箱之戰，更是媒體攻防之戰。然而，如果回歸到「報刊」的本意，在社交媒體興起之後，這種報刊／媒體的同一性不復存在。2016年，以報刊為代表的傳統媒體（包含電視及廣播）前所未有地一面倒站隊支持希拉蕊，《紐約時報》、《大西洋月刊》等傳統精英報刊強烈反對川普，卻仍然無法阻止後者上臺。川普熟稔利用推特，其支持者在臉書上也展示出強大的動員能力。從這個意義上說，狹義上的報刊的確影響力被嚴重削弱。而以臉書為代表的社交媒體，以演算法、使用者互動和精準投放，使新世紀的媒體成為一個遠比托克維爾時代更加複雜的變數。而從更大格局來說，托克維爾曾經盛讚的「公共輿論」，在這次大選中前所未有地分裂和相互背離，社交媒體對傳統媒體的挑戰，並沒有從根本上改變這一點，反而因為其疊加的維度而讓這種分裂更加碎片化。

可以說，兩個世紀以降，在托克維爾羅列的三個要素中，環境未變（事實上隨著拓殖進程環境概念也已經發生變化）、法制小變，而民情大變。正是這種民情變化及其產生的反彈效應，為今天重讀並重新理解托克維爾，提供了廣闊的社會背景。他也曾小心翼翼地給自己的論斷留下餘地，認為「只有在社會的初建時期，法律才能完全合乎邏輯。當你看到一個國家享有這種好處時，請不要忙於下結論，說它是明智的，而應當想到它還年輕。」當這個國家從年輕進入壯年，並顯示出某些衰弱跡象時，曾經看上去合乎邏輯的法制和民情，如今都不免成為反思對象。托克維爾曾經讚歎「人民之對美國政界的統治，猶如上帝之統治宇宙」，而在兩個世紀中財富、知識、種族持續分化的背景下，尤其是在2016年大選的參照下，「我們人民」的主權似乎逐漸成為一個空疏而分裂的存在。當社會平等這一「原發性事實」逐漸褪色的時候，美國是否還是托克維爾眼中那個承載天命、預示民主趨向的國家？是否會「逐步凝結而近似於歷史上的社會」（雷蒙・阿隆語）？他曾經樂觀估計，「選舉的結果一經公佈，這種熱情隨即消失，一切又恢復平靜，而看來似乎即將決堤的河水，又靜靜地流在原來的河道」。而在川普就任之後，圍繞醫保法案、人事任命、外交政策、邊境隔離牆等問題爭議不斷，他本人在相當大程度上繼續以選戰風格來駕馭日常施政，最典型者如「推特治國」，這不可避免地反復撕裂社會情緒，遠遠沒有達到「一切恢復平靜」的地步。

三、「民主在中國」：以托克維爾為參照系

雖然針對美國的很多描述與判斷已經過時，但托克維爾思想的真正生命力所在，毋寧說是跨歷史語境的比較視野。用他自己的話

說，「我深信，這樣在默默之中經常與法國對比，也是本書成功的主要原因」。拉李·西登托普也提醒說，《民主在美國》並不是托克維爾初抵新大陸之後的無目的讚歎，事實上有很深刻的法國背景。它所涉及的內容，很大程度上對應於1820年代法國自由派同保皇派辯論的問題。在這種參照系下，以中國問題意識出發來重溫他的著作，不僅是一種致敬，在深層上更是一種契合，甚至可以說是一種義務。

雖然王岐山推薦《舊制度與大革命》一度使得該書洛陽紙貴，托克維爾也成了在中國知名度最高的法國人之一。但對於當今中國的當權者來說，閱讀托克維爾恐怕並不是愉快的體驗。當權者被合法性危機所驅使，更多從一種實用主義的角度出發，對托克維爾做功利化的解讀，主要關注諸如「何以繁榮反而加速了革命的到來」、「何以減輕人民負擔反而激怒了人民」、「何以行政革命成為政治革命的先導」等等。這種功利化解讀，非但無法深入到托克維爾的思想脈絡，反而可能會造成南轅北轍的負面效應——既然「最危險的時刻通常就是它開始改革的時刻」，那麼延宕改革就成了短期內避免危機的最佳方式；既然統治者中「無私的信仰和慷慨的同情」反而刺激了社會不滿情緒，那麼官僚機制就應該面對民間疾苦保持冷血（正如此前發生在北京的雷洋案中體現的一樣）；既然「文人論政」加劇了統治危機，那麼對知識分子的打壓和對公共輿論的管控，自然就有了不言自明的正當性。

這種功利化解讀的另一面，則是相對學院化的進路，即力圖融入國際學界的主流，關注托克維爾提出的經典命題，尤其是民主社會面臨的自身困境，即自由和平等的關係。但這種進路無法不言自明地消除一個問題：即如何能讓漢語學界的托克維爾研究，恰如其分地嵌入到當下中國的語境當中？尤其是面對當權者的功利化解讀

和反向利用，如何能夠更具有現實意義地應對？

　　一個不難發現的事實是，歐美學界對托克維爾的關注，同自身的問題意識密切相關。具體而言，在後世歐美學者眼中，《民主在美國》的重要性事實上遠遠超過《舊制度與大革命》。儘管二者同樣不乏歷史洞見，但不同之處在於，後者一方面很大程度上局限於法國的本土性經驗，另一方面主要致力於提供一個回溯性的歷史解釋，而前者──正如書名所暗示的那樣──不僅為民主本身提供了北美新大陸這一獨特舞臺（上卷），而且展示出更為普遍化的前景（下卷）。事實上，在托克維爾的理論脈絡中，這兩本書的歷史邏輯和成書年代正相反。他之所以對民主在美國的實踐感興趣，正是為了給經受革命洗禮、卻難以走出革命的法國提供一劑藥方，試圖從北美大陸的民主體制中找到能夠適用於法國的元素。和基佐等「信條派」人物不同，托克維爾期待中的理想出路不再是英國式的君主立憲制，而是美國式的年輕共和國。也正是從這種立場出發，他不斷穿梭於法美兩國歷史語境之間，比較貴族政體和民主政體的優劣。

　　然而，同樣在這種意義上，托克維爾的漢語讀者可能發現自身處於尷尬當中。固然，托克維爾並沒有把中國完全排除到理論視域之外，他甚至把中國作為這種「民主專制制度」的一個範例。眾所周知，托克維爾從來沒有給「民主」下一個確切的定義；和此前的信條派一樣，他在長期的寫作生涯中，很大程度上把「民主」作為「平等」的同義詞來使用（但在未完成的《舊制度與大革命》續篇中，他開始明確把民主同政治自由聯繫到一起）。正是在這種意義上，民主與專制可以合乎邏輯地結合在一起：「社會中不再有等級，不再有階級劃分，不再有固定地位；人民由彼此幾乎相同、完全平等的個人組成；這個混雜的群體被公認為唯一合法主宰，但卻被完全剝奪了親自領導甚至監督其政府的一切權力。在它頭上有個獨一

無二的代理人，他有權以他們的名義處理一切事務，而不必徵求他們的意見。控制他的是不帶機構的公共理性；阻止他的，則是革命而不是法規：在法律上，他是聽命於人的執行者；在事實上，他是主人。」在托克維爾看來，「在歐洲，平等是由專制王權引進的」，而中國古典政治模式——「一切官職均經科舉獲得；只把哲學作為宗教，把文人奉為貴族」，也同樣體現出這種民主專制的特徵。

如果說在伏爾泰的時代，帝制中國（尤其是科舉制度）還有某些玫瑰色彩的話，那麼在托克維爾的時代，這種伏爾泰式迷思已經完全消褪，後者淪為一個「虛弱野蠻」的國家，因此托克維爾談論這種民主專制模式時不無輕蔑。他預言稱，「假如將來有一天類似美國這樣的民主共和制度在某一個國家建立起來，而這個國家原先有過一個獨夫統治的政權，並根據習慣法和成文法實行過行政集權，那麼，我敢說在這個新建的共和國裡，其專橫之令人難忍將超過在歐洲的任何君主國家。要到亞洲，才會找到能與這種專橫倫比的某些事實。」至於是亞洲何處？答案似乎不言而喻。

然而，托克維爾畢生智識事業所依賴的參照系，很大程度上就是歐洲和美國。中國從來沒有真正進入他的理論核心。對他來說，中國是一個比法國中央集權制更加極端的遙遠東方的例證，在需要的時刻出場，作為他的理論的外部邊界而存在。而事實上，這一極端例證卻是托克維爾的漢語讀者所必須理解且應對的日常歷史。

托克維爾所念茲在茲的貴族體制和民主體制，分別以法國和美國為具象。但更確切地說，自11世紀起在法國呈現上升勢頭的中央集權，到路易十四時代達到頂峰，並使得自此以降的法國，成為一個貴族體制同君主權力相頡頏、卻同時失去各自美德的混合體制。雖然托克維爾痛心於在法國「如此相似的人彼此漠不關心」的社會原子化進程，但事實上君主權力從未能夠成功擺脫貴族的掣肘。三

級會議雖然被王權懸置長達175年，但仍然保存在民族記憶當中，它的重新召開、以及高等法院的反叛也就成為革命的先導。但在這個光譜的極端，事實上還有一個更加激進的民主轉向和原子化進程。中國歷史上早在周秦之際便已經初現端倪，郡縣制取代封建制，「以法為教、以吏為師」，消除了貴族制的社會基礎（也正是在這種意義上，福山等人把中國視為一個早熟的現代國家）。雖然漢唐之際仍然有貴族分封或世家大族存在，但始終未能重建貴族對皇權的制約。科舉制度建立之後，「朝為田舍郎，暮登天子堂」成為晉身之階的理想模式，除特定邊緣群體所謂「賤籍」之外，社會流動機遇向普羅大眾開放，形成錢穆所謂「有流品而無階級」的社會模式。此外，中國獨特的王朝體制及其崩壞起到了週期性「洗牌」作用，導致無論是王公國戚還是世家大族都難以存續數百年，這和法國王朝從直系傳遞到支系（卡佩—瓦盧瓦—波旁—奧爾良）、綿延9個世紀的歷史形成了鮮明對照。凡此種種，構成了托克維爾意義上的某種東方式「民主」的底色，或者說，中國的社會演進是在和法美完全不同的歷史情境下展開的。

　　因此，對於中國來說，自由與平等的關係雖然構成托克維爾的核心議題，但直接套用在中國現實語境中卻流於隔靴搔癢。在很大程度上，中國既缺乏法國式貴族社會薪火相傳保存下來的自由，也缺乏美國式作為「原發性事實」的平等。而二者之間扞格激蕩出來的精微之處，則更加遙不可及。固然，從這一母題中衍生出來的諸多子命題——尤其是如何捍衛自由——對中國不乏意義，例如聯邦制下的地方自治、社團對基層的整合與再建作用，以及由此產生的結社權利保障、陪審團對民眾的教育意義等諸問題，都有可資借鑒之處。但更大的問題或許在於，從宏觀上說，中國是處於托克維爾從《民主在美國》到《舊制度與大革命》建立的貴族／民主二元框

架之外的。中國版本的「民主專制」制度之剛性，遠遠超過貴族／王權混合的法國——用一種盧梭式的比喻來說，在這種「民主專制」的程度上，法國彷彿是中國和美國之間的一個「比例中項」。它或許尚可憑藉現實的貴族體制追憶古老權利和自由，但中國在這一點上卻完全無所依憑，因為先秦式的古典自由已經幾乎完全湮滅。不寧唯是，托克維爾的精神導師基佐曾指出，在文明演進的動力機制上，歐洲文明的進步特徵要歸功於其內部的多元性：神權制、君主制、貴族制和民主制長期競爭，沒有一個持久居於壟斷地位。但對於中國來說，這種多元性只維持了一個很短暫（從回溯歷史的角度來看）的時期。在這種早熟的「民主」體制上，又疊加了一層同樣早熟的專制力量，自秦制開始層層疊疊地延續了22個世紀，這導致托克維爾筆下的貴族／民主二元框架，雖然面對西方近代傳統有較大的涵蓋性，但面對中國卻失去了相當部分的解釋力。

　　托克維爾曾言，美國革命結束之時，法國革命開始。這指的不僅是歷史時序問題，而且體現出歷史動力的傳導機制。法國革命因財政危機而起，其中對北美獨立戰爭的援助是重要肇因，更重要的是平等思想和人權宣言從新大陸傳遞回老歐洲，強化了第三等級的反叛心理。而從更廣闊的視域來看，在法國革命結束的地方，中國革命開始。然而和《舊制度與大革命》的核心主題一樣，20世紀中國的長程革命不僅沒有逆轉這一「民主專制」進程，非但沒有「以自由立國」，反而通過黨國體制完成了帝制的未竟事業，大大強化了中央集權制，把權力觸角延伸到每一社會個體之上，更具有統攝性和壓迫性，真正達到了「在中央政權和個人之間，只存在廣闊空曠的空間，因此在個人眼中，中央政權已成為社會機器的唯一動力，成為公共生活所必須的唯一代理人」的地步。雖然社會學家（如閻雲翔等）觀察到，中國社會自文革之後重新經歷了一波個體崛起的

浪潮，表面上和托克維爾描述的進程有相似之處，但這毋寧說是一種「國家管理下的個體化」。這種個體化的起點，並不是法國式從階級或社團當中解脫出來，而是從一度臻於極致的利維坦手中得到略多一點空間。即便如此，三十年以降，這種利維坦的本質很難說已經發生實質變化。

在這種背景下，重新回到近年來中國大陸的「托克維爾熱」，或許另有一番理解空間。當權者對托克維爾的這種功利性、威權導向的解讀，無疑是對這位自由主義者的刻意扭曲。但與此同時，它也顯示出這場「托克維爾熱」的獨特之處，即「舊制度」與「大革命」的重合。毫無疑問，當權者以20世紀中國革命的正統後裔自居，「革命」是執政黨意識形態的合法性來源，「工人階級先鋒隊」依然是執政黨在黨章中的自我定位。然而弔詭的是，從這場「托克維爾熱」中不難發現，當權者在很大程度上不是站在「大革命」、而是站在「舊制度」的立場上來自我定位——其中最深切也最現實的憂慮就是「何以繁榮反而加速了革命的到來」。換言之，在六十年間，這一體制完成了從革命黨到舊制度的一個「莫比烏斯帶」般的平滑過渡。如果考慮到遠比法國漫長的中央集權傳統、和極具中國特色的王朝週期興替的歷史框架，這種糾結姿態或許更容易理解。

托克維爾的歷史觀本質上是沉鬱而悲愴的。他曾經絕望地寫道，在法國，只有一件事情辦不到，就是建立一個自由的政府；而唯一破壞不了的制度，則是中央集權制。以今天的視角來看，這毋寧說是這位自由主義者的激憤之語。然而如果把他的理論視域延伸到中國，不難發現「民主在中國」面臨著更加弔詭的歷史境遇。他在《民主在美國》中曾經提出被後世反復援引的名言：「一個全新的社會，需要一門新政治科學」。而在他的啟發下，我們卻不難發現，面對中國這樣的一個古老的剛性集權社會，更加需要一種「新

新政治科學」。

四、政治與宗教：托克維爾之問

在經典性的自由與平等關係之外，托克維爾另外一層理論視域
似乎並沒有得到漢語學界的充分重視，至少其意義並沒有完全展
開，即民主與革命中的宗教問題。

就托克維爾本人而言，宗教問題是他內心中引發激情、困惑、
折磨和痛苦的一個隱秘角落。他出身於虔信天主教的正統派貴族家
庭，但在青少年時代出於偶然機緣讀到了啟蒙思想家的著作，從而
引發了「天旋地轉」般的思想和信仰危機。從此之後，他不再是一
名嚴格意義上的天主教徒，臨終前也拒絕告解，卻在理智和情感兩
個層面都和宗教保持著千絲萬縷的聯繫，滿懷敬畏地注視著宗教在
社會生活中的作用，並深受這種超驗情懷的折磨。後世研究者認為，
托克維爾的精神困境和信仰危機的根源，或許可以歸納為「相信上
帝，甚至覺得自己對上帝繁雜的理論領悟透徹，卻不能把自己奉獻
給上帝」。和他的姨父夏多布里昂（Chateaubriand）一樣，對於出
身傳統貴族家庭、卻在新舊兩股時代洪流中掙扎的敏感心靈來說，
這是一種頗具現代性色彩的悲劇宿命。

在托克維爾、甚至整個19世紀法國自由主義知識分子頭腦中，
儘管民主是天意所向，但畢竟還有一個真正屬於神意的高級法維
度。法國政治哲學家馬南（Pierre Manent）認為，只有通過上帝作
為仲介，托克維爾才感到有力量來接受民主，只有某種宗教信仰才
使他能面對民主給他帶來的「宗教畏懼」。曼斯費爾德（Harvey
C.Mansfield）甚至認為，宗教和自由的結合是托克維爾新政治學的
首要原則，也是其新的自由主義的顯著特點。《民主在美國》的作

者自述:「本書通篇都是在一種唯恐上帝懲罰的心情下寫成的,作者之所以產生這種心情,是因為看到這場不可抗拒的革命……不必上帝自己說,我們就能看到他的意志所顯現出的明確無疑的徵兆」。一切人在上帝面前平等,這是自由主義平等觀念在根本上可以和基督教接榫之處,也正因此,托克維爾認為基督教是最適合民主社會的宗教(「我們的社會只是告別了神學,而非基督教哲學」)。反過來說,無論是整體還是部分,人民都不可能像上帝一樣全知全能、永無謬誤,即便民主社會也是如此。在法國,托克維爾一方面淋漓盡致地剖析貴族等級如何墮為「種姓」,同時又認為西哀耶斯式以第三等級的壓倒性數量優勢來立論也同樣錯誤。而在最為著名的「多數人暴政」命題之上,托克維爾對這一暴政的拒斥,從根本上說是訴諸於超驗,有某種宗教底色而非全然依靠制度設計來制衡。

但在托克維爾的政治與社會理論框架中,事實上存在著兩種不同意義上的宗教。當他宣稱「我一向認為,人要是沒有信仰,就必然受人奴役;而要想有自由,就必須信奉宗教」時,他指的是建制意義上的宗教。以《民主在美國》為代表揭示的,在北美新大陸之上,宗教和民主相輔相成。他把宗教在美國發揮和平統治的作用歸功於政教分離,並且表達了對政教結合的擔心。在這一模式中,他思考的出發點和基本範式,可以說是政教關係的一種外在視角,即以成建制的宗教和政治各為實體,二者產生後發性的互動。法國革命中教士作為特權等級對政治生活的介入、以及此後革命對教會財產的侵奪和《教士公民憲章》對信仰的干涉,本質上也是同一類型,即革命對於建制宗教的衝擊。

然而,托克維爾在《舊制度與大革命》第一編第三章中提出的命題,已經超越了這種後發性的政教互動關係,事實上進入了一個新的領域,即某種原生性的、現代的政教合一。在這篇題為「大革

命如何是一場以宗教革命形式展開的政治革命，其原因何在」的章
節中，托克維爾獨具慧眼地分析了法國革命和宗教革命的內在相似
性。不過，雖然他提出「法國革命是以宗教革命方式、帶著宗教革
命的外表進行的一場政治革命」，但基本著眼點是革命的普世性特
徵，即法國革命不僅像宗教革命一樣傳播甚遠，而且一樣也是通過
預言和佈道深入人心。革命的意識形態不以「法國人」為限，而是
以一般意義的「人」作為訴求對象，抽象地看待公民，超脫一切具
體的社會。在這個意義上說，「大革命本身已成為一種新宗教，雖
然是不完善的宗教，因為既無上帝，又無禮拜，更無來世生活，但
它卻像伊斯蘭教一樣，將它的士兵，使徒、受難者充斥整個世界。」
而在未完成的續篇中，他再次確認，法國革命是依據某些相互緊密
聯繫而構成統一學說體系的普遍性理論進行的，那是某種政治福音
書，其中的每條原則都類似一個教義。而法國革命時期的征服歷史，
和伊斯蘭教誕生之初的征服頗有相似之處。在同友人的通信中，他
將法國革命描述為「這是一種新的、未知的病毒。世界上曾經有過
暴力革命，但這些革命者所具有的那種無節制的、暴烈的、激進的、
絕望和大膽的、幾乎瘋狂而又強大有效的特點……在以往各個時代
的社會大動盪中是沒有先例的。」

　　雖然指出了法國革命和宗教革命的相似之處，從這個意義上
說，托克維爾開闢了政治與宗教關係的另外一個維度，但在《舊制
度與大革命》中，托克維爾仍然標出了一個界線，即這場革命只涉
及今世，而真正意義的宗教革命則涉及來世。但僅僅這一點並不足
以排除出二者之間所有的親緣關係。美國歷史學家卡爾・貝克爾在
《18世紀哲學家的天城》中推進了一步，認為法國革命事實上已經
可以稱為一場真正的宗教革命：這種新宗教有自己的教義，有關於
革命、自由和神聖平等的信條，它從天主教當中借用了崇拜形式；

它有自己的聖人，即革命英雄和為了自由事業殉難的烈士；最重要的，是它被一種關於人性和人類終極復興的神秘信仰所支撐。馬南也指出，宗教和政治的某種混淆不只是大革命的敵人的問題，它在某種程度上內在於大革命本身和大革命的獨特方式。

托克維爾從未對盧梭的公民宗教或者對羅伯斯庇爾主導的「最高主宰」崇拜直接發表過評論，但在政教關係中值得注意的，正是這種革命基因重組的形式。面對百科全書派的瀆神言論，盧梭曾經傲然聲稱「我是信神的」，而他的精神傳人羅伯斯庇爾同樣對無神者滿懷厭惡。羅氏的權勢巔峰時刻，就是在「最高主宰日」的慶典儀式上點燃無神論模擬像，而「最高主宰」本身正是上帝的一種非人格化變體。因此，雖然如托克維爾所言，「對神父和宗教的狂暴的仇恨，是所有革命激情當中最為強烈、最後才熄滅的激情」，但這並不必然意味著革命是反宗教的，正如他所看到的那樣，革命成為一種新宗教。這條暗合關係構成了現代革命最強大的力量來源之一，但同時也構成了革命從這種範式中突破的障礙。

在法國，宗教與自由相互敵對；在美國，二者相互促進。這種反差構成了托克維爾試圖從美國汲取經驗的動機。當他提到「專制制度可以沒有信仰，但自由不能」時，他或許並不曾考慮到，臻於極致的專制制度，同樣不能缺乏信仰，甚至在某種程度上更加需要。但在中國，政教關係遠比美法複雜。一方面，成建制的宗教形式（如佛道教）在初創時期一度與世俗政權有過緊張關係，但在西元10世紀之後基本都處於服從地位，沒有任何一種嚴格意義上的建制宗教長期成為國教或者在起精神主宰作用，在歷史上從未扮演過新教之於美國、或者天主教之於法國的角色。另一方面，作為帝國正統意識形態的儒學吸納了祖先崇拜和天命崇拜，並引入天人感應、五德始終等神秘因素，在統治手段上「以神道設教」，從儒學演變成半

宗教化的儒教。借用社會學家楊慶堃的分類來說，這類似於一種「制度性宗教」與「分散性宗教」（diffused religion）之分，不過他所謂的「分散性宗教」更加側重於民間信仰，而在早熟的中央集權框架下，這種宗教性格事實上是瀰散在統治者的意識形態和制度框架之中的。

　　中國這種演化路徑與法美大相徑庭，卻在某種程度上暗合了近代革命宗教的生成原理。因此基督教世界的宗教改革對中國幾乎毫無波及，但革命宗教卻不難找到土壤，因為這塊土壤上的原生意識形態就具備相當的同構性。托克維爾在論述革命宗教時已經看到，「只要將某一法則的朦朧輪廓遠遠地向人們展示，他們便能立即辨認並趨之若鶩」。雖然他的主要所指，是其他歐洲國家對法國革命的回應，但正是在上述意義中，中國革命同樣可以歸納入同一譜系。當經過不斷重新詮釋的「歷史必然性」取代了「天命」和上帝意志，當共產主義願景重疊在大同世界和千禧年之上，當「東方紅，太陽升，中國出了個毛澤東」接續了「天不生仲尼，萬古長如夜」和彌賽亞降臨情結，當「早請示、晚彙報」填補了祭拜空白，當語錄和文選扮演了革命教義書角色，當「沒有任何私利」的工人階級先鋒隊承擔起傳播神諭和福音的使徒群體角色，並對於何謂美、何謂善擁有終極裁判權的時候，革命宗教也就完成了它自身的基礎建構。

　　從托克維爾到沃格林，這些深深浸潤於西方古典傳統、同時慧眼獨具地看到現代社會中類宗教意識形態危險的思想家，最後都回歸到宗教之上，強調宗教在現代社會中的教化作用。甚至如哈貝馬斯，畢生捍衛人之理性，晚年也越來越多地承認宗教在補理性之不足方面的作用。然而托克維爾所開啟的政治與宗教之問，雖然表面上具有普世性，但在中國語境中卻遠遠難以形成可行的解決方案。相對於自由與平等之辨，如何理解中國社會和中國政體的宗教性

格，如何從革命宗教、特別是權力對真理的壟斷困局中逐步解脫，
對中國來說似乎是一個更加具有現實意義、同時也更加艱難的命題。

五、全球性的「波拿巴時刻」？

　　作為政治人物，托克維爾遠遠說不上成功，他身上的精神潔癖
和深切悲觀，妨礙了他取得更大的成就。相反，他曾經不屑與之為
伍的基佐和梯也爾，在19世紀法國政治史上卻留下更加深刻的烙
印。七月王朝時期的基佐及「信條派」政治人物，一方面警惕極端
保王派企圖復辟舊制度，另一方面拒斥承襲雅各賓派衣缽的激進民
主思潮，呈現出「保守的自由主義」特徵。歷史學家羅桑瓦龍將七
月王朝稱為「基佐時刻」。雖然遭到激進思潮的抨擊（例如同時代
的馬克思和恩格斯），但「基佐時刻」事實上夯實了後革命時代的
議會民主根基。包括托克維爾本人的歷史視野，也正是得益於基佐。
　　然而，「基佐時刻」隨著1848年革命而終結。正是這次革命，
將托克維爾推向政治生涯的巔峰，出任制憲委員會成員及第二共和
國時期外交部長。但好景不長，路易-波拿巴在當選總統之後，於1851
年發動政變，托克維爾作為反對派成員，短暫被囚後獲釋，從此退
出政壇潛心著述。路易—波拿巴次年稱帝，從此法國歷史從「基佐
時刻」進入「波拿巴時刻」，換言之，保守的議會制自由主義讓位
於行政威權主義。歷史學家保爾雅內（Paul Janet）評論稱，1852年
（路易-波拿巴稱帝）引起了法國革命哲學的真正危機：「一種深深
的失望，一種對這個國家直到此時一直珍視的各項原則的聞所未聞
的背離……」這其中也包括托克維爾在內。他看到，正是普選制使
得路易-波拿巴這樣資質平庸、卻屢有驚人之舉的人得以上位，「如
果路易-波拿巴是一位賢人或者是一位天才，他絕不會當上共和國總

統」。

　　在2016年英國脫歐和美國大選對全世界造成巨大衝擊之際，今天這一代人或許正在目擊歷史的轉捩點。此前被認為不可逆轉的全球化和歐洲統合，已經出現了崩裂的聲音；而此前被認為高度理性化、規則化的美國政治，也有川普這樣的草莽英雄橫空出世。某種意義上說，川普的當選可以比喻為美國政治的「波拿巴時刻」，雖然並沒有有政變或稱帝的表面相似性（同樣很難想像川普有能力徹底顛覆憲政體制），但訴諸草根階層的不滿和怨恨情緒、期待重現偉大與榮光，乃至於當事人身上強硬與浮誇並存的氣質、對既有民主建制的強烈懷疑和蔑視，都無法不令人產生二者之間的歷史聯想。

　　托克維爾在他關於1848年革命的回憶錄中，曾經描述了一個頗具歷史弔詭意義的細節。在革命的關鍵時刻，法國也曾面臨兩種選擇：一是邀請年幼的巴黎伯爵登上王位，並由其母奧爾良公爵夫人出任攝政——這意味著最高行政權力將掌握在一位女性手中。而無論從血緣還是意識形態的正統性上，很大程度上會蕭規曹隨，延續「基佐時刻」；二是重啟共和傳統，同奧爾良家族分道揚鑣。最終後者勝出，臨時共和政府成立。然而值得注意的是，這一決策並非議員們純粹自由意志的產物，而是時勢逼迫的結果——底層民眾一度武裝闖入議會施加壓力，甚至將槍口對準議長。某種意義上說，這和2016年川普憑藉底層民眾的怨氣成功上位有異曲同工之妙。繼續向下發展，托克維爾在回憶錄中對波拿巴崛起的分析，也可以幾乎不加更改地適用在川普身上：「商業的衰退，全面的戰爭，對社會主義的恐懼，使外省人越來越對共和國反感。……路易拿破崙的名字開始突然顯赫，正是在這一時期。這位親王由巴黎和幾個省選出，共和主義者、正統王朝派和民眾煽動家都投了他的票，因為國民當時就像一群受驚的羊彷徨於歧途，他們在各方面可以不沿任何

道路走去⋯⋯」

驀然回首不難發現，以美國大選為巔峰，全球進入一種「威權共振」模式，從普京到習近平再到川普，世界上最為強大的三個國家從未同時被氣質如此相似的領導人統治。不寧唯是，在安理會五個常任理事國中，幾乎全部染上上某種威權色彩，一個是充滿爭議的僭主，兩個是傳統的「東方式」威權元首（中俄），即便兩個傳統的歐洲民主國家，也或是選擇右翼陣營的強硬派人物執政（英國）、或是在剛剛結束的總統選舉中被極右翼人物驚出一身冷汗（法國）。此外，在歐洲的波蘭、匈牙利，亞洲的日本、菲律賓、馬來西亞等國、以及歐亞之間的土耳其（更不必提傳統上的非洲與中亞地區），強勢領導風格都大行其道，形成一種全球性的潮流。

在這種背景下，不妨對時下圍繞托克維爾的「創新」解釋抱持一種警惕心理。對托克維爾思想做施特勞斯式的解釋（如剛剛譯為中文的曼斯費爾德作品），尤其是對「偉大」概念的強調，構成一種隱蔽的危險。這種偉大並非完全不可取，從托克維爾自身的思想脈絡來說，他畢生都堅守貴族情結，對「偉大」的追求是融入血脈、不言而喻的。但這種追求首先是個人性的，是以個人的情操和智識來自我提升，而不是通過集體行動，尤其是報復性投票和卡里斯瑪式威權，冀望讓一個民族或國家重獲榮光。而且即便睿智如托克維爾，也難免留留下自身時代的烙印。他對法國在阿爾及利亞或者遠東（包括中國）的征服，持樂見其成、甚至歡欣鼓舞的態度。而放在21世紀的現實語境中——尤其是「讓美國再度偉大」或者「中華民族偉大復興」，不難察覺這種解釋進路的虛妄之處。

在當下的歷史節點上，重讀托克維爾具有特別的意義。一方面，民主制度在美國經歷兩個多世紀演進之後，如今迎來了川普執政的考驗。托克維爾遊歷北美大陸曾經盛讚過的成就和憂慮過的前景，

如今都必須在新的歷史情境中重新加以審視和界定；另一方面，曾經被他作為極端例證的帝制中國，在按照自身固有邏輯演進兩千年後，同世界一起進入民主時代，但政體重塑過程中的艱難並未稍減半分，帝制的週期性回歸始終在撼動著並不強固的共和與法治根基。在民主光譜上曾經如此遙遠的兩個國家，如今卻交匯於全球性「波拿巴時刻」的路口。托克維爾曾經因為路易-波拿巴而退出政治生活，在為自由奔走半生之後，他或許有足夠理由歸隱書齋，但後世一代代讀者卻未必能有這種機緣。1979年，在冷戰方興未艾的背景下，雷蒙‧阿隆發表名篇〈重新發現托克維爾〉，試圖在二元格局下詮釋托克維爾思想的時代意義，以此同極權主義相抗衡，由此，托克維爾研究重新回到歐美學界的中心地帶。而當這一頁歷史翻過，中國仍然需要在更為廣闊縱深的歷史視域內面對「重新發現托克維爾」的問題。旨在回應時代挑戰的「新政治科學」乃至「新新政治科學」，始終是橫亙在每一國族、每一代人面前的挑戰，而這樣一場事業，對中國來說似乎尤為迫切、艱難而悲愴。

　　龔克，旅法媒體人、上海交通大學憲法與國家治理中心特約研究員，研究法國憲政史，譯著有《法國革命的哲學》（待出）、《法國憲政史（1789-1958）》（待出），在端傳媒、澎湃新聞、南方週末、FT中文網等發表文章多篇。

中國式普世與話語權[*]

中島 隆博

前言

　　習近平政權確立前後，在中國思想界，「天下」、「王道」等談論中國式普世的話語方式變得備受矚目。這正好與習近平提倡的「中國夢」重疊，可以說如今已是經濟大國的中國，正在追求政治上以及思想上的中華復興。說到中華復興，便會聯想到中國同盟會結成時（1905）孫文提出的「中華復興」，與文化大革命同時期蔣介石開展的「中華文化復興運動」。但是，在現代中國開展的圍繞中國式普世的話語，試圖超越西方現代以及國民國家框架，有著與至今為止「復興」話語不同的性格。

　　在此，筆者先列舉「中國夢」的相關解釋，確認它是一種圍繞話語權的爭端中展開的主張。之後，筆者將提出「天下」概念，對超越「中國夢」界限，試圖構建中國式普世的思想進行說明。最後，

---

*　此論文根據日本版的拙論〈中華の復興──中国的な普遍をめぐるディスコース〉，見大澤真幸等編，《岩波講座　現代　宗教とこころの新時代》（東京：岩波書店，2016年5月）。

筆者想考察我們能夠用什麼樣的態度來面對中華復興。

一、中國夢與其主體

「中國夢」被具體提到，是2012年11月29日。那是習近平在被選任為中國共產黨中央委員會總書記之後不久，參觀中國國家博物館舉行的「復興之路」展上的事。其具體內容是「實現中華民族的偉大復興」[1]。

就「中國夢」這個詞本身而言，「大家都在談論中國夢」[2]，足以證明在習近平提出以前就已被談及。一般認為最初使用這個詞的是2009年國防大學的劉明福，但如下文所敘述，趙汀陽在2006年便使用過這個詞了。

儘管如此，要從這些演說來理解習近平所說的中國夢並不容易。的確，它被定義為「中華民族偉大復興的夢」。然而，其主體的「中華民族」指的是誰卻是曖昧不清的。比如，它作為「中國人」、「中華民族」、「中國人民」被談論時，到底是怎樣的主體呢？

其實，正在做著美夢的「中華民族」指的不是別的，正是「以愛國主義為核心的民族精神，及以改革、革新為核心的時代精神」，以及有著「道德的力量」的主體。那並不僅僅是重複傳統中華文化或中國價值的主體；「愛國主義」、「改革、革新」以及「道德」所要求的應該是現代化的主體；更進一步說，那便是試圖超越現代的主體。因此，「中華民族的復興」可以說是在「民族精神」與「時

1　習近平，《中華民族偉大復興的中國夢》（北京：外文出版社，2014）年，頁4。

2　同上。

代精神」之上增加了「道德」內涵的「中華」復興。

二、三位一體中的中華夢

　　為了思考這個問題，我們先來看一下王義桅的〈外界對「中國夢」的十大誤解〉。「誤解」之一與八如下。

> 誤解一：中國夢就是中國的夢。受西方思潮影響，一些人有意無意地把人民與國家對立起來，認為中國夢就是中國的夢。一些外媒更是將「中國夢」翻譯為China's Dream（中國的夢），而非Chinese Dream（中國人的夢），甚至認為中國夢的實現是以犧牲民眾利益為代價的。其實，這就是對夢的狹隘理解，也是對中國的狹隘解釋[3]。
>
> 誤解八：中國夢就是復興夢。一些周邊國家認定中國夢就是要恢復漢唐盛世，甚至復活朝貢體系。這種誤解，會引起不必要的猜疑，助長一些人乘機將中國夢與中國威脅論畫等號。其實，中國是文明古國，中國夢的深遠意義是文明復興，通過文明復興和轉型推動人類文明轉型，實現持續發展。中國夢也是中華夢（Chunghwa dream），這就是中國夢的文明擔當[4]。

　　儘管提出「誤解」的王義桅解開了多少誤解很難說，但是根據他的理解，「中國夢」並不局限於作為國家的「中國的夢」，它既

3　王義桅，〈外界對於中國夢的十大誤解〉，《人才資源開發》（河南：河南省行政管理科學研究所，2013年6月），頁98。

4　同上。

是「中國人的夢」，更是「中華的夢」。於是，他得出了以下結論：

> 總之，中國夢主體是中國人的夢（Chinese dream）、中國夢
> （China's dream）、中華夢（Chunghwa dream）的三位一體，
> 客體是發展中國家身分追求的現代化、社會主義國家身分追求
> 的共同富裕、新興國家身分追求的國際關係民主化的三位一
> 體。[5]

問題的根本在於這個「三位一體」。為何中國人、作為國家的
中國以及中華不得不成為一體呢？儘管可以將這三者區別開來，並
使其保持各自相對其他二者的批判性距離，但「中國夢」卻將此分
別完全吞沒了。這樣一來，仍舊很難消解「一部分周邊國家」的「誤
解」吧？

三、為何而生的夢——話語權

如果將中華民族的「中華」所體現的精神的、道德的主體視為
中國夢之主體的話，那這究竟是為何而建構的夢呢？根據沈旭暉《解
構中國夢》，一個是，中國夢實現之時是「兩個一百年」，即中國
共產黨成立一百週年（2021），以及新中國成立一百週年（2049）。
反過來說，通過實現中國夢，來確保至少在到「兩個一百年」之際
中國共產黨的統治穩固。

在這背後有著對中國社會現狀的「憂患意識」[6]，以及由蘇聯解

5　同上。
6　楊振聞，〈憂患意識：中國夢的深層意蘊〉，《觀察與思考》（杭

體的「悲劇」而導致的「反對戈巴契夫的情緒」[7]。這與作為道德主義的政治運動的反腐敗運動也有關聯。但是，更值得注目的是，「中國夢」以及圍繞話語權的鬥爭這一側面。沈旭暉在《解構中國夢》中作如下敘述：

> 在胡錦濤時代，幾乎任何稍微有自滿傾向的詞彙都會被自我審查「和諧」掉，以免激起不必要的國際猜疑，像「和平崛起」也要「正名」為「和平發展」，「發展」也要不忘強調世界規律之「科學」，以免抵觸美國主導的國際話語權，此可見其思維。習近平的想法則更進一步：他明白不能完全違背現實世界的國際話語，但也不接受中國被美國話語牽著走(像定義甚麼是「負責任」，甚麼是「人權」)，所以不但繼續以掏空原有內容，賦予新內涵的方式，使用同一國際詞彙，和美國爭奪話語權，更進一步把這些話語和中國民族主義聯繫起來。[8]

　　問題的焦點在於圍繞著話語權的爭奪上。關於這一點，與沈旭暉立場不同的王義桅也有所指出；他提出應該「恢復」一種與「為了國家利益而偽裝『普世』的美國話語霸權不同的中國視角」[9]。
　　那麼，具體是什麼樣的話語成了問題呢？沈旭暉認為，在官方

(續)

　　　州：觀察與思考雜誌社，2015年4月），頁31-35。

7　沈旭暉，《解構中國夢：中國民族主義與中美關係的互動（1999-2014）》，劉永艷、爾雅譯（香港：香港中文大學出版社，2015），頁287以下。

8　同上，頁288。

9　王義桅、韓雪晴，〈國際關係理論的中國夢〉，《世界經濟與政治》，北京：中國社會科學出版社，2013年第8期，頁38-39。

所解釋「中國夢」的一系列概念中,「公平正義」、「民主法治」
等概念是「以中式內容填滿西方話語的典型例子」。更重要是,「富
國強兵」與「民族尊嚴」等話語的使用。「富國強兵」同時也是清
末洋務運動時出現的一個概念,但在包括日本在內的西方,卻更將
它作為明治日本的口號來理解。習近平有意使用這些詞彙,是為了
激起「民族尊嚴」即「民族的自尊心」。

> 這說明習近平要證明中國不但能應用同一西方話語,還能賦予
> 更大優越感,不像戈巴契夫那樣,既失去對人權等議題的設定
> 權,也失去蘇聯優越的向心力,以致國家分崩離析。[10]

也就是說,將中國式概念的「富國強兵」作為一個國際概念使
用。這指的是在保持國家向心力的狀態之下,取得國際「議題設定
權」。而「中國夢」這一概念本身就是「同一國際詞彙」。

四、中國式普世(1)──超越地方文化

在此我們應該思考的是中國式普世的含義。如果它只是一味地
有益於中國的普世的話,那它原本就不能成為普世。話雖如此,但
只要人們對西方普世的普遍性尚存疑問,那麼無論是中國還是其他
國家,思考脫離某種特殊的普世這個問題是很困難的。更有可能的
是,在批判性地解構中國的同時,以此來追求普世,也就是說「普

---

10 沈旭暉,《解構中國夢:中國民族主義與中美關係的互動(1999-
   2014)》,頁288。

遍化」[11]。

那麼,「中國夢」應該怎樣來開創普世呢?致力於這個問題的是趙汀陽。

趙汀陽早在習近平宣導之前就提到了中國夢。他在2006年的文章〈美國夢·歐洲夢·中國夢〉中這樣敘述:現代的「中國夢」是「現代化的夢」,但它卻是自相矛盾的夢,它是遠離中國卻又是中國所選擇的夢。「只有一個現代化的中國才能夠反抗和擺脫西方的霸權支配,就是說,只有把中國變成西方才能夠抵抗西方而重新成

---

11 弗朗索瓦·于連在《關於普遍、同型、共同以及文化間對話》中,區別了「普遍化的可能」(l'universalisable)與「普遍化」(l'universalisant)(François Jullien, De l'universel, de l'uniforme, du commun et du dialogue entre les cultures, Paris: Fayard, 2008, pp. 183-190)。就是說,前者「普遍化的可能」是僅限於可能性的問題,是屬於真理,正統性,表像的次元。與此相對,後者的「普遍化」,如同法語的現在分詞形式所顯示的一樣,表示創造並產出普世之物的過程。

普遍化的可能指的是,以某種遠近法找出可以比較的東西,通過對它們同一性與差異性的分析,依照它們與處於更高位的關係性進行定位。比如,類一種的關係就是典型的表像。在這裡,普世作為最高位的評級出現,處於可能性的極點。但是,在這裡很難設想缺乏可能性的東西,或者孕育出可能性的東西。想要將無法比較的東西進行比較是行不通的。

關於這點,「普遍化」的方法展示出與普世的另一種關係。于連以「人權」為例。就是說,在歐洲「人」與「權利」這兩個概念被抽象化後相結合,產生出了「人權」這一普遍的概念。那是因為「人權」這一可以被普遍化的東西其本身就存在歐洲的思想裡,這不同於將之現實化的過程。歐洲的思想其自身如果不變形(transformation)的話,便無法產生「人權」。所以說,普遍化絕不會自然而然孕育而生,它的產生必定伴隨著無盡的抵抗。

與此相同,「中國的普遍性」也可以這樣解釋。將「中國」變形的同時,有必要將朝著某種統制的理想進行普遍化。

為中國」[12]。經過了毛澤東的「一個不中不西的絕對新社會」的構想，和鄧小平的重新調整的物質化的現代化，現在已經到了思考一種能夠與「美國式的競爭」和「歐洲式的平等」的美國夢、歐洲夢並駕齊驅「和諧社會」的時候[13]。

但是，作為「普世」的中國還未能與世界關聯起來。趙汀陽進行了如下敘述：

> 假如中國沒有能夠發展出能夠在世界上普遍化的概念體系、話語體系和知識體系，就不存在具有普遍意義的中國精神，就是說，中國精神的根基必須是一個能夠普遍化的思想體系，而不可以僅僅滿足於有地方特色的中國文化。「文化」只是地方知識，因此，「中國文化」或者「文化中國」這些說法都只能提供輕浮的自我滿足，而不可能成為中國夢想。如果不具有世界性（world-ness），中國夢想就無法成立。[14]

那麼，要超越地方文化，確保中國夢的普遍性意義，「發展出能夠在世界上普遍化的概念體系、話語體系和知識體系」究竟要怎麼做呢？

---

12 趙汀陽，〈美國夢，歐洲夢和中國夢〉，《跨文化對話》第18輯，
　　北京：北京大學跨文化研究中心，2006。
　　http://data.book.hexun.com/chapter-124-3-4.shtml
　　http://data.book.hexun.com/chapter-124-3-5.shtml（2015年9月28日連
　　結）
　　該小節的引文文本為網路連接，特此標注。以下同。
13 同上。
14 同上。

五、中國式普世(2)──「作爲方法的中國」

對於這個問題,在習近平提出「中國夢」後的2013年的論文〈被質問的中國夢〉中,趙汀陽提出了讓人聯想到竹內好的方案:「作為方法的中國」[15]。

> 中國顯現出的柔性的複數的面孔正是中國的本質的正確體現。中國的本質即**作爲方法的中國或者說作爲方法論的中國**[16]。如果我沒有弄錯的話,中國成為問題之時,比起其價值,它的方法論式的存在更意味著中國的本質。換句話說,比起中國是什麼,中國如何進步,它更代表了中國的本質。比起中國的價值,中國的方法論更能體現中國性。這是理解中國的關鍵。[17]

確定「中國的價值」並不是問題。大概是因為這屬於「文化」類的東西吧。趙汀陽在說中國的本質在於「作爲方法的中國」的時

---

15 在提出「作為方法的中國」之前,趙汀陽在〈天下與方法論的關係主義:古老的故事與新世界和平〉(Zhao Tingyang, "All-Under-Heaven and Methodological Relationism: An Old Story and New World Peace," in *Contemporary Chinese Political Thought: Debates and Perspectives*, Eds. Fred Dallmayrand and Zhao Tingyang, Kentucky: The University Press of Kentucky, 2012.) 中,提出了「方法論的關係主義」(p. 47) 以及與以此為基礎的「關係的普遍主義」(p. 62),這些提法構成了「作為方法的中國」的理論基礎。

16 著重號同趙汀陽原文。

17 趙汀陽,〈被質問的中國夢〉(Zhao Tingyang, "The China Dream in Question," in *Harvard-Yenching Institute Working Paper Series*, Boston: Harvard-Yenching Institute, 2013),p. 8.

候，與將中國夢作為「中國的價值」的高漲來理解的觀點截然不同。

那麼，「作為方法的中國」是什麼呢？趙汀陽在《老子》的「水」中尋求答案，即「水的方法論」，一種「柔性的方法論」[18]。

> 在我看來（像水一樣）極度柔性地做出選擇表現了方法論式的中國。不拘泥於任何概念、主義、信念、意識形態。換句話說，方法論式的中國拒絕任何信念、基礎主義或者原理主義。[19]

這樣的「柔性的方法論」才是巧妙地模仿西方現代的諸多要素（馬克思主義、社會主義、市場經濟、民主主義）並將之中國化的條件。但是，通過拒絕「基礎主義或原理主義」，趙汀陽的「作為方法的中國」即使能夠與宣揚「中國的價值」的勢力保持距離，又能以怎樣的方式擺脫止於肯定現狀的境況呢？如果其「方法」終結於提出「柔性」，那麼它即使成功將中國納入帶有引號的「中國」之中，那也不過是被竹內好參照的戶坂潤曾經批判過的一種機會主義罷了[20]。問題在於如何將「中國」變形，開創「普世」吧。

在趙汀陽以上兩篇關於中國夢的論文中，都提到了作為中國式普世的「天下」。他認為「天下」是一個中國式概念的同時，作為一個普遍的「世界」概念也是有效的[21]。

然而，現代以前以中國中心的等級概念的「天下」，難道不是在現代被西方的「世界」所取代了嗎？當然，趙汀陽也知道這一點，

---

18 同上。
19 同上。
20 戶坂潤，《思想與風俗》（東京：平凡社、2001），頁305。
21 趙汀陽，〈美國夢·歐洲夢·中國夢〉第4節「艱難時世的中國夢」，趙汀陽，〈作為問題中國夢〉，頁13。

他一邊追溯作為帝國的中國成立時期的理念「天下」，一邊試圖重新定義它[22]。儘管如此，其結果卻未能抹去諸如「這不過是『中華的復興』罷了」之類的疑問[23]。因此，我們必須批判地驗證「天下」這一概念。接下來，我們來討論一下許紀霖的思考。

六、新天下主義──兩重的超克

許紀霖也在這期間將精力著重放在對於「天下」的解釋上，他將自己的立場命名為「新天下主義」[24]，希望不要陷入中國式普世研究容易陷入的難點。

在許紀霖和劉擎2015年所編輯的名為《新天下主義》的期刊專

---

22 關於這點，參照拙作拙作〈關於天〉（〈天について〉，中島隆博編，《宇宙論：天・化・時》，東京：法政大學出版局，2015），頁70-71。

23 William Callahan在〈天下、帝國、世界：21世紀的世界秩序的中國式看法〉（William A. Callahan, "Tianxia, Empire, and the World: Chinese Vision of World Order for the Policy, Twenty-First Century," in *China Orders the World: Normative Soft Power and Foreign*, Eds. William A. Callahan and Elena Barabantseva, Baltimore: The Johns Hopkins University Press, 2011.）中進行了如下批判：趙汀陽提出的包括性的「天下」概念，是將中國作為其制度的「自己」，將「西方、人民、中國周邊國家這三個社會團體邊緣化了」（頁102）。

24 對許紀霖來說，使用怎麼樣的話語有著決定性的重要作用。Timothy Cheek認為他之所以積極地使用一些新的話語方式，是因為想要開拓出與「黨─國家」不同的公共空間。「為了創造一種解釋共同體，對於公共知識分子來說重要的是，發現話語的根本作用。這構成了複數的共同體之間共有合理性的根基」（Timothy Cheek〈許紀霖與中國公共知識分子的思考工作〉[Timothy Cheek, "Xu Jilin and the Thought Work of China's Public Intellectuals," in *The China Quarterly*, Vol. 186, Cambridge: Cambridge University Press, 2006], p. 419）。

輯中，崇明撰文對「中國夢」做了如下敘述：

> 由此可見，民族國家遠非缺少和排斥普遍主義。正相反，普遍
> 主義往往是構成民族國家和民族認同的重要因素。每個民族國
> 家，即便它想固守其特殊性，也往往會將這一特殊性上升或轉
> 化為某種普遍性，以此來論證其正當性乃至優越性。譬如中國
> 學術界對天下主義的重新闡釋就反映了這一點。對於每個民族
> 國家特別是大規模的民族國家，它必須反躬自省的是：它將願
> 意承擔一幅什麼樣的世界圖景？它將向世界提供一種什麼樣的
> 普遍主義來展示自己作為一個大國所具有的創造性和所應該承
> 擔的責任？它是否願意接受一種對自己構成約束的普遍主義？
> 這是目前的「中國夢」和僅僅在富強方面比較明確的民族復興
> 構想所遠未能夠回答的問題。[25]

崇明的看法是，強調「中國夢」與富強的民族復興的話語方式，
未能完全構想出「對自己構成約束的普遍主義」，對世界沒能充分
發揮創造性和責任。那麼，許紀霖的新天下主義是如何解答這個問
題的呢？

許紀霖的新天下主義「新」在何處？與傳統的華夷秩序不同，
他提倡「去中心化」和「去等級化」兩個特徵，不再訴求「天」、
「神」等的超越世界，而是在今天這個世俗化時代中，建立一種為
各民族國家「共享的普遍性」[26]。

---

25 崇明，〈民族國家、天下與普遍主義〉，許紀霖、劉擎主編，《新
　　天下主義》（上海：上海人民出版社，2015），頁50。
26 許紀霖，〈新天下主義與中國的內外秩序〉，許紀霖、劉擎主編，
　　《新天下主義》（上海：上海人民出版社，2015），頁7-8。

> 新天下主義，是傳統天下主義與民族國家的雙重超克。一方面，
> 超克傳統天下主義的中心觀，保持其普遍主義的屬性；另一方
> 面，吸取民族國家的主權平等原則，但克服其民族國家利益至
> 上的狹隘立場，以普世主義平衡特殊主義。民族國家的本真性
> 與主權並非絕對的，而是有外在限制的。這個限制，就是新天
> 下主義的普世文明原則。去中心、去等級化只是新天下主義的
> 消極面，從積極面而言，乃是要建立一種新的天下之普遍性，
> 這就是共享的普遍性。[27]

　　正如上述引文中明確地指出的那樣，新天下主義的「共享的普
遍性」被期待成一種具有限制民族國家的機能。重要的是，這種共
享的普遍性在基於自我批判性的同時，還包含了對他者獨特性的承
認[28]。

　　這樣一來，新天下主義作為「傳統天下主義與民族國家的雙重
超克」，不同於天、神等的超越以及民族國家的擴張（包括帝國），
也就是說它是一種作為聯繫的普遍性。在此許紀霖提到了「東亞命
運共同體」。

27　同，頁8。

28　許紀霖認為在錢永祥所主張的三個普遍性中，即「否定他者的普遍
　　性」（西方）、「超越他者的普遍性」（自由主義）、「承認他者
　　的普遍性」，「新天下主義」的「共享的普遍性」屬於「承認他者
　　的普遍性」（同，頁10-11）。

七、東亞命運共同體

　　許紀霖的想法是，即使中國實現了民主與法治，成為像英美那樣的文明國家，作為一個「自由帝國」，仍舊會令周邊國家有所警惕[29]。如果這樣的話，中國與周邊國家該如何真正實現「共享的普遍性」呢？這在許紀霖和韓國的中國學者白永瑞的對話中可以找到一些重要啟示。

　　白永瑞認為，新天下主義首先就忽略了周邊視角。他認為假如不努力找到能夠與香港、澳門、臺灣以及邊境的少數民族地區這些周邊地域進行交流的普遍性要素的話，那麼「試圖更新天下主義，通過結合民族國家同一性原理與中華帝國（特別是清帝國）的特有的寬容（對彈性與多樣性的尊重），來區別現代主權國家的許紀霖的努力，恐怕聽上去也會顯得空洞無物吧[30]。另外他還指出，假如新天下主義不能提出新的構想，用於突破在分斷結構的持續之下不斷產生的、東亞各國互相厭惡這一惡性循環的現實，那它就只能止步於對現狀的肯定中[31]。

　　白永瑞認為，從「核心現場」──即「以中華帝國─日本帝國─美帝國順序發生的軸心移動，使得東亞秩序的歷史矛盾日積月累，同時在殖民地和冷戰的雙重影響下，在空間上產生巨大分裂，

29　同，頁23-24。

30　白永瑞，《共生之路與核心現場：作為實踐課題的東亞》（《共生への道と核心現場──実践課題としての東アジア》），法政大學出版局，2016，頁10。

31　同，頁12-13。

矛盾與糾紛被凝縮的場所」[32]——出發，來實現東亞的共生。關於這一點，許紀霖做了如下論述：

> 正如白永瑞教授所思考的那樣，如何去帝國的中心化，建立一個平等的東亞命運共同體，成為東亞各國共同面臨的使命。民族國家利益至上，主權壓倒一切的現代帝國，是將自身視為唯一的主體，而將對方和周邊國家都是視為客體的霸道邏輯，而如何學會和平相處、承認互為主體，是新天下主義的目標所在。[33]

就像上文引文提示的那樣，許紀霖接納了白永瑞的理念，吸取了周邊的視角。那麼，我們該如何面對東亞的分斷結構呢？在這裡，許紀霖展開了與白永瑞的「核心現場」相似的思考。

> 東亞的命運共同體既需要有靈魂，即有一個有待創造的新的普遍性價值，也要有其制度形態的肉身。東亞共同體的建立不僅有賴於國家間的結盟，形成超越民族國家的平等聯盟，而且更需要東亞各國知識分子與民間的交往，形成「民間的東亞」，「民間的東亞」將比國家更能超克民族國家的藩籬，超越各種版本的中心化、等級性，具有天然的平等性，成為東亞新的普遍性價值的深厚社會土壤。[34]

---

32 同，頁28。
33 許紀霖，〈新天下主義與中國的內外秩序〉，頁22。
34 同，頁24。

　　許紀霖思考的普遍性不是朝天而是面向大地的，它的實現既不是由帝國也不是由國家聯盟，而是由「東亞各國知識分子與民間」來承擔。如果這能夠真正實現，超越分斷結構，東亞變成命運共同體也就可能實現。那麼，這個命運共同體的「靈魂」究竟在何處呢？

　　讓我們回想一下，剛才提到了中國夢也需要「精神」。這個「精神」與「東亞命運共同體」與「靈魂」之間有著怎樣的差異呢？正在將新天下主義的條件逐步升級的許紀霖，或許在不久的將來便能準備好答案吧。

結論

　　通過以上圍繞著中國式普世的話語方式的諸種形態的一番討論，我們可以確認這些話語並沒有在單純意義上止步於中華的復興。困難的是對西方現代的話語權提出異議，這對我們來說是非常重要的課題。然而，我們並不需要立刻與重新評價「中國式價值」或「亞洲的價值」扯上關係，也不能輕率地忽略作為人類需共同繼承之遺產的西方現代各理念（人權、民主主義、立憲主義等）。

　　在這個思想緊張的時刻，考驗我們的是如何共同將「作為方法的中國」，甚至是「作為方法的亞洲」完善下去。或者是如何在東亞實現「共享的普遍性」。這也可以說成是如何重新繼承儒家思想的遺產。如果離開對自己的話語進行批判性的深思，並參與計畫討論，這些都是無法實現的。這同時也是韓國的白永瑞和中國的許紀霖已經共同開展的實踐。

　　許紀霖認為「東亞各國知識分子與民間的交往，形成『民間的東亞』，『民間的東亞』將比國家更能超克民族國家的藩籬，超越各種版本的中心化、等級性」。如果存在一種與中華復興形成對置

的東西的話，恐怕就是「民間的東亞」以及由此展開的扎根於民眾的普遍性吧。

　　我認為，那是與天下或者新天下主義甚至於「王道」都不同的，可謂「地上的普遍性」。然後，我期望把它放在「民間的東亞」之中，與諸位一同斟酌它。

　　中島隆博，東京大學東洋文化研究所教授。中國哲學、比較哲學專業。研究儒家復興、現代觀念的全球流通、概念史等等。主要著作包括《殘響的中國哲學：語言與政治》（2007），《解構與重建：中國哲學的可能性》（2010），《共生的實踐：國家與宗教》（2011），《惡的哲學：中國哲學的想像力》（2012）等等。

原民狩獵的
倫理省思

序言

吳宗憲

　　狩獵向來是原住民文化中的一個重要傳統，但近年幾次原住民祭儀中以「非傳統」的手段殺死動物的情事，以及布農族原住民「打獵」判刑，都引發了一連串的政策論辯。究實而論，當代的動物倫理或生態保護的主張，與原住民的傳統生態智慧，原本都是朝向人與自然環境共生的理想，兩者並不衝突。但長期以來的原漢矛盾，往往讓動物保護的主張，涵括在所謂的強勢族群文化中，造成了壓迫原住民族文化的假象，引發了少數民族情感上的反彈，而失去了對話的可能。為了使雙方有對話的可能，筆者在去年底以動物當代思潮讀書會為主辦單位，規劃了「荒野中的救贖：邁向原住民狩獵與動物保護的衡平」論壇，邀請了幾位不同領域的講者，從不同的角度探討「原住民族狩獵」問題，相關報導逐篇刊登在獨立評論中的動物當代思潮讀書會專欄中（http://opinion.cw.com.tw/blog/profile/383）。本次專輯，便是在這場精彩的論壇交鋒後，敦請其中幾位參與者根據演講逐字稿寫成文章，並邀請熟悉國外兩個類似案例的林浩立先生撰寫一篇專文，編輯而成。

　　首先，在倫理觀點的對話層次，官大偉教授所撰〈是「荒野」還是「彼岸」？——從生態觀的差異談原民狩獵的爭議〉一文，強調原住民的生態倫理觀本來就將動物權包含在內，因而，尊重原住民的文化，是解決問題的起點；台灣動物社會研究會朱增宏執行長，

則以「狩獵與動物保護──誰的荒野？誰的救贖？」為題，從動物權角度出發，強調動物的犧牲、生命與痛苦，乃是原住民族狩獵議題中不能迴避的關鍵倫理問題。這兩種觀點，恰巧是天秤的兩端，因此文中有許多精采的交鋒。人類學者林浩立以日本和歌山縣太地町捕獵海豚，及北歐法羅群島島民的歷史經驗，分析在「傳統文化」與「動物權」光譜兩端之間，還有國際權力運作、國家認同、地區經濟發展等議題可以展開，希望雙方能從當中找到對話的交集。

　　之後，則是從制度觀點的對話層次展開。首先是法律學者王毓正教授從憲法層次著眼，在〈原住民族傳統文化尊重與野生動物保育交錯下之正念場〉一文中建議，原住民族落實權益保護時，應該將法律層次拉高到憲法，否則便無法逃脫目前兩種理念在同一法律位階，不斷產生爭議的現況。在自治管理層面，東華大學環境學院裴家騏教授的〈原住民獵場管理與野生動物保育的夥伴關係〉一文，認為透過部落分權的管理，才能在狩獵文化中，有效達成野生動物的保育。最後，浦忠勇教授在〈獵人都期待野生動物豐郁暢旺〉一文當中，由更細緻的制度面，討論諸如野生動物族群數量監測機制、「狩獵證照」、獵槍使用的制度，建構原住民狩獵政策的實際狩獵規範。

　　本專輯所收錄的幾篇論文，相信能夠使關心本議題的許多朋友們，同時由宏觀的倫理層次，以及微觀的制度層面，關照這個值得當代持續深入探討的議題。

吳宗憲，台南大學行政管理系副教授，動物當代思潮召集人。

是「荒野」還是「彼岸」？
從生態觀的差異談原民狩獵的爭議

官大偉

一、前言：自然的文化建構

　　2005年因為林務局開放丹大林場實驗性狩獵的計畫，動物保護團體對原住民族狩獵提出了諸多的質疑，喧然爭議之下，林務局結束了該計畫。之後十餘年來，原住民族狩獵和動物保護之間似乎仍然很少有對話的機會，在到了像是要進行「野生動物保育法」修法或是訂定「原住民族基於傳統文化及祭儀需要獵捕野生動物管理辦法」的關鍵時刻，則很快進入短兵相接、各表立場的攻防。

　　本次「荒野中的救贖：邁向原住民狩獵與動物保護的衡平」座談會，是一個難得可以深度對話的機會，在經過協調後主辦單位邀請了好幾位不同領域的學者專家，或者是來自於社區的人士，各自從不同角度來做一些分享。在分享原住民族觀點的場次裡面，有陳張培倫老師，從政治哲學的角度來分析原住民族狩獵權的意義；有從事原住民族狩獵文化研究的浦忠勇老師，從他的研究經驗，具體闡述原住民族狩獵文化的內涵；還有達魯瑪克部落的胡進德理事長，介紹達魯瑪克當代的狩獵實踐和部落公約。作為以上幾個主題的開頭，筆者的報告則是希望扮演一個開啟對話的橋梁角色，跟大

家一起來想一想，我們的溝通，應該建立在什麼樣的認識基礎之上。

　　首先，就座談會的主題：「荒野中的救贖」來看，我們必須先釐清，到底什麼是「荒野」？而本座談所講的「荒野中的救贖」，要救贖的到底是什麼？所謂的「荒野」，指涉處於自然狀態的區域，但到底什麼是「自然」呢？舉例來說，大家想像一下常見的田園風景照片，我們常說要去親近大自然，就把小孩子帶去鄉下、田野間，這些田園景致到底是不是自然？對有些人來講，可能是自然；但對有些人來講，它可一點都不自然。想想田間的道路、作物、田地的型態，你就知道那其實是充滿人類活動所留下的軌跡，它一點都不自然。田地的格局有它歷史地權的因素，人們選擇種植的作物和為了這種作物而發展出來的耕作方式，都塑造了這個地景。我們再想像林中小徑的畫面，它算不算自然？如果有一條小徑，它顯然也是人到過的地方，是人走出那條路來，或者我們再想像，一個自然保留區裡面，它應該是更沒有人跡的地方了，因為它儘量的排除了人類活動。但是，一個所謂的自然保留區，不也是人為劃設下來之後產生的結果？那它真的自然嗎？

　　自然是一個文化的概念。在不同的語言中，有各種描述自己和自己所處之環境的方式，在某些文化中創造了自然這個字眼。它指涉的是跟人類社會對立的那一面，但並不一定所有文化都這麼理解人類社會周邊的事物。既然如此，我們的溝通對話，就應該從我們在怎麼看人類的社會，以及怎麼看人類社會和周邊事物的關係開始。

二、原住民族經營的獵場vs.殖民者眼中的無人之境

　　日本的殖民者到台灣的時候，看到台灣的山林，覺得那是一片「天然」的富源。在持地六三郎的〈關於蕃政問題意見書〉裡面，

就曾經提出「只見蕃地，不見蕃人」的原則。當初白人的殖民者到
澳洲去的時候，也說那是一個terra nullius（無人之境），因為從殖
民者的觀點，他覺得這座山林沒有人動過，或是在這裡的人沒有真
正改變山林的「天然」狀態，因此沒有資格主張財產權。但實際上，
舉一個最近的研究案例來說，有一位加拿大的生態學者Kevan
Berg，和台灣的學者與部落合作，在司馬庫斯做了森林的林相調查。
這些現在由林務局所管理的林班地，是從日治時期開始收歸國有，
把這個自然的、天然的富源劃為國有之下，並在戰後持續國有化政
策由林務局管理至今。可是這位加拿大的生態學家所做出來的這個
研究告訴我們說，那些看起來好像是自然的森林，其實是泰雅族人
在過去很長一段時間在這裡所經營的結果，包含這邊的土壤或是林
相，或是這邊留下來的一些人工的設施。他甚至進一步從泰雅族的
地名中去作分析。他指出，泰雅族的地名同時結合了幾種元素，包
含對於地的描述、對於上面植被的描述、以及人類在上面活動過的
歷史事件的紀錄。從林相、地景的調查到地名紀錄，都幫助我們認
識到，外來者從遠處觀看的一片「天然」山林，其實是泰雅族人經
營過的一個結果（Berg et al 2017）。

　　當然，經營的方式有很多種。在西方的財產權理論裡面，認為
人類的勞動力投入土地之後，改變土地的狀態，是宣稱其財產權的
條件。這也是為什麼，當白人到澳洲去殖民的時候，覺得這是無人
之境，因為他們覺得原住民只是採集、狩獵，並沒有改變過土地的
狀態。可是這樣的一種觀念背後的預設，忽略了一件事情，就是把
那個棲地維護好，讓食物可以在這裡產出，其實也是一種土地使用
的方式。這也就是為什麼，外來者看起來是一片天然的山林，對於
在這邊長期活動的原住民來講，其實卻是一個文化的地景。就像是
裴家騏老師知名的魯凱族獵場研究所顯示，魯凱族對於獵場的維

護，透過各種禁忌的地點、不能夠去狩獵的地方，形成了一個個保護區。也就是說，當這個保護區外面的狩獵活動大到一定程度的時候，至少在這個保護區內的獵物、動物還可以生活、生長，當保護區中的動物多到一定程度的時候，牠就往外面擴散跑到魯凱族狩獵的獵場裡面。這個研究清楚的解釋了魯凱族不需用對受獵物種和數量的計算，而是透過對棲地的管理，也能維持讓食物源源不絕的產出（裴家騏、羅方明 2000；裴家騏2010）。

三、「荒野」作為一種社會心理的投射

以上的例子都在告訴我們，所謂的「荒野」，也就是所謂處於「自然」狀態的區域，是在某一些文化裡面所創造出來的認知，而在A文化裡面看到的荒野，在B文化裡面可能就不是這麼回事。那麼，我們又要如何從「荒野」回過頭來理解「創造出荒野的文化」？

社會地理學討論空間和社會的關係，指出人類社會裡面的秩序，也展現在我們的空間之中，而空間也強化了社會秩序。舉例來說，在一個演講的場地或課堂上，講者眼光可以看到每一個聽眾，但每一個聽眾的目光都對著講者；講者站在比較高的講台，麥克風在講者手上，燈光投在講者身上。這個空間的設計就是要讓聽眾聽講者講話、各位不能講話，這樣的空間已經反映出聽眾接受訊息／講者發送訊息的權力關係，或者說，空間也強化了這樣的權力關係。更放大來看，道路、建築物、社區街廓的安排，其中也都有一定的社會秩序。

但另一方面，在人類社會中，也存在著失序的、違反常軌的空間。舉例來說，監獄、精神病院、教堂、修道院，都跟我們俗世的常軌比較不一樣，包括是罪惡的、不正常的、神聖的、禁慾的。但

是作為常軌的相反面，它們的存在卻也反映了社會的「常軌」應該
是什麼，像是犯罪的人要被送到監獄去。我們看一看監獄裡面關的
是做了什麼事的人，就知道在我們正軌的社會裡面，什麼事情是不
被允許的；或是看一看在精神病院裡面安置的是什麼樣的人，就是
在告訴我們，在我們的社會裡面，什麼的行為是屬於失序的狀況。
同樣的，教堂、修道院，則是俗世對於神聖之憧憬，以及對於慾望
之掙扎的投射。

　　更進一步看，有一些被想像出來的空間，它同樣也是人類社會
價值與觀念的投射。比如說中古世紀的世界地圖——T-O圖，將世
界分成三部分。這個地圖的中間是耶路撒冷，而耶路撒冷的上方就
是天堂；又像是波提切利繪畫但丁《神曲》中的地獄，則是對於人
類社會中之罪惡與處罰概念的具像化。現實來說，天堂是怎麼一回
事？我們不知道，地獄又是怎麼一回事？我們也不知道。可是我們
對於天堂跟地獄都有一定的描述，那些什麼是對的、什麼是良善的、
什麼是該被歌頌的？什麼是不好的？什麼是該被貶低的？不都是人
類社會心理的投射？除了天堂跟地獄做為社會心理的投射之外，另
外一個大家應該不陌生的例子，是薩依德《東方主義》的分析。雖
然這個分析後來也被批評過度簡化了「西方」，但他指出西方世界
對於東方的描述裡面，那個充滿了異國情調、熱情、神秘、野蠻、
豐饒的東方，未必是真實的東方，而是來自西方自己的慾望、恐懼
的一種投射，成為去殖民研究與文化研究的一部經典著作。

　　所以，當我們看到天堂跟地獄的意象時，對我們的幫助是，回
過頭來想想，創造出如此意象的社會，對於善惡的認知；當我們看
到對東方的想像時，我們應該回過頭來想想，這些想像是出於什麼
樣的恐懼和什麼樣的慾望；那麼，當我們看到一個「待救贖的荒野」
時，我們就應該來想想，它反映出的，是一個文化中，怎麼樣的人

和環境關係之經驗。

四、狩獵爭議中的不同生態觀與社會想像

近來，因為王光祿事件，關於原住民狩獵的爭議又起，或許眾聲喧嘩，但就促成社會對話的角度來看，它是一個讓多方溝通的機會，大致來說，這些爭議可以分成三大類常見的取向：

第一，是動物權論述的取向。此一取向以護生為終極關懷，對狩獵也最多批判，即使接受狩獵是原住民文化的一部分，也認為這是一項終將被移風易俗的行為。2005年有一個關於林務局開放丹大林場實驗性狩獵計畫的論壇，當時筆者還是博士生，曾經跟碩士論文指導教授合寫一篇文章，叫做〈「反對」與「開放」狩獵之間的第三條路〉。從那個時候到現在，筆者一直維持一個想法，就是對於提倡尊重動物的生命權的這種論述，應該抱持著尊敬的一種態度，因為這裡面其實是一種情操，它認為人類不應該只想到自己，人類應該也要去意識到、去理解到動物的感受，進而去思考到動物的權利，這是一種高貴的情操。

但是，我們也必須注意，它也可能會有一種過度簡化的危險，就是當我們把人跟動物放在一個水平、放在一個比較平等的網絡位置上面來看的同時，我們可能會只看到人／動物的二分，而忽略掉了在人類社會裡面的不平等社會關係。例如，是不是只在意原住民的狩獵怎麼傷害了動物，希望國家強化禁獵的規範，卻忽略了這些規範如何對原住民造成傷害？對於「野生」動物和「農場」動物的差別待遇，是不是反映了特定文化本身的分類邏輯？又例如，要去達成動物權保護這樣一種理想，對原住民狩獵進行質疑，但這樣的一個過程中，會不會因為過度的媒體操作和扭曲，製造社會上更多

對於原住民的誤解？

第二，是動物保育論述的取向。同樣在討論狩獵的議題，保育的論述是另一種不一樣的觀點。保育看重的是生態的動態平衡（而不是單一生命的守護），也就是各個物種、物種和物種、物種和棲地之間的關係應該要維持一定的可持續性。所以保育論述並不認為不能夠殺生，重點在於你要獵什麼？然後要獵多少？獵了之後能不能讓整個生態的體系仍然維持有效的運作？如此一來確實更容易和原住民族狩獵找到並行不悖的目標。

但是，生態保育論述的落實，有時也可能會遇到一些迷思，例如行政管理系統視科學權威至上而陷入僵化的情形。2005年丹大林場開放實驗性狩獵的計劃，是一個進步的作法。當時開放的前提是因為師大王鑫老師的研究顯示，該區域特定物種的數量已經到達一個程度，所以適度的狩獵並不會對物種造成滅絕的危機。但林務局基於這樣的邏輯，要求族人狩獵前必須先申報要狩獵的物種和數量，這就對族人造成困擾。按照布農族人的習慣，上山狩獵之前，要很低調，不能告訴別人說，我要打什麼，要打幾隻。因為有太多不確定性了，越是吹牛，越是打不到，這是一種禁忌，所以要族人事先申請欲狩獵的物種和數量，在科學上是有道理的，但在原住民族的文化中卻行不通。

回過頭來想想裴家騏老師關於魯凱族獵區的研究，我們應該就可以理解，對魯凱族來說（對布農族、泰雅族和許多其他台灣原住民族也是如此），重點不是一次上山要打什麼？打幾隻？而是什麼地方可以去、什麼地方不能去。也就是說，透過一種對地的規範，去形成一種棲地中之動物的永續。這和1980年代之後，生態學中興起的一個次領域——地景生態學的認識是相符的。也就是說，不一定要透過數量的計算跟統計，同樣可以去看到生態學上面永續性的

意義。

　　在人類學和生態學相重疊之處，有一個叫做文化生態的研究領域，探討文化和生態之間的關係。以筆者較為熟悉的泰雅族為例，獵人上山打獵，其實有相當的難度，那個路途遙遠跟山路陡峻的程度，不是大家想像的那麼容易。更重要的是，到了山上也無法預先知道會遇到什麼動物，所以對於一個獵人來講，除了要學會地形水文的、植物的、動物習性的相關知識之外，遇到什麼獵物其實還是要靠機率，那個機率或是運氣在泰雅族文化中的解釋就是祝福，一種祖靈的祝福。在狩獵的過程中，你有這個機會、有這個運氣遇到比較多的獵物，那就是一種祝福。這個祝福不是憑空而來，你可以打到獵物，不只是因為你的技術很好，而是因為你平常就有好的行為，所以在狩獵的時候得到祝福。因此狩獵不只是技術，還是你平常生活的道德的實踐、信仰的實踐。據我所知道的，一個好的獵人，在部落裡面，他經常是謹言慎行。換句話說，必須從道德實踐的角度，才能理解狩獵的深層意義。

　　地景生態學、文化生態研究也都是科學典範下形成的取徑，所以在此筆者並不是要否定科學，而是要指出科學的核心價值就是懷疑。如果行政管理系統獨尊某一種科學取徑及作法，而不願嘗試理解不同文化下不同維護人與環境關係之作法的合理性，那就反而陷入偏執，或以科學為名行方便管理之實，卻與科學精神相互違背。最近，我們看到林務局開始試驗性地在某些計劃中將事先申請制改成事後報備制，就是經過願意對話、理解後，跨出新的一步，這是值得鼓勵的。

　　第三，是原住民生態知識論述的取向。這樣的取向強調原住民生態知識對當代自然資源管理的助益，除了經常引用《生物多樣性公約》第八條（J）款中關於善用原住民族與在地社群傳統生活方式

中的保育知識，並應予以適當的利益回饋之觀念，也經常引用文化
生態研究，指出狩獵在原住民族文化中的多重意涵與重要性，它確
實能達到一種在這個文化脈絡裡面去解釋意義的一個效果。但在論
述過程中，若是將文化權的正當性立基於「傳統」，或是將狩獵「傳
統」等同於狩獵活動外顯的形式（例如獵具獵法），則容易陷入一
種誤解，好像文化就是固定不變，也容易受到當代對於狩獵的質疑，
像是「過去的原住民狩獵傳統儘管有其生態智慧，但現在到底還剩
下多少遵守」？或者像是「獵槍不是外國人發明、引進的嗎？那用
獵槍狩獵真的是原住民的傳統嗎」？等等的質疑。

　　此一論述取向的挑戰在於，當我們要去談結合原住民的生態知
識於資源治理的時候，該怎樣避免將文化視為一種本質化、固定不
變的東西，而看到原住民社會動態變遷的事實，然後在原住民社會
動態變遷的事實裡面，去思考將原住民的生態知識結合於當代的資
源治理的意義。

五、結合原住民生態知識於資源管理的意義

　　最後筆者想要分享一個最近在司馬庫斯和南山部落發生的例
子，這個例子，幫助我們在動態社會變遷中看到結合原住民生態知
識於資源管理的意義。

　　司馬庫斯部落因為它的檜木觀光，以及它在觀光經營的過程裡
面透過內部形成共同經營、集體分配的制度，而成為討論部落發展
時非常有名的案例。它的有名也和2006年發生一個櫸木事件有關，
這個櫸木事件，是在2006年夏天颱風過後，司馬庫斯的族人撿拾風
倒的櫸木欲帶回部落作為景觀美化之用，遇到森林警察盤查，遭移
送到法院並被判決有罪，但司馬庫斯的族人拒絕認罪，繼續上訴。

在整個過程中有很多關於原住民族權利與法理的討論。到了2010年，高等法院在更審之後判決這些司馬庫斯的族人無罪，成為國家承認原住民族傳統領域中之自然資源使用權利的一個重要里程碑。櫸木事件發生時，引發了很多的社會討論，其中的一個議題是，長期以來，台灣由上而下的森林治理，仍然不時出現山老鼠、盜伐等問題，何不讓具有在地生態知識、傳統生態知識的司馬庫斯族人，在實踐他們的文化的同時，對周遭的山林進行維護？

可是到了2012年的時候，發生了另外一件事情，叫做南山檜木事件，這個事件使得上述部落經營管林山林的說法被質疑會不會是過度浪漫的想像。這個事件的起因，是有幾位司馬庫斯部落未參加共同經營的族人，到宜蘭縣大同鄉去，跟南山部落這邊的族人，一起伐了南山部落附近的林班地裡面的幾個檜木，這不僅在現有的法律體系裡面是盜伐國有林產物的行為，和族人過去取用森林資源的方式也不同，而其牽涉到部落內部分族人（儘管是少數）與外來盜伐集團的結合，亦顯示出部落並非均質、未必所有人都會參與共同經營或遵守規範公約的事實。

我們不應該把原住民部落和原住民生態知識浪漫化，任何有序的社會也都會有失序的情況出現。但重點在於，一個社會是否具有從失序情況回到有序狀態的韌性（resilience），或稱回復力。由於新的外在條件的變化，新的有序狀態未必和過去一模一樣。但若能夠善用社會內部的知識，達到新的條件下生態的可持續性，那麼這些知識就是重要的生態知識。

南山事件發生沒多久，在南山部落和司馬庫斯部落之間產生了一些風聲和緊張關係，像是「司馬庫斯砍了南山傳統領域內的檜木，南山也揚言要砍回去」這樣的傳言。一個多月後，兩個部落在祖先遷移過程中分開的地點——思源埡口——舉辦了一個泰雅族傳統上

用來和解的sbalay儀式，儀式中透過雙方耆老吟唱古調、確認彼此遷移路線和傳統領域，按照gaga（泰雅語，祖訓、規範之意）確認了南山對於其傳統領域的管理權利。經過了這場道歉跟和解之後，在2012年6月，南山部落就成立了一個森林巡守隊，一個原本是會有擴大生態危機的事件，因為透過彼此之間的和解、確認彼此的傳統領域，轉變成一個保育的契機。

又隔了一段時間，筆者聽到部落裡面一位族人提出一個問題，這個問題讓筆者對於這個和解儀式有了新的體悟。這位族人問：我們用這個傳統泰雅族的sbalay儀式來讓這件爭議有一個好的結果，是好事，但是我們以前從來沒有因為砍木頭而和解這件事情，這算是我們的gaga嗎？確實，過去泰雅族人不會砍伐巨木，沒有山老鼠集團來利誘威脅，也沒有林務局和國家的森林法規。筆者重新思考和解儀式當天的情境，事先居中協調的鎮西堡教會、南山教會牧師都在場，族人也請了媒體的記者前來記錄和報導這個和解儀式，這些都是過去和解儀式中所沒有的元素。換言之，這裡面有太多新的外在條件變化，族人面對外在條件變化產生的失序，正試圖透過彼此之間對gaga的重新詮釋，在當代的情境之下，賦予一個新的規範，去建立新的秩序。同時，部落中的族人也很清楚知道，這已經不再僅只於部落內部自己的事情，他必須要跟更大的社會溝通，尋求支持以取得實踐這個秩序的基礎。

六、結語

綜合以上的思考，筆者有兩個面向的結論：第一，在認識上面，我們把荒野、自然當做一種外於社會的存在，會不會有問題？或者說我們應該去想一想，那個荒野跟自然，其實是我們對社會的一種

投射？那我們怎麼看荒野？怎麼看自然？我們又怎麼看動物？會不
會存在著文化偏見？這裡所說的文化偏見，有幾個意義，第一個意
義就是說：A文化對B文化有偏見，例如一個農業的文化對於一個狩
獵的文化會產生偏見，這是一種偏見；另一種是認為文化是不會動
的、不變的、固定的，認為因為獵槍是外來的，所以如果用獵槍狩
獵就不算是原住民文化，這也是一種偏見；再者，就是把自然生態
這件事情置於人類社會文化之外，這會不會也是一種偏見？我們應
該要想一想。

　　第二，在方法上面，過去很長一段時間，台灣的自然資源治理
的制度，都是由上而下的模式，是被權威化的科學結論和行政管理
的科層制邏輯結合的產物。如果我們體認到盜伐、盜獵的問題仍然
存在，那就表示這個制度有其不足之處，這個不足的制度要不要改
變？要怎樣改變？包含本文所舉的司馬庫斯的例子，還有很多其他
的部落都一樣，部落裡面有一些人是去試著重新詮釋傳統，想要形
成當代的自我規範。當然部落裡面也是有些人選擇接受威脅利誘，
或是為追求個人一時利益最大化，竭澤而漁地做出由部落或更大社
會承擔環境成本的行為。作為一個政策制訂者、制度設計者，政府
要面對的問題是：要跟誰合作？要在制度上支持哪一種人？

　　筆者相信，上面問題的答案應該很清楚。更進一步來看，如果
我們能夠跳脫文化偏見，透過好的制度安排，鬆綁由上而下的自然
資源治理模式，讓原住民族部落可以在持續的實踐中，進行調適性
的自主管理，去創造出一種符合當代條件以及生態永續原則的規
範，那麼我們解放的，將不會只是「荒野」，而是我們所處的社會。

參考文獻

Berg, Kevan. Lin Yi-Ren, Lahuy Icyeh, "2017 Multiple-factor classification of a human-modified forest landscape in the Hsuehshan Mountain Range, Taiwan." 收錄於《民族、地理與發展：人地關係研究的跨學科交會》：頁163-194。官大偉（編著），順益台灣原住民博物館。

裴家騏、羅方明，2000〈狩獵與生態資源管理：以魯凱族為例〉，《生物多樣性與台灣原住民族發展論文集》：頁61-77。蔡中涵（編著），財團法人台灣原住民文教基金會。

裴家騏，2010〈魯凱族的狩獵知識與文化——傳統生態知識的價值〉，《台灣原住民研究論叢》8：67-84。

官大偉，政治大學民族學系副教授，主要研究方向包括：原住民族土地政策、原住民空間研究、社區自然資源管理、原住民生態知識與社區製圖等。

狩獵與動物保護
誰的荒野？誰的救贖？

朱增宏

原住民與（野生）動物的互動關係，應不應該以不同的標準來看待或檢視？理由又是什麼？

一直以來，每談到此議題，從事動保運動的我們（特別是我所屬的「動物社會研究會」）總被指責不尊重原住民，對原民狩獵文化不瞭解，甚至被扣上「對原住民存有歧視和偏見」的罪名。理解我們的朋友或希望促進雙方對話的人，則會強調原住民族受壓迫已久，難免對任何質疑都義憤填膺。

動物保護團體真的「不理解」原住民的狩獵嗎？真的對原住民狩獵存有「歧視和偏見」嗎？原住民的受迫害意識跟動物保護觀念，又真的是「水火不容」嗎？

15年前我在關懷生命協會任職，對於野生動物的「保護」，當時提倡的是「不吃、不殺、不買、不賣、不養」。如果繼續從這個角度來看狩獵，雙方當然就很難對話。但是，「很難對話」仍不等於「不理解」或充滿「歧視、偏見」。

歧視與偏見？

環保團體呼籲保護一條河，一片森林，是不理解想要在河上蓋

水庫的「人」嗎？是對想要砍伐、利用森林的「人」存有歧視和偏見嗎？如果不是，那為什麼對象換成「動保團體─原住民」就是？

動物當然比原住民更弱勢，即使有人主張「不吃不殺不買不賣不養」野生動物，合法的或不合法的狩獵（吃、殺、買賣、養殖），照樣進行無誤，並沒有因此而減少。

站在動物保護的立場，客家人對動物不好，應該被批判，原住民對動物不好也應該被批判，這是「平等」看待客家人與原住民。十幾年來，我們不斷抗議、譴責閩客皆有的「神豬重量比賽」虐待動物現象。但當2013年5月，我們召開「民俗與祭典沒有虐待動物的特權─停止各種戲虐動物競賽！」記者會，指出近年台灣部分原民鄉鎮興起一股風潮，爭先在「傳統祭儀」與「技藝競賽活動」的名義之下，舉辦「抓豬」、「抓雞」、「抓松鼠」等充滿戲謔與虐待動物的比賽。而這些去買動物來撲抓的趣味競賽活動，與主辦單位宣稱要「傳承狩獵精神與文化」卻大相逕庭。我們追問是什麼樣的結構，讓原住民的祭儀變質，結果竟遭受排山倒海而來「歧視、汙衊原住民」的指責與撻伐！如果客家人虐待動物，社會予以譴責，原住民虐待動物卻有人認為「情有可原」，只因是原住民？這背後隱微不見的，恐怕才是歧視與偏見！

從動物的角度來看，狩獵的本質就是殺戮、是暴力，是一個生命奪走另一個生命的生存機會和可能。狩獵對動物而言，就是疼痛、緊迫，就是浴血、死亡，沒有辦法回復的生死爭奪。陷阱、獵槍對人而言可能是一種技術、技巧，甚至是工藝或具有特殊市場的高價商品。但對野生動物就是「誘殺、撲殺、奪殺、擊殺、劫殺、槍殺、刺殺……」的工具，總之，就是殺。不管給它附上甚麼好聽的名詞，包裝成「文化、傳統、權利、生態智慧」。對動物而言，它就是殺。

然而，漁業也是狩獵，甚至打蚊子也是狩獵，同樣是人類對其

他生命的殺戮和暴力，只是蚊子不是脊椎動物，不受法律保護。而有些狩獵的「殺戮」能力則是空前、遠甚於原住民，像遠洋漁業捕撈鮪魚所使用的大型圍網。而也有些狩獵，則是「弱水三千，只取一瓢飲」，有很多限制與節制，比如許多沿海居民使用的「一支釣」。

對動物的殺戮和暴力之所以在這個世界還被允許，只是因為人自詡位居「動物和環境」之上[1]。無論哪種狩獵，都可以找到理由，都是在一定程度上想滿足某種人的需求，或是生活條件。

但是不能不承認，無論哪種狩獵、殺戮和暴力都需要規範，對量或質（方法、條件）的規範。規範，如果能夠自律最好，如果自律不足，那就需要他律。因為這是人性。如果人類有所謂「文明」的話，對殺戮和暴力的反省與規範，應該是文明的一個重要的檢驗元素。

如果所有人類對其他動物的殺戮和暴力都需要規範和他律，為什麼主張對原民的狩獵施加規範、他律，要被扣上歧視與偏見的指控？

是什麼阻礙了「對話」？

從環保或動保的立場，儘管狩獵是對動物的一種暴力對待，開發利用則是對環境造成破壞，但我們都希望那是「最小限度的人類中心主義」，對荒野和動物造成的干擾愈小愈好。為了這個目的，它們需要規範，必要時，需要他律的規範。無論是「誰」，是哪一「種」人在狩獵、在開發。這樣，才是不對哪一種人懷有歧視和偏

---

[1]　戰爭，人與人之間的殺戮和暴力，更是狩獵，是因為某種人認為自己在其他人之上。

見吧！

「歧視或偏見」的指控之所以會阻礙原民狩獵與動物保護之間的對話，另外還有一個理由，那就是狩獵被視為體現了原民文化、原民權利和原民生態智慧這三件神聖價值。而這三項具有神主牌地位的價值，背後的支撐我認為不外是**原來主義**和**民族主義**。也就是說，一切原住民的文化、權利和生態智慧，都是這個（漢人以外許多原住）民族原來的、原有的、內在優越的、不會變化的，而狩獵是其中一個主要的（或唯一的？）「鐵板一塊」！因此，任何有關狩獵的質疑、異議、批評或主張他律規範，都會被視為「不理解」、「歧視」原住民族！

曾有一位布農族的校長投書聯合報指出，原住民比較沒有「我的」這種強烈意識，因為在布農族的生命觀裡面，人不分彼此，只要身而為人就是一家人。我覺得從這個基礎來探討狩獵很好。從人的角度談狩獵，而不是從民族主義的角度來談狩獵[2]。

由於狩獵就是對「他者」的殺戮，「他者生命」是在非自願的情境下浴血、死亡；又因為殺戮是不得已的，所以要對他者生命的犧牲抱持感恩，由此發展出許多狩獵的禁忌、規範，包括尊重祖靈、各種規範讓人不能貪取……等等。這些禁忌與規範的傳承與調整，才是所謂「狩獵文化」的精髓。

如果「狩獵文化」是對動物犧牲的感恩，是讓「「犧牲」不到最不得已的關頭絕不輕言犧牲，那麼它跟動物保護團體的主張並不

2　特別聲明，從民族主義的角度談「轉型正義」，不在本文討論範圍。
　　我也不反對原住民族獨立，台灣這個島一下子有了16「國」也很好，
　　3國也不錯（中華民國、台灣共和國跟原住民國），小而美，國家
　　要越小越好。但即使我們是國與國之間的關係，生態保育、動物福
　　利，還是跨國族、跨地界、跨國界的關懷。

會水火不容。終極而言，保護動物或是動物福利的觀念，也在於希望減少人類社會中一切自我中心主義所衍生的殺戮、暴力和貪欲。

當然，對傳統的原住民生活世界而言，狩獵文化是相關生活事物、生命禮儀的一切總成，對動物就算含有殺戮和暴力的成分，也是難以避免。然而基於生態環境的變遷，原住民人口的成長，商業力量的無遠弗界，乃至台灣社會原漢之間生活世界的高度重疊（融合？），都帶來了很多的改變。所謂「原來主義」的狩獵（傳統），其實早也產生變化。

合法「傷害動物」的特權

再從環境、動物的角度來看野生動物，牠們並不是屬於誰的，不屬於某一民族的，但基於生活所需有些人可以狩獵，有些人則不可以，那就是特權。就像任何人不可以隨便宰殺動物，但是有些人就可以，比如從事屠宰的從業人員；又如任何人都不可以虐待動物，但科學家卻被允許「合法」虐待動物，從事涉及對動物長期、嚴重傷害與痛苦的動物實驗。這些都是特權，都需要規範，包括自律和他律的規範。

就算狩獵是「天賦人權」，同樣需要規範。不僅是因為資源管理，也因為人性。不是說「原住民族」就不會受到利益的誘惑。全世界很多地方都有原住民狩獵海洋哺乳類動物，本來都只是自用、族人分享，但一旦受到商業力量影響，一切就改變了。那是人性。我不認為哪一種人、哪一個民族的人，天生就比別人更不會受到商業的誘惑跟挑戰。也因為涉及了人性，所以不能球員兼裁判。

如果將野生動物視為環境資源來看待，就有所謂「環境權」問題。但是我們能說環境是誰的嗎？我們能說某些地方的「環境」屬

於誰的,其他人因為不是住在那裡,例如我不是澎湖人,就不能關心澎湖的環境嗎?因為我不是原住民族,對於原民族地區的環境問題,就應該閉嘴(或「被閉嘴」)?多年來有許多抗議、反對不當開發的案例,皆發生在原民的生活區域,也往往都是「外來」的漢人與原民共同並肩作戰!為什麼獨獨關於野生動物的保護、保育(vs.狩獵),「外人」(漢人)就不能置喙了?

　　至於原住民的「生態智慧」,我想它既不是,也不應該是原住民的內在優越。基本上,任何人住在一個荒野地區,因為要與這個荒野(山林河海湖泊……)永續共存,就應該要有這樣的智慧,否則活不下去,更無法永續。而縱使不住在荒野,住在都市,我們每一個人也都必須發展生態智慧——例如多利用大眾運輸工具以減少碳排、善待都市中的動植物、節約用水……等。換言之,生態智慧乃是面對環境挑戰時的一種適應,適應的成敗會決定族群的存亡,需要積累與學習,卻不是任何民族本有、內在的特質。

沒有誰比誰更優越

　　如果不用「民族」的角度看狩獵,而是從人類主宰其他非人類動物的角度來說,人類使用動物的情況非常普遍。因為生存所需,住在荒野的居民難免需要狩獵野生動物維生。但不住在荒野的居民(漢人以及許多原住民)雖然沒有(或少有)機會利用野生動物,卻也同樣利用其他動物。因此無論原、漢,無論荒野或都市住民,凡是食肉行為都涉及對動物的殺戮和暴力對待,就這一點而言,並沒有誰比誰,哪個民族比哪個民族更「文明」、更優越。

　　反過來說,台灣這個社會,狗貓被許多人視為「毛小孩」,也不是只有漢族才如此。我相信很多原住民也會認同動物保護的觀

念，不見得所有的原住民都會說，我一定要狩獵，我一定要去吃野生動物。就算現在是如此，未來也會改變。像現在的台灣跟20年前的台灣相比，動物保護的觀念已經有很多進步。流浪狗貓等動物從過去普遍被視為「垃圾」，到現在被視為「毛小孩」，甚至立法禁止基於數量或空間為由的「撲殺」。對野生動物也是一樣，白海豚，蘇眉魚，鯨鯊，穿山甲、石虎等議題，都反映台灣社會的保育觀念在改變。

因此，從動物、環境的角度來看待狩獵、生態智慧，當不是一個「原住民族」的問題，而是「住在該地」的人應該有的生活學習與態度。住在澎湖、住在金門的人，想要維護當地的生態，就會發展他的生態智慧，而不是「原住民族」才有所謂生態智慧。

動物保護運動針對經濟動物訴求人們「少吃肉」，減緩地球暖化的危機，也減少對動物的殺戮，同時提升經濟動物的生命品質、動物福利。針對動物實驗，動保運動推動落實所謂「3R」的觀念——減量、精緻化（痛苦最小化）和替代原則。同樣地，動保運動也應該檢視原住民（族）的狩獵，可否減量？可否有精緻化？能否尋找替代方法？

比如原住民為了滿足生活需求，並不一定要獵殺獵物，可以用別的方式，譬如善用自身對動物的瞭解，發展生態旅遊，用眼睛來狩獵，而不是用獵槍、陷阱。琉球西表村的山貓，本來是狩獵對象，後來受到保護，成為生態旅遊的對象，就是很好的例子。

如果堅持狩獵是原住民族的文化、權利、生態智慧，是內在優越的，非我族類應該「閉嘴」，非原住民都不能置喙發言，那不啻完全是去脈絡的「原住民族至上」觀點，忽略了環境的、地理的、社會人文的脈絡。這種心態，與原民過去和現在指責漢人的「沙文主義」、「霸權」等惡形惡狀，又有什麼差別呢？

談狩獵需要「人不分彼此」

　　狩獵，不僅涉及動物的數量，也是對動物的態度問題。就算某一物種多到不行，還有生物多樣性、預警原則應該考慮。要使用牠，要考慮一下牠也是生命！狩獵對動物而言，就是疼痛、折磨、恐懼與死亡。如果我們真的有「不認為某一個生命會比其他的生命更高貴」、「我們跟這個地球上的生命是共生共存」的智慧，當不會只用數量跟模型來看狩獵問題。

　　據說銅鑼鄉的一位民代曾說「石虎多到跟野狗一樣可以拿來打牙祭」，如果環團覺得這並不是幽默，而是無恥。那麼原住民說：「山羌就住在我家旁邊，晚上就在旁邊跟我叫，我叫牠走牠都不走，那為什麼不能多打一下」，當也不是幽默。

　　只有「人不分彼此」來談狩獵，才有可能拉近彼此的距離，才有可能雙贏！一方面，我們尊重生活在山林海邊的「住民」，「利用野生動物植物」是其原有的生活模式或生活需求；另一方面，也請還生活在「山林河海」的住民思考：野生動物的利用不是只有狩獵而已，可能有其他的替代方案。可以減量，也可以精緻，更可以替代。

　　保育是多元的，野生動物的利用是生活需求，但生活需求的滿足也可以很多元。包括協助自然資源研究、觀光旅遊等。

人行荒野，人跟荒野是「生命共同體」

　　因此，應該是「地緣主義」的狩獵，不是「民族主義」的狩獵。應該是「脈絡主義」的狩獵，不是「原來主義」的狩獵。從地緣、

從環境、社會、人文、社區或個體經濟的角度來看狩獵，以「最低限度的人類中心主義」為原則，建立與時俱進的規範。原住民曾經遭受很多「人」的迫害，但動物從來不在「加害者」之列。從物種保育的角度看狩獵，涉及的並不是轉型正義，而是環境正義、生命正義。不論哪一個民族對環境資源的利用，都應該將當代、他人和後代的永續納入考量。

　　我看過一部電影，涉及到黑白之間，種族之間的衝突問題。其中有段對話，可當做思考原民狩獵議題的一個「提問」。片中主角之一問：「你要站在哪一邊？」，另外一個人回答：「你只要考慮過所有的因素、所有的方法，之後由你自己的良知來做決定。」我希望原民與動保團體之間的對話，也能促成這樣的一個效果。

　朱增宏，台灣動物社會研究會執行長。研究興趣在佛學與參與民主。

從《血色海灣》到法羅群島：
論非原住民的鯨豚捕獵「文化」

林浩立

一、前言

在美國大學教授「環境人類學」這門課時，我於其中一週主題為「環境倫理」的課堂上，安排學生觀賞以日本和歌山縣太地町捕獵海豚為主題的紀錄片《血色海灣》（*The Cove*），以及另外一部片長較短、探討北歐法羅群島島民捕鯨活動的紀錄片 *The Grind: Whaling in the Faroe Islands*，並搭配幾篇關於原住民族捕鯨傳統的文章閱讀。這堂課的設計主要用意在於，以多元的案例來平衡獲得2009年奧斯卡最佳紀錄片獎、強烈批判任何鯨豚捕獵行為的《血色海灣》。在聆聽這群學科背景紛雜的學生討論時，我發現他們雖然也不認同太地町的海豚捕獵，但卻沒有與《血色海灣》一樣站在動物權或鯨豚類智能說（cetacean intelligence）的立場，認為這群感知能力幾乎等同人類的生物不該遭受任何形式的囚禁或捕殺。他們反對的理由，是太地町漁民在紀錄片中被呈現的那種隱瞞的態度與顯得殘忍的獵殺方式。而更有趣的是，他們反而能接受法羅群島公開、歷史悠久、記錄完整、沒有涉及商業活動、且號稱人道殺戮的捕鯨活動，並認為前往抗議的「海洋守護者協會」（Sea Shepard

Conservation Society）成員不應干涉當地的生活方式。簡單來說，
他們的結論某種程度上是偏向所謂「文化相對主義」：鯨豚保育並
非一種放諸四海皆準、不可撼動的普世價值；而根基於一地社會文
化的鯨豚捕獵活動應該受到尊重。然而，怎麼樣的狩獵活動才是有
「文化」呢？是源遠流長的傳統？是有限度的狩獵規模？還是不涉
及商業利益的生計行為？同時，若不具備這些條件就不算是有「文
化」嗎？這些疑問顯示，狩獵權辯論中的「文化相對主義」一詞其
實有很大的不足，不但僵化了地方的複雜性與地方之間的差異性，
也壓縮了與環保動保團體溝通的空間，更有可能反被拿過來攻擊一
地的狩獵活動「文化意涵已消失」。

　　本文透過日本太地町與法羅群島兩個地區的民族誌、歷史、社
會、經濟、生物等資料，討論地方鯨豚捕獵活動中有什麼尺度或大
或小的力量在運作著，以及有什麼已產生的改變或未來變化的可能
性，而這些都是僅用「文化差異」的視角所不能完全捕捉的。另外
一方面，本文選擇這兩個地區而不談其他原住民的捕鯨案例（如1999
年著名的北美馬卡部落捕鯨事件），目的在於將「多元狩獵文化」
論述中兩個最有力的論點抽掉：一、原住民族與環境包含生態智慧
與儀式意義的緊密關係；二、狩獵作為原住民族在殖民與現代國家
的結構性不平等中的文化復振運動，來談工業化國家中的地方社群
為何要進行鯨豚捕獵，以及這樣常被視為野蠻殘忍的行為能如何被
理解。

　　在開始分析之前，首先必須說明的是，本文的討論是建立在這
些地方鯨豚捕獵活動並沒有造成顯著的生態破壞上。以法羅群島為
例，2010-2015年間，當地島民平均一年捕獵約700隻長鰭領航鯨[1]，

1　WDC, "Whale and Dolphin Hunts in the Faroe Islands," http://us.

這個數字被認為不會影響東北大西洋中數量約77萬隻的領航鯨群體[2]。至於太地町每年所捕獵的海豚中最主要的寬吻海豚、條紋原海豚、以及花紋海豚也都並非瀕臨滅絕的保育物種，且在太平洋的群體數量都算充裕[3]。根據一項2007年的數據，在日本沿海捕獵活動中被捕殺的小型鯨豚類生物大約為26000隻，其中在太地町大約有3000隻[4]，而其中有1600多隻為海豚[5]。若單看日本沿海所捕獲的條紋原海豚的數字，的確有長期逐年下降的趨勢[6]，但也有學者指出這還包含海豚肉與油脂被鯨魚取代、市場變小、漁村人口結構變遷、適宜捕獵的海岸被發展建設破壞等因素，並不全然代表海洋中的海豚數量劇烈減少[7]。以人類學家Arne Kalland為首的一批長期研究捕鯨文化的學者更認為，「在國際會議與媒體上針對捕鯨的討論，大部分是踩在道德的立場，而非環境生態。而為了保護鯨魚所進行的種種

（續）

　　whales. org/issues/whale-and-dolphin-hunts-in-faroe-islands.

2　Russell Fielding, 2010, "Environmental change as a threat to the pilot whale hunt in the Faroe Islands," *Polar Research* 29: 430-438.

3　來自CMS（Convention on the Conservation of Migratory Species of Wild Animals）鯨豚類資料庫的數據，http://www.cms.int/reports/small_cetaceans/contents.htm。

4　David McNeill, 2007, "Taiji: Japan's Dolphin Cull and the Clash of Cultures," *The Asia-Pacific Journal: Japan Focus* 5（1）: 1.

5　Minoru Matsutani, "Details on how Japan's dolphin catches work," *Japan Times*, 23 September 2009, http://www.japantimes.co.jp/news/2009/09/23/national/details-on-how-japans-dolphin-catches-work/#.WMtdutX5jIV 2009.

6　Clare Perry and Allan Thornton, 2000, *Towards Extinction: The Exploitation of Small Cetaceans in Japan*（EIA International）, 3.

7　Toshio Kasuya, 2007, "Japanese Whaling and Other Cetacean Fisheries," *Environmental Science and Pollution Research* 14（1）: 40.

行動，其思考邏輯是基於倫理政治，而非純然環境保育。」[8]上面提到的「鯨豚類智能說」，就是時常用來反對鯨豚捕獵的倫理觀點。論者根據腦容量、腦部全身比例、涉及情緒與社會行為的神經元等研究資料，認為鯨豚類應被給予與人類同等的生存權利。例如2013年印度的環境森林部便認可鯨豚類為「非人的人類」，不得被囚禁。但也有學者表示這些研究未臻完全，其所衍生的保育論述也被認為將鯨豚類過度「擬人化」[9]。

然而反過來從另外一面來談，贊成捕鯨活動的人士有時候也會用生態的角度來辯護，認為捕獵海洋中的大小哺乳類生物，可以維繫海洋生態平衡以及保護區域魚獲量。這個在太地町已成為官方論述的說法，現在也被以Daniel Pauly為首的海洋生物學家以研究資料反對[10]。也就是說，鯨豚捕獵無法像其他在山林中的狩獵活動（例如原住民族對山羌或馴鹿的狩獵）一樣，以生態管理的框架來支持。唯一稍稍能夠用類似生物觀點來解釋的，或許是位於高緯度低光照的法羅群島島民，需要依靠鯨脂來攝取高維他命D的養分，而這是當地其他海鮮食物無法取代的[11]。然而之後本文也將會提到，法羅群島的鯨魚肉以及太地町的海豚肉其實都含有高度重金屬污染，已

8　Arne Kalland and Brian Moeran, 2011, *Japanese Whaling: End of an Era?*（New York: Routledge），3.

9　Arne Kalland, 2009, *Unveiling the Whale: Discourses on Whales and Whaling*（New York: Berghan Books），32.

10　Lyne Morissette, Villy Christensen, and Daniel Pauly, 2012, "Marine Mammal Impacts in Exploited Ecosystems: Would Large Scale Culling Benefit Fisheries?," *PLOS ONE* 7（9）: 1-18.

11　Christine Dalgård et al., 2010, "High Latitude and Marine Diet: Vitamin D Status in Elderly Faroese," *British Journal of Nutrition* 104（6）: 914-918.

被建議停止持續食用。

　　最後，在法律層次上，國際上最大的捕鯨管制組織「國際捕鯨委員會」（International Whaling Commission）雖然在1982年決議暫時停止商業捕鯨行為（於1986年生效），但此法令管理不到像在法羅群島和太地町這種沿岸小型鯨豚類的捕獵活動。法羅群島甚至與挪威、冰島與格陵蘭這些國家地區成立了自己的「北大西洋海洋哺乳類委員會」（North Atlantic Marine Mammal Commission），以科學與永續海洋資源為名支持捕鯨活動。另外一方面，法羅群島雖是丹麥的自治領地，但並不屬於歐盟，因此法理上沒有受到歐盟捕鯨禁令的限制。至於日本，除了在大型捕鯨活動上持續地以「科學」的名義進行外，像太地町這種地方捕獵活動則僅受到地方政府（如和歌山縣政府）以配額和許可證的方式管理，但也有研究者指出這成效並不彰[12]。值得一提的是，國際捕鯨委員會雖然也認可原住民族基於生計與文化傳統的捕鯨活動，如在美國阿拉斯加的因紐皮雅特人、西岸的馬卡人、加勒比海聖文森及格瑞那丁的貝基亞人、俄國遠東地區的楚科奇人、以及格陵蘭的因紐特人，但並無明確管制方式、管轄權也模糊，目前多依賴其所屬國家設定的配額來管理[13]。

二、太地町的獵豚活動

　　因為《血色海灣》而惡名昭彰的太地町，是一個遠離都會地區、號稱擁有800年之久的捕鯨歷史的海邊小鎮，目前人口僅有3000多

12　Clare Perry and Allan Thornton, 2000, 1.

13　Malgosia Fitzmaurice, 2015, "International Law and Whaling in the Arctic," in *Polar Law and Resources* （Nordic Council of Ministers）, Natalia Loukacheva ed., 99-108.

人。其周圍沒有適合農耕的田地，腹地也不足，發展有限，因此捕
鯨成為這裡最主要的經濟基礎。根據地方歷史記載，日本首次的大
型魚叉捕鯨活動就是於1606年從這裡開始。之後1675年，一種更為
有效率的漁網捕鯨方式，據信也是由太地町居民發明[14]。在江戶幕
府時期（1600-1868），太地町因為捕鯨產業而發達起來。然而後來
在門戶開放後由於無法與西方捕鯨船隊競爭，地方經濟逐步蕭條，
年輕人出走，使太地町傳統捕鯨活動終止。一直到20世紀初，捕鯨
產業因為現代技術的引入而得到復甦，並在1960年代到達鼎盛，提
供了城鎮大部分的賦稅收入。但好景不長，1980年代產業又沒落下
來，捕鯨公司成立的基地紛紛關閉，城鎮失去主要收入來源，負債
增加，地方經濟再次衰退[15]。正是這樣歷史與經濟的背景，讓太地
町希望能藉由輝煌的捕鯨過去來復振自己的城鎮，建立地方身分認
同。在日本所有的捕鯨城鎮中，只有太地町有一個地方捕鯨組織，
並且持續舉辦鯨魚的「供養祭」，早在1969年更已成立了一個鯨魚
博物館，有關於鯨魚的舞蹈、鼓陣、文化祭典也在之後被創造出來
[16]。在《血色海灣》中，導演Louie Psihoyos提到太地町的鯨豚捕獵
活動與佈滿城市的鯨魚意象，讓他感到十分詭異，但對當地人來說
這其實並不衝突。

　　上面談的都是捕鯨活動，那《血色海灣》中的主角海豚呢？在
日本，將成群的海豚驅趕到海灣然後用漁網圍住的捕獵方式同樣也
有悠久的歷史，最早可以追溯到15世紀[17]。在1863年，博多灣的一

14　Arne Kalland and Brian Moeran, 2011, 31.

15　Arne Kalland and Brian Moeran, 2011, 32.

16　Arne Kalland and Brian Moeran, 2011, 33.

17　WDCS, 2006, *Drive by Demand: Dolphin Drive Hunts in Japan and the Involvement of the Aquarium Industry*（WDCS），10.

個村落便有相關的詳細記載。那一次的獵豚活動中共有94隻江豚被捉到，其中大多數透過不同管道販賣掉，而賺到的錢在分給漁網以及船隻主人後，其餘則分配給村落各個家戶[18]。位於長崎縣的有川町是日本另一個著名的獵豚城鎮，一位嫁給當地捕鯨船員的老太太回憶在1930年代間，村落最熱鬧的時刻就是成群的海豚被驅趕上岸之時。之後村民會醃製海豚肉，或直接弄成生魚片食用[19]。但這樣的海豚食用傳統只限於日本西南部分地區，因此並無足夠的市場支持。1986年國際捕鯨委員會暫時停止商業捕鯨後，日本一些海豚肉開始以鯨魚肉的名目販賣出去，以填補市場的空缺。儘管如此，海豚肉的價錢還是不斷走低，許多地方的傳統驅趕獵鯨活動也逐漸消失，到了1980年代後只有靜岡縣的富戶、壹岐島的勝本、沖繩的名護市，還有太地町，而現今只剩太地町在進行[20]。

　　現今太地町的獵豚活動又與上述所謂日本傳統驅趕獵豚不一樣。首先，太地町有每年固定的獵豚季節（從9月到3月），而以往則是隨機的。其次，太地町漁民使用的是高速摩托漁船來大範圍地尋找迴游中的海豚群體，此方法據信是在1920年代從伊豆半島發展出來的，並且在1960年代後開始普及。事實上，太地町的傳統捕豚活動與多數日本漁村一樣，大約在1960年代就終止了，而現今的活動是在1969年幾位當地漁民從伊豆半島學到新的技術後才開始的[21]。同時根據一項2006年的資料，太地町其實只有26位漁民有獵豚執照，所以這從來就不是媒體上所形容的「全民活動」[22]。

18　Arne Kalland and Brian Moeran, 2011, 85.

19　Arne Kalland and Brian Moeran, 2011, 54.

20　WDCS, 2006, 11.

21　Toshio Kasuya, 2007, 40.

22　WDCS, 2006, 16.

　　然而，在獵豚傳統中斷、海豚肉沒有經濟價值、現今又只有少數漁民在進行的狀況下，為什麼太地町會在1970年代開始恢復獵豚活動呢？《血色海灣》紀錄片一開始以攝影機捕捉太地町如何將海豚驅趕到海灣、以漁網困住過夜時，其實答案就近在眼前：隔天一早，一排排的海豚訓練師會出現在海灣，挑選海豚送至各地的海洋公園、海生館（包括太地町自己的鯨魚博物館），剩下的海豚才會面臨殺戮的命運。鯨豚保育協會（Whale and Dolphin Conservation Society）於2006年發表了一篇報告，直指日本當代的鯨豚捕獵活動背後的主要兇手正是水族館這個產業[23]。那段時間一公斤的海豚肉只能賣美金16元[24]，而一隻死海豚最多只有美金400元的價值，但在太地町捕捉到的海豚，若是水族館喜好的品種，一隻最多可出價到美金6200元[25]。而從時間點上來看，早在1968至1972年之間，日本的水族館就已經有從地方獵豚活動中交易海豚的記錄，並且在1970年代達到高峰[26]，這與太地町當代獵豚活動興起的時間是相吻合的。這個交易網路之後開始遍及全球，例如台灣花蓮的「遠雄海洋公園」，在2002到2005期間總共從太地町引進了17隻寬吻海豚[27]；另外有證據指出，美國最大的海洋生態娛樂公司「海洋世界」（SeaWorld）也有間接涉入[28]。正是全球水族館產業這樣的需求，

23　WDCS, 2006.
24　David McNeill, 2007.
25　WDCS, 2006, 15.
26　WDCS, 2006, 15.
27　 WDCS, 2006, 22.
28　Allison Huey, "Seaworld Connects to Taiji through Association of Trainers," *International Marine Mammal Project*, 7 November 2016, http://savedolphins.eii.org/news/entry/seaworld-connects-to-taiji-through-association-of-trainers.

使得在1980年代開始衰退、但又有以往捕鯨傳統作為象徵資源的太地町，會緊緊地抓著獵豚活動來作為復振城鎮的手段，一方面有活海豚可以帶來經濟收益，另一方面海豚肉與獵豚活動則可以聯繫到一個繁榮的過去與地方認同。很可惜的是，《血色海灣》只將這條產業鏈的影響草草帶過。倒是2013年的另一部紀錄片《黑鯨》（*Blackfish*）徹底揭露了水族館產業的黑暗面，也迫使美國「海洋世界」於去年宣布不再私下繁殖殺人鯨作為園區娛樂之用。

　　那為什麼不是每一個曾有捕鯨傳統以及獵豚活動的日本海岸社群都和太地町一樣，持續地在捕獵海豚？一個簡單的回答是，即使同在日本，不同的社群所面臨的行動者與在其中運作的力量都有所不同。以壹岐島的勝本為例，在《血色海灣》之前，當地的獵豚活動才是環保團體對抗的焦點。1980年在環境導演Hardy Jones以影片揭露之後，來自國際重重的壓力，使得勝本不得不於1986年停止大型的驅趕捕獵活動，並且於1995年之後完全終止任何捕獵行為[29]。然而，人類學家Kalland的調查發現，當地人開始會將小群的海豚飼養在內灣處，一方面可以於之後高價出售，另一方面則成為將城鎮打造成「海豚之城」的基礎。更有趣的是，負責照料海豚的婦女竟與他們培養出與寵物般的感情。對認為海豚應該在野生狀態下生活的環保團體來說，這依然不是一個理想的結果，但對當地人來說，此種馴化後的「自然環境」才是他們能接受的[30]。至於靜岡縣的富戶，在2005年進行最後一次獵豚活動後，已轉向賞鯨觀光的路線發展。

29　WDCS, 2006, 11.

30　Arne Kalland, 2004, "Japanese Perceptions of Whales and Dolphins," in *Wildlife in Asia: Cultural Perspectives* (London: Routledge), John Knight ed., 73-87.

　　也許最後能停止太地町獵豚活動的，其實是關於身體健康方面
的顧慮。早在2002年，北海道醫療大學遠藤哲也教授的團隊便在包
括太地町在內的市場販賣的鯨豚類內臟中發現，其平均的汞含量遠
超過當時日本厚生勞動省每克海鮮食品0.4毫克的標準[31]。之後對太
地町居民的研究也證實，有食用鯨豚肉類習慣的受測對象頭髮中有
明顯較高的汞含量[32]。鯨豚類體內的汞，或更精確地說甲基汞，主
要來自於人類活動對海洋生態的污染，而身為食物鏈頂端的鯨豚類
相對地也囤積了較多的有害物質，人類若過度食用會造成認知神經
相關的症狀。然而，有研究同時也指出，伴隨著鯨豚類以及人類體
內高汞含量的是同樣高的硒含量。這些硒主要來自於海產，並且能
透過相互作用抵銷汞的毒性。因此在認知反應的測驗上，太地町居
民並無異常的狀況[33]。另一方面，日本厚生勞動省和消費合作社聯
盟也僅提出關於大小、頻率以及孕婦不要食用的建議，目前並無任
何政策上的改變。

---

31 Tetsuya Endo, Koichi Haraguchi, and Masakatsu Sakata, 2002, "Mercury and Selenium Concentrations in the Internal Organs of Toothed Whales and Dolphins Marketed for Human Consumption in Japan," *The Science of the Total Environment* 300:15-22.

32 Tetsuya Endo and Koichi Haraguchi, 2010, "High Mercury Levels in Hair Samples from Residents of Taiji, a Japanese Whaling Town," *Marine Pollution Bulletin* 60: 743-747.

33 Masaaki Nakamura et al., 2014, "Methylmercury Exposure and Neurological Outcomes in Taiji Residents Accustomed to Consuming Whale Meat," *Environment International* 68:25-32.

三、法羅群島的捕鯨活動

　　相較於太地町，法羅群島的案例顯得單純許多。法羅群島人口約5萬人，地處寒冷的高緯度區，沒有森林或大片平原，農業主要為根莖類作物，土地多用於飼養綿羊，因此相當依賴海鮮的攝取。當地捕獵長鰭領航鯨的活動稱為grindadráp，其最早的文字記載出現於1632年，而當地關於此活動的統計數據，甚至能追溯到更早的1584年，且從1709年開始至今不曾間斷，是世界上歷史最悠久的地方捕鯨檔案[34]。與太地町獵豚活動類似的是，法羅群島島民也會以船隻將鯨魚驅趕至海灣，但不同的地方在於等候在岸邊的群眾會以魚鉤繩索將鯨魚拖曳上岸，並迅速地以一種稱為mønustingari的刀切斷脊髓將之殺死，每一次的捕獵行動平均可抓到約84.6隻鯨魚[35]。上述行動都是在開放空間中進行，並且有專人詳細記錄數量與尺寸。最後，雖然多在夏天進行，此捕鯨活動沒有固定的時間或季節，這與日本傳統「隨機」的獵豚活動是比較相似的。

　　法羅群島是丹麥的自治領地，有自己的法律管理島內事務，特別是針對捕鯨活動。相關的規範包括9個捕鯨區域（grindadistrikter）的劃分、23個能夠捕鯨的海灣的訂定、區域中捕鯨隊（batar）的分配、捕鯨的器具、殺死鯨魚的方法等等，以及最重要的，商業行為的禁止[36]。在捕獵的過程中，除了區域政府的「治安官」（sýslumaður）

34　Russell Fielding, John E. Davis, Jr., and Benedict E. Singleton, 2015, "Mutual Aid, Environmental Policy, and the Regulation of Faroese Pilot Whaling," *Human Geography* 8（3）: 37-48.

35　Russell Fielding, John E. Davis, Jr., and Benedict E. Singleton, 2015, 43.

36　Russell Fielding, John E. Davis, Jr., and Benedict E. Singleton, 2015, 40.

會在岸上監督外，區域的「捕鯨領班」（*grindaformenn*）也扮演著
重要的角色，其任務主要為乘船出海、領導協調整個行動，並且與
治安官保持聯繫[37]。治安官另外一項重大職責是在測量員
（*metingarmenn*）統計完鯨魚的數量尺寸後，進行鯨魚肉與油脂的
分配，以及登記這些數據呈報給法羅群島漁業部。分配的方式有時
會只限定給參與行動的捕鯨隊成員，稱之為獵人分配法
（*drápspartur*）。但若數量充足，治安官會採用符合傳統的家戶分
配法（*heimapartur*），讓區域中每戶人家都能得到一份。區域中的
學校與窮苦人家也往往會被包含在內[38]。

　　上述的程序與人員職位雖然可以追溯到18世紀甚至更早之前，
但法羅群島的捕鯨活動絕非永久不變、被「冰凍」起來的傳統。其
規範從1980年代開始便在與外界團體如國際捕鯨委員會或海洋守護
者協會的互動中改變，相關的科學研究也不斷地在進行。例如上面
提到的斬脊刀*mønustingari*便是一種最近的發明，且在2015年才被列
於法律規範中[39]。另外一個最新的發展是，所有參與捕鯨行動的成
員必須接受相關課程訓練，拿到證書後才能夠進行[40]。研究捕鯨的
地理學家Russell Fielding便認為，法羅群島看似野蠻殘忍的捕鯨文
化，其實是一個受到高度控制的活動，且不能僅用「地方傳統」看
待；因為除了地方社群的參與外，還包括了由上而下的政府管理體
制、以及法羅群島在高度依賴丹麥經濟補貼下國族主義的彰顯[41]。

37　Russell Fielding, John E. Davis, Jr., and Benedict E. Singleton, 2015, 42.

38　Russell Fielding, John E. Davis, Jr., and Benedict E. Singleton, 2015, 44.

39　Russell Fielding, John E. Davis, Jr., and Benedict E. Singleton, 2015, 45.

40　Russell Fielding, John E. Davis, Jr., and Benedict E. Singleton, 2015, 45.

41　Russell Fielding, John E. Davis, Jr., and Benedict E. Singleton, 2015, 38.

　　但與太地町一樣的是，近年來法羅群島周邊的鯨魚內臟中也發現了高度的汞污染，氯化與溴化持久性有機污染物的高含量也在之後的研究中被證實[42]。當地的醫師Pál Weihe與醫療部門官員Høgni Debes Joensen曾數度公開表示鯨魚肉已不再適合做為食物之用[43]，孕婦與計畫懷孕的女性更強烈地被建議不要食用。因此，法羅群島內部其實也開始有反對捕鯨的聲音，例如Earthrace Conservation這個組織便積極地在推廣相關保育知識，而當地公衛研究也顯示，1998至2000年間出生的年齡組體內的含汞量也有降低的趨勢，代表當地人飲食習慣確實有在改變[44]。然而根據法羅群島的生計數據，鯨魚肉占法羅群島島內肉類產量30%之多[45]。這些肉與油脂含有豐富的脂肪酸、抗氧化物質、蛋白質與維他命D，且不會製造環境的負擔，對許多家戶而言更是免費的食物來源。若想要停止捕鯨活動，勢必得找到適合的替代管道。地理學家Fielding曾提出了三個解決方案：一、增加食品進口；二、增加牛羊等家畜的飼養；三、減少海鮮出口而改為島內販售。但他也表示這三個方案執行起來並不容易，且會帶來相關的環境經濟問題[46]，這些都是在抗議當地捕鯨活動時必須思索的議題。

42　Katrin S. Hoydal et al., 2015, "Legacy and Emerging Organic Pollutants in Liver and Plasma of Long-finned Pilot Whales（*Globicephala melas*）from waters surrounding the Faroe Islands," *Science of the Total Environment* 520: 270-285.

43　Pál Weihe and Høgni Debes Joensen, 2012, "Dietary Recommendations Regarding Pilot Whale Meat and Blubber in the Faroe Islands," *International Journal of Circumpolar Health* 71: 1.

44　Russell Fielding, 2010, 434.

45　Russell Fielding, 2010, 435.

46　Russell Fielding, 2010, 436.

四、結論

　　透過上面太地町和法羅群島兩個案例的討論，本文絕非在暗示
前者是「壞」的捕獵文化，而後者是「好」的。若有這樣的想法，
且根據的是太地町現今的獵豚活動是從1969年才開始的，而法羅群
島的捕鯨已經持續進行了好幾世紀，那就陷入了本文所欲分析的「狩
獵文化」的謬誤。在太地町獵豚的攻防戰中，由於從太地町地方政
府乃至於首相安倍晉三都是以「文化」與「傳統」來加以維護，國
際環保組織發現，若堅守動物權的立場，與這種「傳統文化」的論
述毫無交集，各說各話。於是他們漸漸開始以1969這個時間點以及
當地海豚食物文化的逐漸消失，來攻擊太地町的獵豚活動沒有文化
基礎，因此沒有繼續下去的價值與必要。一個最直接的回答是，從
來沒有人規定一個傳統要有多久的時間深度與實用性才算「文化」。
誠然，太地町現今的獵豚活動的確是一種「再發明」，使用的也是
現代的技術與工具，但這不代表當地居民憑空「捏造」出來一個傳
統。另一個更適宜的論述架構也許是：太地町是一個擁有長久捕鯨
歷史但於近代開始衰退、人口外移的小城鎮，而透過有明顯經濟利
益又能連結到過往記憶的獵豚活動，太地町得以復振自己的社群與
地方身分認同。即使只有少部分的人在執行，全體居民還是同蒙其
惠。可惜的是，能夠豐富此論述架構的實際民族誌資料還是太少，
這反映的是當地的聲音在《血色海灣》以及國際媒體中是多麼地缺
乏以及被忽略。2016年才剛在釜山國際影展首映的紀錄片 *A Whale of
a Tale*，據說呈現了更多太地町居民的說法，或許能在之後激起不一
樣的討論。事實上，若從全球水族館產業與鯨豚類交易的角度進行
批判，或是從食品安全與環境污染的議題來著手都是更有說服力的

策略。但是，兩者涉及的尺度太廣，且會牽扯回到西方「文明」國家，沒有一個像太地町漁民一樣面貌清楚、可以他者化的「敵人」。曾去過太地町短期觀察的人類學家Jon Holtzman認為，這與在抵制鵝肝醬時，歐洲較為邊緣的國家如匈牙利受到較多的攻擊是類似的狀況。因為法國雖然鵝肝醬產量居全球之冠，但有高度發展的飲食文化做基礎，「文化相對主義」的應用在此便「合情合理」。反之像日本太地町或匈牙利，既不像與環境有緊密關係的原住民族，也不是掌握普世價值話語權的核心國家，自然就成為方便的標靶。[47]

我絕對不是在說如《血色海灣》這種直接進入太地町的抗議行動是沒有意義的。多虧這些在第一線觀察的動保人士，我們可以在日本官方論述之外得到珍貴的統計數字。例如太地町今年剛結束的獵豚季中，共有595隻海豚被殺死、448被放回海洋、232被囚禁等候水族館的交易。雖然對動保團體來說還是不盡理想，但畢竟有明顯下降的趨勢，評論者認為這與當地開始強烈避免鯨魚肉的食用有直接的關係。另外方面，日本動物園水族館協會於2015年在被世界動物園暨水族館協會（World Association of Zoos and Aquariums）因太地町的鯨豚交易而暫時停止會籍後，投票決定繼續留在這個國際組織中，代表之後其63個水族館會員不得從太地町購買鯨豚，是日本國內對此產業鏈的反省的重大一步。這些成果反映了若離開上述狹隘的「文化」框架，鯨豚捕獵活動正反兩方其實還是有能對話的地方。。

法羅群島的「文化」論述陷阱則是在另一個層面。儘管看似有悠久的傳統作為後盾，其捕鯨活動其實一直在隨著外界的力量進行

---

47 Jon Holtzman, 2016, "On Whale: Conundrums of Culture and Cetaceans as Local Meat," *Ethnos* 82（2）: 277-297.

回應與調整。一方面我們可以看到相關制度、規範與技術的革新，另一方面由於海洋守護者協會的步步進逼，特別是其2014年的行動，使得當地的國族主義發酵，讓更多年輕人願意參與這個實際上已在衰退中的活動。有一個當地島民提到，自己的兒子原本對捕鯨沒有興趣，但因為對外來環保人士的抗議感到憤怒，而開始主動參加[48]。當地反對捕鯨的醫師與環保團體也表示，在海洋守護者協會以更激進的行動阻擾捕鯨前，其實他們已針對食品安全的議題達成許多成果，但現在捕鯨已被提升到國族認同的層次，使得原本可以討論的東西變得更加混亂。因此，若局限在「文化」的框架中談法羅群島的捕鯨活動，這些在當地涉及不同行動者的複雜性將會被壓縮，對支持或反對捕鯨的陣營來說都不是件好事。更重要的是，如同地理學家Fielding提醒的，若要停止捕鯨，那麼更實際的問題是該如何取代在當地依舊重要的鯨魚肉。在文化象徵意義上，Fielding認為可以將鯨魚肉保留只在如Ólavsøka這樣重大的地方節慶中食用，但在生計與社群內部互動的意義上，捕鯨是無法被輕易取代的。這是論述層次很多時候還限於動物權或打擊「落後野蠻文化」的海洋守護者協會的盲點，也是值得環保團體與原住民族在針對狩獵活動的對話時思考的地方。

　林浩立，美國匹茲堡大學人類學博士，現任中央研究院民族學研究所博士後研究員，其研究主題為斐濟村落的海洋生態保育與生態旅遊計畫。

48　Benedict E. Singleton, 2016, "Love-iathan, the Meat-whale and Hidden People: Ordering Faroese Pilot Whaling," *Journal of Political Ecology* 23:26-48.

原住民族傳統文化尊重與野生動物保育交錯下之正念場

王毓正

首先針對題目設定進行說明。一開始受託做這個議題的研究時，突然覺得很煩躁且思緒紛亂，感覺似乎碰觸到一個難以釐出一條理路的問題，倘若釐不出一個頭緒的話，那麼也沒辦法有自己的看法。正當感到很煩的時候，不曉得為什麼就冒出這個詞——「正念場」。這概念源自於中文，但在使用上可能日本人使用較為頻繁。什麼叫「正念場」呢？這是源自佛教的用語，然而自己不是學佛的，如果闡述錯誤的話，也請在場的先進多多指正。

正念場基本上是說，佛教徒在修行時達到最高境界有八種方法、八種途徑，當中有一個叫做正念場，意思就是必須要去除掉一些不真實的、不符合道理的雜念，才有辦法去領悟佛道，去思考正確的真理。同樣地，從法學的角度去思考一個問題時，如果沒有先釐清問題脈絡與層次的話，接下來可能就不知道怎麼討論下去了。另外，「正念場」這個詞，我剛提到說其實在日本比較常被使用，不過多數是用在流行語上面，特別在歌詞當中。各位若有接觸東亞流行樂的話，應該曾接觸到正念場這個概念，不過那個場合主要是意謂：「我要追求這個人，追求他的心，現在是我要獲得他的愛的一個關鍵時刻」。換言之「正念場」被衍伸成那個意思。

　　我在完成這個議題的準備過程當中，其實也覺得今天這個場合應該也是個關鍵時刻，因為這個議題難得有如此的機會，從不同的角度被闡述與探討，或有來自動物保育的關懷，或來自於原住民族基本權利的保障，因此這是一個非常難得的機會。其實還有另外一個關鍵時刻，就是由選舉新產生出來的總統正式出面向原住民族表示道歉，儘管如前幾位先進所說的，蔡總統到底代表政府或代表誰？這個問題其實蠻值得去思考的。不過即便她代表政府跟原住民族道歉，同樣也值得進一步去問的是，道歉然後有什麼樣的變化嗎？道歉之後接下來是什麼？個人覺得總統代表政府道歉這是一個開啟，那怎麼樣進一步銜接下去以及進一步去討論，就有它的重要性。

　　雖然我的題目談到「正念場」，但那不過是我心境的描述，並不是說聽完我的報告之後就獲得真理。這個報告沒有那麼了不起，我個人也沒有那樣的期許，只是我正看這個問題的時候，嘗試這樣去釐清，也同時嘗試地幫助我自己去釐清議題而已。此外，原民狩獵——我姑且不稱作「權」——這樣一個現象跟動物保育這樣一個訴求，這兩個議題碰撞在一起之後所延伸的問題，個人擬嘗試釐清出來一條思考的道路。

　　我們要去釐清一條路的時候，首先必須要做幾件事情。第一個就是「爭點」以及「範圍」的界定，亦即議題跟範圍的界定。個人無意冒犯主辦單位，但主辦單位用了「動物保護」這個概念，儘管「動物保護」這個概念跟「動物保育」並非互相排斥，但是起碼在法言法，從法律專業角度而言，動物保護相應的是《動物保護法》，可是今天比較聚焦的應該是討論動物保育的問題，並對應到《動物保育法》。這兩者有什麼差別呢？前者基本上是以個體保護為中心，並放置在環境倫理或是動物倫理的脈絡之下去作討論的；相對於此，動物保育的話，涉及的是物種保護的問題，任何的物種應該是

連同牠的棲地一併被保護，否則就叫做動物園。即如前幾場精闢的演講裡面提到的荒野或者是說自然環境，這種情況之下，與其說是物種保護還不如說我們要去做棲地保護。這時候，它就會涉及這樣的一個問題，也就是跟「土地」的連結性會非常高，進而涉及到所謂「傳統領域」這個問題。「動物保護」與「動物保育」兩者之間，個人認為並沒有互斥，甚至可以這樣說，當我們在談論動物保護時，而且是從動物倫理的角度出發，或者將這議題局限在《動物保護法》範圍內來討論的話，那未必會直接碰觸到「動物保育」。但相對來講，個人認為後者是包含前者，也就是說，即便是狩獵行為，縱使是法律容許可去狩獵動物，並不代表可以把牠當作一般的「物」，如同桌子或椅子一般沒有生命的物來對待，因為牠是有生命的一個物體，甚至稱牠是一個物體都是在貶低牠們的地位。這種情況之下，即便個人認為今天這個場域應該是在談論「動物保育」，然而相對的，縱使狩獵受到法的承認或尊重（這邊所說法的層次不是只有局限於法律這個層次，容後說明），也並非意謂，屬於個體保護性質或是動物倫理脈絡的動物保護是可以被忽略。然而由於時間有限，底下仍先聚焦在物種跟棲地保育的問題，來討論與原住民族狩獵行為的問題。

　　最近看到很多相關的報導，尤其幾個月來的相關報導都在探討《原住民族基本法》（以下簡稱原基法）與《野生動物保育法》（以下簡稱野保法）這兩部法的關係。在法律上這涉及所謂「合致性」的問題，也就是說二者在解釋與適用上如何契合，如何去透過解釋或是適用讓二者不會彼此衝突、不會互相矛盾。相關報導提到，《原基法》第19條明明在條文中有提到「自用」目的之狩獵，而《原基法》又屬於原住民族權益保障在法律上的最高指導原則，所以這條文當中既然有包含「自用」目的的話，憑什麼《野保法》第21-1條

第1項可以排除「自用」目的？《野保法》是不是太局限了，為什麼只有傳統文化跟祭儀才可以為捕獵、宰殺或利用野生動物之行為，為什麼沒有自用？之前關於這些問題的討論主要多集中在法律條文解釋的技術層次，也就是法條發生競合時，應該如何解釋的這樣一個層次。然而若單純看這兩部法律中的這兩個條文，即使看穿、看破紙張，也看不到前述問題的答案。因為當中隱含很多矛盾的地方，應該先予釐清。

在場應該有很多法學界的先進，法律專業的人應該都會很清楚知道一件事情，即是當法律條文裡面提及「依法得怎麼樣」的時候，不能高興太早。為什麼？因為那並不代表說以這樣的條文就可以直接主張得行使特定的權利，因為白話而言，它意思是說，只要再去找到另外一個條文說你可以做這件事，你才可以主張此一權利。也就是說，儘管《原基法》第19條第1項第1款規定「得在原住民族地區依法從事下列非營利行為：一、獵捕野生動物」，但如果沒有《野保法》第21-1條第1項規定「台灣原住民族基於其傳統文化、祭儀，而有獵捕、宰殺或利用野生動物之必要者，不受第17條第1項、第18條第1項及第19條第1項各款規定之限制」，那麼《原基法》前述這一條規定是空洞的，這條法律它只有宣示的作用。換句話就是說，這個條文雖然說依法可以從事這些行為，可是事實上仍必須找到一個特別的規定去讓原住民族可以為這些行為，所以《原基法》第19條第1項第1款所擬保障的原住民族的狩獵行為，就連接到《野保法》第21-1條第1項。所以《原基法》第19條第1項第1款實際來看好像是一個假象，但個人認為在法律的層次這具有宣示性的意義，不能說完全空泛。再來就是立法技術上面很奇怪、充滿弔詭的地方：《原基法》都已經規定依其他法律可以為這些行為了，為何又在第二項規定又限制「以傳統文化、祭儀或自用為限」，也就是以舊的一部

法律去限制其他立法在後的法律？換句話說，如果立法者透過《野保法》第21-1條的增訂，訂定更廣的狩獵範圍與目的的話，我們再回到《原基法》第19條第2項的規定來看時，它就說「不行，你不可以這麼廣，因為你只有這三個目的」，這在立法上面是一個很大很大的特例。我不能說瑕疵，只是覺得莫名其妙，這是很莫名其妙的，這等同是以舊的民主意志去對於新的民主意志展現加以限制。打個比喻，如果我們去想像現在的立法委員因為十年前的立法委員透過立法限制十年後的立委的立法空間，導致現在選出的立法委員什麼事都不能立法，就會發現很荒謬。這是第一個問題。

　　再來第二個問題，若從這兩部法的「時序」來看的話，就會發現一件奇怪的事情。《野保法》第21-1條第1項規定「台灣原住民族基於其傳統文化、祭儀，而有獵捕、宰殺或利用野生動物之必要者，不受第17條第1項、第18條第1項及第19條第1項各款規定之限制」，為何這條文在解釋上必定排除掉非商業自用？這很奇怪，為什麼？因為這個條文是在《野保法》通過之後第一次修法的時候增訂進來的條文，也就是在1994年。當時條文提到，基於傳統文化、祭儀這兩個目的，原住民族可以去為捕獵、宰殺、利用之行為。這邊所謂傳統文化，為何必然指自用或營利自用？對原住民朋友，我不知道這樣解釋對不對？如果傳統文化本身就包含著捕獵野生動物自用，那本來就已經被包含在傳統文化裡面的行為概念，又何須特別明文規定才能算數？也就是說，這個條文本來就沒有必然被限制不包含自用。就傳統文化而言，每個民族都不一樣，譬如說在野外看到一條百步蛇，在不同的民族之間，接下來事情的發展是不一樣的。所以我們可以看到每一個族群在土地利用，或者是在狩獵野生動物這一塊，傳統文化所包含的意義是有差異的，有的可能對野生動物捕獵純粹是用在祭典，有的可能是用在跟祭典無關的自用。說一句台

語來比喻，就是所謂的「靠山吃山，靠海吃海」嘛！所以這種情況下，所謂的「吃」並不是僅限定食用，例如捕獵完後，把獵物用鹽巴醃一醃可以吃一整年。這裡所謂的「吃」是一種依賴的關係（為什麼「吃」是一種「依賴的關係」？），也就是還包含用來交易。所以我真的不是很了解，從《野保法》這個條文來解釋，為什麼會等於是排除掉「非商業自用」、「非營利自用」，甚至是「營利自用」，如果這些行為本來就包含在某一原住民族的傳統文化裏面的話，為什麼會不受《野保法》第21-1條第1項的保障，這一點我一直覺得很納悶。

儘管如此，我並無意要一直停留在兩個條文當中，停留在技術性的法律條文解釋，或者理解之上。總之那兩個條文之間的不協調，會讓人覺得轉進去轉出來之後頭暈目眩，還是不是很清楚到底這兩個條文之間要怎麼樣非常契合地適用。

《原基法》第19條以及《野保法》第21-1條之間，被提出討論的除了有關非商業自用是不是應該被納進來之外，另外一個重點是《野保法》第21-1條第2項的條文是使用所謂的「核准」的控管機制。「核准」在法律上就是所謂的許可制，於是就會有人提到說，在這種情況下，好像我們的文化認同或是我們的主體性認同，必須要讓他民族來肯定、來確認，那這不是對我的主體性的踐踏嗎？所以是不是應該要讓一步，不要那麼霸道，應該要用「報備」的機制。但從支持許可制的角度會擔心說，採取報備制主管機關沒有辦法事先審核，到時候野生動物族群數量減少發生失控的情形怎麼辦？所以這就是以有效管制的角度去思考這件事情。如果支持報備制的話就會覺得說，這才是一種相對尊重跟信任。可是個人認為，其實報備也是不夠尊重跟信任，因為報備跟許可都是由上而下去看這件事情，而不是一種平起平坐、不是一個夥伴關係，更不是一個共管機

制。報備不過是管制強度低一點的控管機制，到底仍不是一個共管機制的產物。所以我要強調，許可不夠好，然而報備真的夠理想嗎？報備真的有符合解決這個問題的本質嗎？當然我們要先確定問題的本質到底是什麼？等一下我就要做這個界定。剛才提到，《野保法》第21-1條規定中的傳統文化跟祭儀是不是就沒有包涵非營利自用？因此我們要把這個狩獵目的加以擴張，包括非營利自用這一塊。其實這個問題的本質根本不是文字的問題，而是應該放在族群的層次去看待。因為從族群的角度去看這個問題，那麼是不是包含非營利自用的問題，便應該連結到土地權的討論，考慮的是讓原住民族的土地利用權利更加完備、更加完整。還是說不是，我們只是針對社會弱勢，透過立法放寬狩獵目的來予以補償，就是說基於部分原住民族沒辦法吃什麼山珍海味，而在病重的時候想要吃點懷念的口味等等這些，所以應該放寬限制。如果是這樣的話，其實它就不一定是一個族群的問題。但是如果我們是把這個問題放在土地權的脈絡去思考的話，那就是一個族群的問題。

　　前述的問題本質，若是對原住民族議題有充分熟悉的人，應該馬上就會銜接到「土地權」的議題去討論。如果對土地權的了解並非非常完整的話，我就來簡單說明一下什麼叫土地權。我們所談的原民狩獵，我是把它當作是一個群體的權利，也就是原住民族這樣子的狩獵行為，這樣的傳統，或這樣的訴求或主張是從群體權利延伸出來的。不過在談論這個議題之前，仍要先承認一件事，即無論從哪一個思考脈絡或者討論脈絡去找到那個根源，我認為都必須承認殖民統治，你必須要去承認這件事情。我個人是一直認為，我們這一塊土地上的原住民族到目前為止還被殖民統治，我打從心裏面是這樣想的。但是我也認為，不只是原住民族，假如說統治者並不是以站在這個土地的主體去思考，可是相對來講被統治的那些人卻

是以這一塊土地為主體在過日子，或是以這塊土地為中心去建構他的價值觀，那麼這樣的統治就是殖民統治。

　　總而言之，我是在前述的前提之下去發展我的論述，我認為原住民族其實到現在為止仍然是被殖民統治。在這個前提之下，如果我們宣稱要回復他們的地位，或者是宣稱我們要去尊重他們，到底我們要以他們為主體，要去尊重他們的什麼主張呢？其實這涉及土地權的主張。什麼叫土地權呢？土地權是對於傳統領域的土地的一種掌控，還有土地上面自然資源的取用，那取用範圍當然就包含農林漁牧，因此狩獵就是在這樣一個脈絡之下被歸屬到土地權的範圍。從土地權出發的土地資源的控管，對原住民族的意義是什麼？它就是一個實現自我發展最必要的基礎，但是這句話隨著不同的時空還有不同的現狀會有所變化。這個基礎、這樣的描述會隨著不同的時空、不同的原住民族，以及發展的現狀而有所差異。換句話就是說，在特定的時空之下，一個原住民族對土地的取用權可能會發生質變。例如當多數群體已經不在傳統領域上面生活了，那它的生活方式與土地上面的資源管理有了空間上的距離，導致它的脈絡已經斷掉了。在這種情況之下，也許主張對於自然資源的取用權就不一定會成立。再來就是土地權跟民族自決權這兩項原住民族的基本權利，乃是集體權。如果把土地權視為集體權，那從這樣脈絡所發展出來的狩獵當然也是一種集體權，這就是為何我把它理解為群體的權利而非個人的權利。

　　如果我們從殖民統治的角度去思考，而且也承認殖民統治的事實，進一步的問題是，承認之後要幹嘛？承認的目的是要反省啊！如果不想反省，那麼也不用去承認，但你在承認、反省之後，就必須要去思考一件事情，對於這樣被殖民的對象，如果要給他應有的尊重跟對待的話，就要涉及憲法高度的權利的問題，而不是只透過

法律來做調整就可以解決了。尤其從轉型正義的角度來看，就必須考慮到歷史因素。從整個歷史脈絡來看的話，在外來政權（包含漢民族）還沒有來之前，原住民族本來就是在這裡生存。外來政權來了之後即採取壓抑原住民族的手段。可能哪天你良心發現了，或可能是時空變遷了，你非得要去面對這個問題的時候，則應該是立於國家的高度，對等的角度去談論這個問題。剛剛有很多先進都有提到說，我們對於土地的管理或資源的利用有很多很多方法，我都不反對，但是我質疑的是為什麼只放在法律的層次去討論呢？這好像是你把原住民族當作是某一個縣市的人民一樣，你好像把他當作是社會的某一個團體，但他並不是一個一般的社會團體。或許有人會無視這是一個民族、種族問題，可能視為是一個階級的問題，或是某一個地方的問題而已，但我不認為如此。我認為它是一個種族的問題，我認為他具有憲法高度的權利。在這邊也順便回應一下，先前有先進提到說，從這個角度來看，等同主張要討回曾經是我們的土地，那但是事實上真的是有它的困難，因此在其他國家對原住民族跟統治者之間的妥協，在這樣的問題處理上面，通常在現實考量之下，會集中在剩餘的傳統土地，還有剩餘傳統土地上的資源得主張支配，亦即站在現實的狀況去討論這個問題。換句話就是說，不是不可能，但是難度比較高。問題於是變成說，要主張我的傳統生活方式以及生活領域，都必須以仍舊居住於我的傳統領域為前提，因此當生活的地點與範圍都已不在傳統領域之上的話，就沒有辦法去主張集體的狩獵權。但原住民族也可以相對地反駁說，你還我傳統領域的土地就可以了啊！對不對？就此而言，我不會說完全不可行，但事實上難度比較高，所以說比較現實可行的就是，在目前的狀況之下，倘若原住民族仍然保有傳統領域的話，即有必須要去討論這樣的一個問題，也就是如何保障原住民族得主張對於傳統領域

上方的自然資源有支配權。

　　因此從這個角度來看，我們就有必要進一步來做一個區分，就是傳統領域與非傳統領域的狩獵。這樣的區分，我用了一個表來說明。我們分為這兩種，在傳統領域土地上面跟非傳統領域土地上面兩類。什麼叫非傳統領域的狩獵？我舉一個例子，一個民族已經被遷徙到不是屬於自己族人原本的領域了。雖然他們已經不在自己的領域，可是他們口耳相傳，有這樣子的一個傳統，而且每年在特定的時間點他們做這樣的事情（例如狩獵行為）。在這種情況之下，他不是在傳統領域，他可能是在其他族的領域上，或者是他所在的那個領域現在有野生動物在上面，但它不是傳統領域，也不是他族的，也就是一個沒有歸屬於任何族群的土地，或者可以說歸屬於國家的荒野。首先來討論的是，如果是傳統領域的狩獵，這種情況之下當然第一個可以想到是與傳統文化跟祭儀有關。但是這種源自於傳統領域的自然資源支配權的傳統文化裡面，為什麼不能包含自用或交易呢？如果某些原住民族的傳統文化裡，就是有狩獵自用與交易呢？那也是傳統文化啊！這種情況之下，為什麼不被包含在《野保法》裡面所說的傳統文化中？我們憑什麼理由把《野保法》裡面的傳統文化加以限縮，說這種情況的交易就不能算，得把它剔除掉？

　　此外，對於非基於傳統文化的交易，還有非基於傳統文化的自用，原本我也抱著懷疑的態度，以為傳統領域應該就沒有這兩塊。但後來想一想可能也未必。或許某些原住民族本來沒有這個文化，可是後來不知基於什麼原因，開始狩獵行為，所以並不是基於傳統文化。但值得進一步去問的是，應受到保障的狩獵行為一定要源自於傳統文化嗎？不一定！如果說從我剛剛提出的那個脈絡來看，狩獵權是從土地權延伸出來的話，那麼在我對這個土地有資源的取用

權的情況之下，原本我們對於這個土地上面的野生動物我們沒有捕獵，可是現在基於需要，自用也好、交易也好，尤其是基於自用，所以我去交易、我去自用，都是從土地權延伸而來的權利。因此我們必須體系性地去思考這個問題，也就是說，其實狩獵行為有些是源自於如同《野保法》裡中所謂的傳統文化或祭儀，但是也有可能並不是。即便不是源自土地權，也並不是說既然不受到《野保法》特別的保障，那麼就不用去理會原住民族狩獵的問題。其實原住民族狩獵行為的行為目的是多樣化，甚至具流動性的。先前有幾位先進也提到這一點，我覺得也驗證了事實上狩獵行為背後的溯源與目的性會流動。這樣的情況之下，會讓原住民族狩獵行為更加多樣化，都有它存在的正當性、或者有它的淵源，而且又具有流動性，因此原住民族狩獵行為呈現的態樣是複雜的。可是我們若回到《野保法》第21-1條去看，它的法律條文真的能夠承載那麼多法律的功能嗎？真的有顧慮到狩獵行為前述的多樣化意涵嗎？我個人認為是絕對不可能的事情。

　　這段時間我發現，其實拉丁美洲的原住民族跟他們的主流社會的國家政權之間的發展，跟台灣還滿像的。我個人認為，原住民族是從明鄭到現在都一直被統治、一直被殖民，那就如同拉丁美洲的原住民，也是一樣，一直被殖民，整個發展的過程我也覺得滿相似的。我簡單說一下這個過程。一剛開始承認原住民族自治，可是並不把他們當作與統治者一樣可以平起平坐的，換句話說就是原住民族是化外之民。接著就是統治者把原住民族視為國民，乍看之下原住民族與其他的國民有同樣的權利，但問題是在這樣子的法律之下根本無視於原住民族與主流社群在文化、社會以及經濟發展上的差異性，所以導致即便原住民族被當作是國民，但是本質上的差異性沒有在法律上被考慮到，而造成事實上的排擠。從1985年以後，中

南美洲這些國家，漸漸地透過憲法去肯定對方，最重要的表現是原住民族是政權多元化的一環、一部分，這些國家不是用法律來處理這件事情，而是從憲法的角度去確定。這樣最主要的意義即是原住民族的自治權跟國家統治權，是放在同一個層次的。值得我們進一步去問的是，中南美洲這些願意從憲法層次與原住民族去建立自治權關係的國家，問題真的處理得很好嗎？用一句流行話，基本上是呈現出所謂「憲法以上法律未滿」，什麼意思呢？他們在憲法上面確實有這樣的規範，可是事實上充其量只是去確立了自治權具有憲法層次的地位，也就是國家透過憲法承認了原住民族的自治權與國家政權是一種共享關係，也就是是一個國家政權多元化的表現，可是進一步的細緻的規定呢？其實還是空洞的。

　　最後再補充說明一下，筆者認為傳統領域與非傳統領域應該有所區分。如果是傳統領域之上的狩獵行為，應該被認為是從土地權發展、推演而來的，因此如何去界定合理使用，是國家層級的對話，相關法律文件的位階應該是憲法層次的法律文件。反過來講就是，如果我們要處理的狩獵權具有這樣的本質的話，透過一個農政主管機關（行政院農業委員會）的組織，透過一個僅是法律層次的《野保法》來處理這樣的問題，我覺得已經把整個處理的層次拉低了。這麼低的層次，基本上，我不覺得真的有處理到問題，甚至有可能將一些隱藏在背後的主體踐踏與不尊重的情緒全部都翻出來，用這樣的方式去處理問題只會更複雜，絕對不會更單純。

　　至於非傳統領域的狩獵，就是屬於比較低層次的問題，甚至就是行政機關依據法律授權透過法規命令即可處理的問題。所以我認為《野保法》第21-1條充其量只適合處理這樣的問題。相反地，若是涉及傳統領域的狩獵行為，我不認為也不支持僅透過農政主管機關或者是以《野保法》來處理。今天上午諸位先進講的一些意見，

個人也蠻贊同的，就是說尊重原住民族的土地權並不代表那一塊土地你怎麼樣自己管理，他民族或國家權力毫無置喙餘地。因為，退萬步而言，原住民族利用這一塊土地的資源，是要過活的，而且不只有活完今天、活完明天，以後就不用再生活了，而是也需要透過利用這一塊土地的資源，永續地在生存下去。此外，基於生態系統的相互影響與完整性，對於傳統領域自然資源的利用，亦必然地會影響到其他民族的生存條件。因此，當然無法讓這裡所說的土地權跟主流民族處於毫不相干的關係。順便一提，有關「主流民族」這個遣詞用字我一直很掙扎。我是漢民族，但事實上我對漢民族一詞並沒有認同感。我覺得台灣內部的民族問題處理起來有時候真的會很棘手，在這裡我還是暫時使用主流民族一詞。

　　《野保法》的立法目的是什麼？個人覺得《野保法》的目的是在實踐一個國家保護義務，國家保護什麼？國家保護物種，並藉此來保護這一塊土地的人民生存。但這樣的立法目的是誰提出的？這個想法是主流民族所提出的物種保護思想，主流民族認為物種保護應該是國家的任務。然而，土地權一定會跟物種保護相對立、相矛盾嗎？我覺得不一定是這樣。首先，若涉及傳統領域或土地權的討論時，這同時是涉及所謂自治範圍的界定，以及自主管理機制的建立。除了先前提到認為這個議題應該被提升到憲法的層次，或相當於憲法的層次之外，也應該在這個層次去討論與協商如何平衡傳統領域自主管理與他民族的自然生存條件。至於若是非傳統領域的狩獵行為，則並非是從土地權所延伸出來的，因此即涉及主流民族的物種保護面向訴求，並透過國家保護義務的履行去限制「人民」的狩獵行為。即便是如此，仍應去考慮原住民族應受到的實質平等對待以及比例原則。就前者而言，就是必須考慮到相關的生活脈絡、社會地位等族群差異，否則極有可能轉變為一種以法律包裝的主流

民族對少數民族的迫害。

再者，即使符合比例原則的法律拘束，當我們去追問什麼物種
應被保育，其實是科學問題，所以若要對於原住民族也好，或一般
民眾的行為自由來做約束、做管制，則必須要充分說明法律拘束的
正當性。也就是必須去針對各種物種的數量與現狀建立資料庫，必
須要對於物種的現狀確實掌握，否則以純粹臆測的狀況對於人民行
為予以拘束，是欠缺正當性的。

剛剛提到總統代表國家或代表主流社會？我個人可以接受她是
代表主流社會，因此她對原住民族的道歉，已經把對原住民道歉的
意涵以及整體的議題帶到國家的層次，但是後續呢？個人認為是「誠
意以上，憲法未滿」。相關的媒體報導一直在談論總統有沒有誠意，
筆者認為總統已經很有誠意了，至於媒體所批評焦點只關注在總統
將原住民族都晾在總統府外曬太陽，其實是把重點放錯位置了。真
正要去考慮的，應該是誠意之後然後呢？誠意之後有沒有一些具體
的做法？我選擇相信這部分也許總統府方面還在思考當中。但是個
人認為應該完整被討論的問題不應只是狩獵，而狩獵的根源——也
就是土地權這個問題。這議題的本質涉及到憲法位階的問題討論，
也是相關爭議問題的根源，所以應該去面對這個問題。今天在座也
有很多人談到部落法人，這邊要強調的是，部落法人的討論應該是
建立在一個國家政權共享的基礎，或者國家政權多元化的角度去思
考這個問題。然而我看到不少討論竟然是放在與農田水利會公法人
的比較去討論這個議題，真的很想畫三條線，為什麼？因為那個農
田水利會公法人是在法律底下去談論的問題，那個壓根都沒有涉及
到所謂的國家政權多元化的問題，所以是一個錯誤的類比。應該去
談論的是，怎麼樣用一個協議的方式去讓國家政權多元化，因此筆
者建議應該要去思考這樣的問題，就是要如何把原住民狩獵這個議

題的討論從《野保法》與《原基法》當中釋放，要從這邊解放才能真正解決問題。《原基法》再怎麼樣修法，就只是法律而已，自始至終沒有辦法把一些應該放在國家層次去討論、平起平坐去討論的事情做適當的處理。個人甚至認為《原基法》不過是一個鳥籠法，一直去抱著它，把它背誦起來、或甚至倒背也沒有用，因為它真的就是只有法律的層次而已。

　　最後，這個問題的討論一直僵在這邊也不會比較好，我希望或許可以轉念一下，嘗試從資源共管的角度來思考。再者，要如何使良性的共管機制能被確保？個人認為不管是許可也好、報備也好都是一種上下的關係，或許可以嘗試著用契約的方式來試看看。或許有人會擔心契約靠得住嗎？個人認為不要忽略掉契約的作用，特別是公法性質的契約還是有一些在特殊的狀況發生時，為了確保公益可以讓公權力進場的機制。只不過是法律關係確立的一開始，仍先以平起平坐、用協商、用討論的方式來討論相關的權利義務。

　　王毓正，國立成功大學法律學系副教授，研究憲法、環境法、行政法、科技法、動保法、觀光旅宿法，著有中英文論文多篇。

原住民獵場管理與野生動物保育的夥伴關係

裴家騏

　　從野生動物經營管理與保育的角度來看，最近大家在討論狩獵議題時，常提到的「狩獵行為對野生動物保育是傷害」的論點，跟我自己的認知差距很大。大約在1985年之後，強調野生動物保護的保育學界和強調野生動物資源利用的經營管理學界之間，就已經達成合作互利的共識，不再是對立的了。在那之後，最常聽到的論點反而是「野生動物保育需要經營管理（的實務操作與經驗、技術）」，以及「使用野生動物永續利用（的手段）來達到保育的目的」。因此，最近國內的討論倒很像1985年以前國際上相互爭論的狀況。以下針對幾個大家常提起的原住民狩獵議題或疑問做一些說明。

狩獵文明嗎？

　　一個常見的說法是「狩獵是不文明的、是不符合動物權的、是不人道的」。不過狩獵（和漁撈一樣）到現在都是所有人類社會普遍可見的行為，只是工業化國家中比較多的人口是進行運動性和休閒式的漁獵活動，其他國家則多是生活化或生計性、經濟性的狩獵。因此，狩獵與否應該與文明進程無關。至於「動物權」方面，我自

己比較不常講動物權，因為我覺得礦物、植物和動物的分類，其實只是反映了人類對萬物的理解和認識的程度不同罷了。難道植物沒有感情世界、沒有思考能力、沒有感覺嗎？我相信很多人已經不同意這樣的說法了。100多年前絕大多數的科學家都不認為比人「低等」的動物有感覺，可是現在我們對其他動物的認識大大增加了，已經沒有人反對「人不是這個世界上唯一有情感、有認知能力的動物」的說法了。我想再過一段時間，大家也一樣會普遍承認植物甚至礦物都是有感情和知覺的。不過，雖然我不太講動物權，但是當談到狩獵的時候，我則是堅持要顧及人道要求與動物福利的，我反對誤傷非目標動物，也反對虐殺或凌遲式的獵捕過程。

現代的原住民還尊重傳統禁忌、慣習和傳統知識嗎？

另一個常見的疑問是：「傳統禁忌、慣習和知識還存在嗎？」事實上，很多禁忌和慣習現在確實都還存在。例如夢占，現在的獵人還會說夢到好夢就要趕快上山，才不會錯過祖靈要給他的禮物；有不吉祥、不吉利的事情發生，大家仍然會視為是一種警訊而取消出獵行程。再例如，大家也多覺得：決定收穫量豐富與否的，不是狩獵技術是否高超，而是獵人的品德；出發前講會豐收的大話仍然是禁忌；不破壞環境和分享仍然是美德……等。當然，我們也會遇到一些完全不在乎傳統慣習的獵人，但是我要強調的是，這些傳統的禁忌或慣習確實有助於永續的利用野生動物資源，但並非永續利用的關鍵或決定性因素。事實上，在西魯凱族的狩獵研究中，我們很早就認識到多山難行的地景和季節性惡劣的氣候，是台灣的環境條件對山區狩獵活動自然形成約束的主因，再加上原住民部落族人的在地化、實質且有效的管理獵場內的狩獵活動，才是一直以來山

羗、山羊、水鹿、野豬這些獵物得以持續收穫的重要因素。一直到現在，上述這些物種都仍然是台灣自然環境中，最常見的幾種較大型的野生動物。

　　同樣的，「傳統知識還有在傳承嗎？」事實上，我現在傾向用「在地知識」而不用「傳統知識」來說明在地人或社群對當地環境的累積認知或知識，因為知識甚至文化都應該是流動的、動態的，不應該被「傳統」兩個字凍結在歷史上的某一個年代；而「在地」兩字則隱含了在當地的時代演變。我在台灣東部看過很多原住民部落，他們百年來文化遭受激烈的破壞，被長距離集團移住過，原本分居的家族被故意混居；但到了現代，他們在新的居住地依然產生了新的狩獵秩序和新的獵場管理。也就是說，這些部落即使經歷了劇烈的文化迫害和破壞，仍然有能力發展出新的、有效的治理機制，展現出文化主體性的韌性。這些新的治理內涵或許和數百年前的「傳統」有所差異，但也確實因地制宜的發展出「在地」且有用的機制，並在共同生活的社群中被肯認和有效實施。不過，因為台灣的主流社會近年來普遍對原住民族狩獵活動的污名化，使得獵人們都不太願意公開的談論其細節，令外人難窺其全貌。其實，只要我們願意承認並尊重在地治理現況的存在，這些在背後支撐的在地知識就有機會被討論、被科學性整理和被文本化。在地知識經文本化之後，就可以運用在現代的自然資源治理上。

非營利自用的開放會造成野生動物的浩劫嗎？

　　針對可能會將原住民的「非營利自用」納入許可狩獵的範圍一事，許多反對者都認為自用沒有明確的定義，因此，「親朋好友間的餽贈算是自用嗎？」「以物易物算是自用嗎？」有些人認為若這

些人情或日常慣習沒有定義清楚,則一定會產生過度使用的現象,台灣的野生動物將會面臨大屠殺的命運。其實,無論如何定義「自用」,都只是定義「使用目的」,但是否會過度使用,則只需要對總使用量進行管理即可。在總使用量的限制之下,其中即使有部分被用來餽贈或交換就都不是重點了。許多國家現在都採取總量管理再加上族群監測,這兩件管理工作能做到的話,應該就能做到永續了。

事實上總量管理並不是新的概念。鄒族的老人家會說「你不要以為你想打多少就可以打多少動物啦!祖靈給你的就是這麼多的,不會再多啦!」這就是總量(上限)的概念;以現代生態學的角度來看,一個地方有其動物數量的上限(就是所謂的環境負載量的概念),也就是說,單位面積內會有多少隻山羌、山羊……等動物,雖然不至於會是一個一成不變的固定數字,但仍會是在一個相對小的數字範圍內浮動。

而受限於地形和地貌,獵人在他們的獵場內總是只能狩獵到其中的一部分。例如,西魯凱族的獵人每年大約只在他們獵場的5%範圍內獵捕動物,其他則是休獵區和可及性低、或不宜狩獵的環境,任何人要想明顯的擴大狩獵範圍以增加收穫量是有實質困難的。而萬一真的有人以合法掩護非法,採取某種無法被察覺的非法手段而大量增加了收穫量,並因此傷害了野生動物的族群,而致有無法永續之虞時,原則上也一定會反映在族群的監測結果上,管理機構仍然可以即時做出必要的反應(例如:降低總量、短期禁獵、縮短獵期……等),以阻止持續的過度使用,並讓動物族群得以恢復。

為什麼只有原住民可以狩獵？

　　常聽到「野生動物保育法（簡稱野保法）為什麼要讓原住民有狩獵的特權？」的批評，這個批評是來自於野保法第21之1條，「特別允許」原住民族為了傳統文化、祭儀所需，經過事前申請且獲得政府許可後，可以狩獵野生動物，甚至包括保育類的物種。我覺得這裡面有些誤解。其實，根據野保法第17條的規定，縣市政府是可以公告狩獵區，讓一般國人都有機會在狩獵區內進行運動性、休閒性或自用性的狩獵。只是野保法從1989年公告以來，還沒有任何一個地方政府公告了狩獵區。但這麼多年幾乎是全面禁獵的情形都過去了，好像也沒有漢人朋友強烈的要求地方政府非公告狩獵區不可，我想應該與漢人少打獵有關，這是文化和生活慣習上的差異。不過，漢人中有相當多的人喜歡溪釣或海釣，但野保法中對於釣魚這項慣習行為卻沒有納入管理（只有公告不能釣的魚種而已），這應該才是一個最大的特權。未來，我們的野保法應該要與其他已工業化的國家一樣，漁、獵都有經營管理才對。

　　其實，野保法21之1條的現行規定，幾乎與原住民的傳統慣習是違背的，與「尊重」原民傳統文化的目的並不相符。全台灣有700多個部落，每年按照21之1條去申請合法的傳統祭儀狩獵的有多少個部落？應該是少之又少吧！大家都不去申請，正是因為規定與慣習有衝突。比如說，現行的申請書要填寫以下資料供審查：部落裡有哪些獵人，預計在何年何月何日、在哪些山區地點，打算要用何種狩獵工具，目標是哪些物種，各預備獵捕多少隻；光是這個申請書就讓很多原住民卻步了，因為絕大多數的獵人都仍然相信獵物是祖靈給的禮物，如果在狩獵之前如此囂張自滿的預告狩獵成果，乃是

冒犯祖靈的行為，上山打獵將不會受到祝福。再加上所附的獵人名單有相當多的個資，甚至可能因此而引來警察的「關心」，所以大家不太願意填寫與申請。我們應該要想辦法去改善這樣與慣習矛盾的狀況，否則21之1條形同虛設，更成為無效的管理。

同時，現在大家所批評的野保法第21之1條，其實是限縮了原住民只能為了「傳統祭儀」所需而狩獵，完全忽略了「傳統文化」的狩獵需求。事實上，日常自用的狩獵原本就是原住民族的文化，原本就是生活中不可分割的一部分。現行規定不但限制了原住民族選擇生活方式的自由，甚至還因為事前申請制度與傳統信仰嚴重的抵觸，而不被大多數原住民部落所接受與遵行，該項規定也形同虛設，不但沒有達到尊重文化的目的，更無益於野生動物之保育。這種雙輸局面亟待改善。我們常常看到原住民因為狩獵山羌和山羊而被移送法辦並被判刑的新聞。官方網站的資訊顯示，2004年以來，至少有259個案件、382位原住民因為日常性狩獵被起訴[1]，很多案例只因

1　法律扶助基金會台東分會陳采邑律師在司法院網站上，以判決中有（野生動物＋原住民）或（自製之獵槍＋原住民）作為檢索條件，檢索自民國93（2004）年1月1日到民國105（2016）年6月30日之間，判決理由中有敘明被告為原住民身分之狩獵案件所得到的結果（排除單純持槍或其他犯罪之案件和地檢署偵查終結之案件）。但民國102（2013）年1月1日司法院原住民族專庭或專股設立前，判決中沒有強制要註記原住民身分，因此，102（2013）年以前之原住民狩獵遭判刑之案件應該要更多才對。這些案件所牽涉到的保育類野生哺乳類動物有山羌、山羊、水鹿、白鼻心、棕簑貓、獼猴和穿山甲，均非瀕臨絕種的動物，且除了穿山甲僅少數地區常見外，其他6個物種在台灣都是全島性很常見、野外數量不是穩定就是局部增加中，但在總共260個案件中，分別就有高達168個和55個案件是因為獵捕山羌或山羊而被起訴。穿山甲則有2個案件各1隻、各1人遭判刑。

為山羌、山羊是保育類動物，當事人就被判刑（布農族獵人王光祿就被判了3年6個月），完全忽略了這兩種動物分布非常普遍、數量非常多的事實。原住民獵人除了打獵外，更肩負維護部落安全與疆域完整的責任。當這些原本應該是部落裡的英雄人物，紛紛變成不名譽的階下囚時，對文化、社會的維繫，對土地、資源的管理機制又將產生多大的破壞呢？

野生動物的數量都不知道，開放狩獵怎麼管理？

「不知道野外的動物數量，可以開放狩獵嗎？」是另外一個常見的反對狩獵的意見。其實，台灣從來沒有真正「禁獵」過，鄉間和山區的狩獵活動一直都存在的。現在希望能夠將非營利自用納入許可範圍的作法，並不是要「開放」或「恢復」不存在的狩獵活動，充其量就是將一種長久以來的慣習除罪化而已，並期待因此可以正式的納入管理。畢竟，缺乏管理的狩獵活動比不知道數量還糟糕。也就是說，台灣的現況就是充斥著沒有數量依據、沒有科學化管理的狩獵活動，而常見物種如山羌、山羊、水鹿、野豬等，之所以沒有因此而逐漸減少，應該和台灣的自然條件有很大的關係（見前述西魯凱例子）。當然，大多數原鄉的獵場仍然有某種程度的在地管理機制，也是原因之一。其實，有效管理和永續利用野生動物無須以族群數量為依據，尤其是類似前述的常見物種。他們的野生族群量原本就會在年與年間有隨機的明顯波動，在其他工業化國家也都是以掌握族群趨勢作為狩獵管理的依據，這也顯示出長期的族群監測是多麼的重要了。族群趨勢的監測（通常是用指標）無須知道正確的族群量，只需知道指標是增加或減少即可，因此，獲得趨勢要比獲得實際數量方便非常多。我們現在開始監測還來得及，因為常

見物種的族群現況是可以提供永續利用的。一旦有了監測資料，我們將可以對於狩獵活動進行實質的管理，更能達到野生動物保育的長期目的。

不過，缺乏管理的狩獵，確實會對野生動物造成無法挽回的傷害。眾所皆知，台灣可考據的野生動物利用和管理歷史中，就有過因過度捕獵並因此重創野生動物的紀錄。例如，在荷蘭時期，鹿科動物的毛皮和內臟大量的被輸出貿易，讓台灣的野生梅花鹿族群從此一蹶不振，並於1960年代在野外完全滅絕；日治時期的野生動物皮草貿易也是，當時大量的收購食肉目動物毛皮，非常可能就是造成後來雲豹、水獺滅絕和石虎瀕臨絕種的主要原因。根據報紙的報導，1928年當年全台獵獲的熊就有565隻、豹2隻、山豬1000多頭，而消費的彈藥數是25663發。另一項統計資料則顯示，1933年的下半年，當時政府在原住民地區總共收購了山貓（石虎）毛皮1000多張。我估計那時候的石虎族群量應該有5000-6000隻的規模，而當年那樣的狩獵量一定是過量的，因為後來就愈抓愈少了，並且使得石虎族群一蹶不振，到了現在，已經剩下不到500隻了。所以，掠奪式的狩獵確實會造成傷害，這也是為什麼我覺得一定要有實質的管理。

很遺憾的，近代我國的狩獵管理並沒有更好。日治時期之後，1949年開始我們採行了1932年在中國大陸設立的「狩獵法」，將名錄修改成台灣的物種。當時狩獵法的管理單位是經濟部跟內政部，經濟部是因為野生動物有經濟利用的效益，內政部則是警政單位負責管理狩獵活動和狩獵工具（包括槍械）。到了1973年為了配合槍砲彈藥的管制，就凍結了狩獵法，一直到1989年野生動物保育法取代了狩獵法。兩位對台灣的野生動物有相當了解的美國學者，

Richard Taber和Dale McCullough[2]，他們對台灣的看法是：1949-1973
年這段時間的狩獵法是「無效的管理」，因為幾乎不及於農村跟山
區；鄉下的農民跟山上的原住民大多有打獵，但大多不知道曾經有
過狩獵法的管理。至於1973-1989年那段凍結狩獵法的年代，他們的
評論是「流於紙上管理（就是沒有實質管理的意思）」；事實上，
這段時間正是台灣山產市場最熱絡的年代。也就是說，雖然凍結了
狩獵法，狩獵行為並沒有被凍結。台師大的王穎教授曾在1985年估
計全台灣山產店賣的山肉數量，當時一年可能有高達25,000隻的山
羌被消費掉，而水鹿則達數百隻。最後，到了1989年以後的野保法
年代，Taber的觀察則是：台灣是工業化國家當中，野生動物狩獵管
理最不到位的國家。也就是前面所講的，儘管想要維持全面禁獵的
規定，卻同樣的沒有做到。這就是我擔心的，如果無法禁獵，就應
該要做到管理。不過，野保法的施行似乎減少了山產店，也明顯的
減少了較大型動物營利性的狩獵[3]，算是有成效的部分[4]。只是自用
性狩獵仍然存在。

2　台灣做野生動物研究的人，對他們兩位應該都不陌生，尤其是Dale
　　McCullough，他於1973年受政府的邀請來台灣進行過全島性的較大
　　型哺乳動物普查，是日治時期之後的第一人。這兩位學者都得到
　　Aldo Leopold Award終身成就獎。Aldo Leopold（李奧波）被譽稱為
　　野生動物狩獵管理（保育）之父，對現代的影響很大。

3　1970-80年代，獵人獵到的100隻較大型動物中，大概就有80隻是賣
　　到山產店的。可是到了1990年代以後，這個情形就逐漸消失了。

4　也有人認為是因為山產店已經不流行了，所以才減少的。就跟過去
　　走私紅毛猩猩一樣，後來是因為台灣的市場沒了，才不再走私進
　　口。不過，無論如何，野保法應該還是發揮了一定的功效。

保育類動物可以開放狩獵嗎？

當然可以。

其實，現行的野保法中所謂的「保育類野生動物」，包含了殘存數量太少而且還在減少中的「瀕臨絕種」動物，以及數量其實還好甚至極為常見的「珍貴稀有」動物和「其他應予保育」的動物。這三類保育類動物的名單，是在1989年野保法首次面世的時候，由專家們共同商討出來的。當時對野生族群的狀況普遍缺乏資訊，因此，不少物種的保育地位是不正確的。到了2008年，我們才採取了一套較有科學依據的名錄制訂辦法，每個物種根據牠們野生族群分布的普遍與否、野生成年個體數量的多寡、野生族群數量增減的趨勢、是否為本土的特有物種、棲地消失的速度，和獵捕利用壓力的高低等項目，分別進行評估並給分。之後，先將超過兩個項目評估不佳[5]的物種挑出來，再根據這些物種所得總分數的高低，分成三級列入保育類動物名錄[6]。

5　所謂族群現況不佳的意思是：在台灣是零星分布或局限分布、數量是稀少或非常稀少、族群下降中或快速下降中、棲息環境在10年內將喪失50%以上、被獵捕及利用之壓力對其生存會有高度或嚴重影響。任一物種只要出現以上1-2項的評估結果，就會被建議納入保育類動物的名錄。

6　不過也有例外，就是如果已經放在名錄裡的物種，即使完全沒有前述不佳的評估結果，也只能一次降一級，這是一種國際上常用在名錄調整時的預防措施，以避免保育位階的調降遭成該物種面臨未預期到的生存風險。例如：山羌和獼猴就是因為在1989年的名錄中列為第二級珍貴稀有保育類動物，當在2008年名錄重新檢討時，雖然沒有任何族群不佳的現象，理論上是可以從保育類動物的名錄中刪除的，但因為這個預防措施，當時也只調降一級，都成為第三級其

　　因此，瀕臨絕種、珍貴稀有或其他應予保育的這三個動物名單，是有族群危急程度不同的分級概念的，理論上應該要有分級的保育或管理措施才對。例如：對於第一級瀕臨絕種的動物應該要嚴格進行個體的保護，個體到哪裡，就得保護哪裡，而且要採取必要的手段阻止族群數量繼續的漸少，並要設定在一定的年限內幫助族群量回覆到安全的水準，以擺脫瀕臨絕種的陰影；對於大多數族群狀況穩定無虞的第二級、第三級保育類動物，應該進行長期或定期的族群監測，以確實掌握變動趨勢，而如果也同時是傳統的狩獵物種，則可以用永續利用的管理流程，來擔任長期族群監測的任務。但這種比較合理的分級管理制度，在我們的野保法中並不具備。事實上，大多數的國家都是另立專法[7]來強力復育瀕臨絕種的物種，而以狩獵法來管理其他的物種；只有強力的作為才有可能讓瀕臨絕種動物起死回生，讓名錄越來越短。我國以一個野保法來管理族群狀況天差地別的所有物種，又沒有分級管理的機制，形成保育強度輕重不分的現況；也因此，對瀕臨絕種動物的照顧不足，讓他們無法擺脫厄運，而對其他物種卻保護過當、缺乏監測與實質管理。

　　由於野生動物永續利用（包括狩獵）多採取適應性管理[8]的取

（續）——————————————

　　他應予保育類動物。也就是說，再下一次的名錄檢討時，沒有意外的話，這兩種動物都會調降成一般類的野生動物，不再是保育類物種了。同樣的，從山羊和水鹿近年來的族群變動趨勢來看，持續降級的可能性也是很高的。

7　例如美國在1973年通過的「瀕臨絕種動物法（Endangered Species Act）」對瀕臨絕種和即將成為瀕臨絕種的動物採取高規格的保護措施，並要求政府要限期實質改善這些物種的狀況。

8　適應性管理（adaptive management）是一種「執行→監測→檢討→修改→執行」的循環式管理決策模式。基本上，是現代化國家在管理或保育充滿變數的野生動物族群時的慣用策略。

徑，而在持續實施的過程中，會自然產生族群長期監測的資訊，有
利保育策略的擬定、微調或修正，因此，國際上甚至會將永續利用
的選項納入復育瀕臨絕種野生動物的策略中，尤其是當資訊尚有不
足的時候。一向以保護瀕臨絕種野生動物為最高目標的華盛頓公約
（CITES），就有幾種附錄一物種[9]的營利性貿易的特例。例如：會
造成農民生命財產損失的花豹和獵豹，非洲原產國因為會有必要的
危害防治獵捕需求，因此CITES特許這些國家可以合法的出口這些
危害防治所獲得的毛皮；各國的出口配額數量不同，但都需要持續
的監測並提供族群動向給CITES大會參考。還有，目前數量分佈極
不均勻的非洲象，也允許分級列表，在數量稀少的國家是附錄一物
種，在數量多的國家則是附錄二物種，並許可屬於附錄二的國家營
利性的出口大象或其產製品，也算是一種對保育有成效的獎勵。

我對未來的期待

　　一直以來，原住民的狩獵從來沒有停止過，在可見的未來應該
也不會停止狩獵，或停止吃山肉。這就好像住在海邊、河邊的人家，
餐桌上常會有捕來的或釣來的魚，一樣的自然。近代即使是經歷了
1970-80年代的山產市場的大量獵捕，但並沒有造成主要狩獵物種的
消失。現在，山羌、山羊和野豬在絕大多數的山區都仍然是最常見

9　華盛頓公約（CITES）針對幾個附件名錄進行不同程度的營利性貿
　易管理，以期達到物種保育的目的。其中附錄一物種是那些受到營
　利性貿易行為高度威脅的瀕臨絕種動物，附錄二是那些商業貿易活
　絡且可能因此而瀕臨絕種的動物。針對附錄一物種基本上是禁止營
　利性貿易的，而附錄二物種的營利性貿易則受到嚴格的國際監控，
　以防過度利用而對牠們造成傷害。

的較大型物種，而水鹿也在部分地區持續的增加中。這些現象反映出目前的狩獵活動，還沒有傷害這些野生動物的族群。不過，如前所述，這種狀況的存在並非是因為我國狩獵管理上軌道所致，未來仍然有非永續利用的可能性。因此，一個現代化狩獵管理機制的發展仍然有其必要。現在是國家統一治理山林及野生動物，政府使用同一套森林法、國家公園法、野生動物保育法在管理全台灣，但這樣子的治理模式從1949年以來都已經呈現是無效的，未來如果能夠回到過去，將台灣的山區化整為零，以數千個上萬個的原住民族獵場為單位，推行各地的在地狩獵自主管理，取代現在的中央集權式管理機制，再搭配野生動物的族群監測，相信會更有效、更實質的管理狩獵活動，也才能做到名副其實的野生動物保育。

裴家騏，東華大學自然資源與環境學系與屏東科技大學野生動物保育研究所教授，積極推動各層面的野生哺乳動物的族群生態學、保育生物學和保育人文學。他成立了屏東保育類野生動物收容中心，也參與世界保育聯盟（IUCN）的鹿科、野豬和野生動物健康等專家群。

獵人都期待野生動物豐郁暢旺*

浦忠勇

　　我自己長期生活在部落，跟獵人有較多接觸，而且從小就跟著父親及同伴一起打獵，所以今天我想談原住民的狩獵文化的內涵。

　　我們社會對狩獵文化的誤解、污名化和指責已經太多了。我來參加這個會議，要出發的時候，我的家人，還有一些朋友跟我說：你去參加這個研討會要做什麼？你會被動保及環保人士攻擊、圍毆的。對於狩獵文化的指責和偏見，已經太多也太嚴重。我後來整理了一些報章雜誌的新聞與論文，歸類出兩種污名化與指責：一種是偏向生態與動保的指責，認為狩獵文化是生態殺手、殘殺動物。現在野生動物已經不是蛋白質的來源，為什麼還去打獵殘殺動物？另一種則是一些非常高道德價值的觀點，認為動物保護是全球普世的趨勢，他們以社會文化的觀點，直接指控狩獵行為是野蠻、不文明的現象，認為狩獵活動根本不應該再存在於現代社會中。

---

*　我要感謝主辦單位提供這樣的研討，讓狩獵派以及動保派、環保派的朋友交流對話，這是不簡單的作為。我知道主辦這次論壇的吳宗憲老師是非常辛苦的，他說最近幾天心情始終忐忑不安，其實我要上台來分享，心情也是一樣緊張，因為是第一次面對動保朋友講那麼多的話，其實在許多議題上，大家可以有更多的討論與合作。謝謝大家。

　　雖然有太多的限制與指責，諸如法源的限制、輿論的壓力，但
狩獵活動在現今的部落裡依然存在，甚至廣為流行與傳承。談到狩
獵的時候，族人總是興高采烈地討論分享，遇到陌生人卻低調不語，
深怕被人知道自己會打獵，而這是一個非常不正常的狩獵狀況。

　　首先，對「傳統文化」的認知不一。我們的國家法律允許原住
民族基於傳統文化可以打獵，可是「傳統文化」的精確內涵為何，
就有很多的紛歧的觀點與爭論。法官的定義、族人的認知、社會的
觀點以及學者的界定，其間的差異很大，所以基於「傳統文化可以
打獵」的認知，「傳統文化」到底要怎麼去解讀，沒有人拿得準。
其次，原民會以及林務局認為，「傳統文化」是在規範部落辦理祭
典之前才可以申請打獵，而且狩獵的申請辦法非常不符合實際的狩
獵需求。我舉一個例子，狩獵辦法規定你如果要打獵，必須在出發
前三十天之前提出申請，載明時間、地點、獵物種類以及預估狩獵
數量，經過主管行政機關核定之後才能出獵。我問過許多的獵人，
問他們會不會想「依辦法」申請？他說，如果逼不得已要給政府看
的時候，我們會去申請，做做樣子，因為實際打獵活動多是在農閒
時間，到家裡的後山走一走，有無獵獲都沒有關係。狩獵作為生活
的一環，事先申請實在太麻煩，也不符合傳統狩獵的禁忌規範，因
為獵人不會預估自己會獵到什麼、會獵到多少數量。另外，保育動
物與非保育動物的概念，也一直困擾著獵人狩獵的行為，因為在實
際的獵場中，獵人不知道會遇到什麼動物。在原住民獵人的觀念中，
獵物本是土地神所賜予的，所有獵物都是珍貴的，因此傳統獵人大
概不會刻意區分出保育或非保育類動物。

　　再來，談到自製獵槍的問題。由於生活型態改變，狩獵工具也
跟著進化，現在的原住民獵人最喜歡用槍枝從事狩獵活動，可是獵
人卻只能使用自製獵槍。自製的獵槍工法粗糙，既不精製又不安全，

導致獵人誤射事件頻傳，傷害自己或同伴，在號稱先進國家的台灣，無非是很大的諷刺。有一個挪威的人類學者朋友到部落訪談，聽聞原住民獵人要用自製獵槍打獵，他覺得非常新奇：「你們的獵人要自己做獵槍，然後去打獵？」我說是，這就是臺灣的獵人的限制。他哇的一聲，覺得這太神奇了！你們的獵人居然是自己做一把獵槍去打獵！他又問：「你們自製獵槍是長什麼樣子？」我拿出一把前膛式獵槍給他看，並且解說使用方法。他認為這是世界奇蹟，你們的獵人太厲害了，竟然可以自製獵槍去打獵，這是別的國家所看不到的現象。如果是自製傳統弓矢弩箭，技術上還可以克服，但是自製獵槍實在是強人所難，徒讓原住民獵人使用不安全的狩獵工具。

　　因為狩獵活動有諸多的污名、指責與限制，所以現在的狩獵活動就走入了地下化。違規的商業性狩獵或是休閒狩獵是地下化的活動，而遵循規範的正常狩獵活動竟然也要同樣地下化，跟警察玩捉迷藏，不小心就會被逮捕論刑。前天報紙就刊登一則關於警察抓到一個原住民獵人的消息，新聞標題寫著「野生山羌又少一隻」，標題與內容都書寫得相當聳動，殊不知那只是原住民獵人的常態生活而已。

　　另外，關於野生動物族群數量監測的問題。野生動物棲息地調查監測的資料，主管機關並無相關資料可供查詢，狩獵活動像是在霧裡行走，獵人只能依據經驗，卻沒有現代的客觀數據可以參酌。怎麼樣的獵獲量是合理的？可以到什麼地區進行狩獵？山羌、水鹿以及山羊，這些主要「山肉」的族群數量概況，似乎沒有數據資源可以參考，這也是一個不正常的現象。如果要做獵獲總量的管制，或是狩獵空間的管理，目前只能憑著獵人的經驗去判斷，若能有較為精確的參考數據和空間資訊，對野生動物的保育是有利的。

　　現在原住民獵人的身分，有時候是英雄，有時候卻是會被判刑

的罪犯。我們的國家擁有開放原住民狩獵的制度，可是獵人身分依
然被污名化，完全沒有尊嚴。保育團體、動保界人士以及原住民的
獵人，至今各自堅持，林務局以及原民會希望改善現況，修改相關
法令，但至今未有具體可行的作為，應該再努力。今天動保團體提
供對話的交流平台，聆聽彼此，雖然讓我有點猶豫，但這是彼此邁
出的重要一步。

事實上，討論狩獵的時候，我個人認為文化和生態兩個範疇，
是不能迴避的議題。狩獵行為本來就是一個社會文化和生態保育的
議題。動保團體說：「文化不能無限上綱。」沒錯，狩獵必然和生
態系、生態圈的穩定平衡相關，我完全同意這是一個重要的前提和
架構。陳張培倫老師有提到，談到狩獵文化的時候，我們常常不是
談論怎麼去殺的、怎麼去吃的、怎麼去解剖的，不是這些很技術層
面的東西，而是談論民族的山林知識。當然，我們了解臺灣島就這
麼小，生態系統非常敏感，也相當脆弱，的確需要保育。其實獵人
同樣也在談保育，我的部落裡有一個獵人協會，每一年會辦理獵人
尾牙宴，討論內容就是獵區生態的問題，獵人們自我要求不能濫獵、
不能破壞獵場。這樣的狩獵觀念，就是注重環境生態平衡和永續的
問題。

我也必須再次強調文化的重要性，環境永續固然重要，卻不可
能把狩獵活動從一個民族的社會文化脈絡中抽離。布農族的年曆板
裡頭，就有好幾個重要的生活節序和祭典必須要上山打獵。排灣族
的山羌皮帽，動保朋友看了這張照片，我猜想他們一定會說；「你
們原住民也太殘忍了吧？你們吃了就算了，為什麼還把山羌的牙齒
一根一根拔起來，裝飾在皮帽上？」也許很多人不明白，山羌皮帽
其實自有它的文化背景。排灣族認為山羌是最神聖的獵物，部落重
要節慶或除喪儀式必須用到山羌，牠代表土地神恩賜的福氣。鄒族

認為山豬有獸靈，獵獲山豬是榮耀與能力的象徵，所以吃完牠之後要留下獸骨，放在獸骨屋並每年供奉；獸牙作為佩飾，也作為紀念。這些都是一種完全不一樣的文化思維，這種文化符號與印記，就是一種文化認同（identity），如果不談文化內涵，狩獵就只是獵捕與吃喝而已，沒有意義。

　　文化復振運動已經在臺灣點燃，原住民族都在想辦法找回一個屬於自我文化的定位。例如獵刀，它可以是自我文化特色的藝術品；阿里山鄒族新美國小則用石板陷阱做槓桿研究，當作科學教育題目，得到全國科展物理組的第一名，這就是從傳統文化智慧去萃取出來的科學知識；還有各族獵人供奉獸神、獸靈等等大地靈物的獸骨物，這些均涉及深層的文化肌理。獸骨屋存放動物獸骨，也是一個文化符號及儀式。現在的原住民部落，包括排灣族、魯凱族、泰雅族、鄒族等，每一年都還會舉行豐獵儀式，由長老帶領年輕人到他們的獵場，奠酒祭祀土地神，祈求整個獵場的動物、植物興旺。雖然是一個簡單的儀式，但它已扣連著獵人、獵場以及神靈之間的緊密關係。

　　我們可以看見，臺灣原住民族就是在一個充滿狩獵符號的世界中，定位自己，尋找文化根源。他們會捕捉獵殺、他們會吃獵物，可是我覺得那只是狩獵的一小部份而已，更重要的應該是部落的經濟、規範、生態平衡以及社會文化。我覺得狩獵是一組文化迴圈，它包含禁忌、文化、生態、社會等知識體系。如果只是單純認定狩獵為原住民族的經濟生活，現在族人都在種茶了，也經營觀光產業，為什麼還要打獵？這樣一來就忽略了狩獵文化的底蘊。原住民族談狩獵，談的是狩獵文學、信仰、資源利用、獵物分配；狩獵方法與技術反而是比較少被提到的，因為那是最低層次的東西。

　　整個打獵過程其實是一整套文化行為，從獵場平時的巡繞、觀

察、管理、祭祀開始，接著發現動物、決定出獵、占卜（夢占及鳥
占）、祭祀、追逐、捕獵宰殺、獵物解剖與分配、以及返家後的獵
物處理、食用、供奉神靈等過程，是文化的連續實踐行為。狩獵過
程當然會有宰殺、解剖等看似血腥的動作，但那只是狩獵諸多活動
的一個小環節，我們沒有必要把這段過程放大評論。整套文化行動
是在諸多禁忌規範下執行，不會導致濫殺、虐殺等不人道的狩獵行
為。我訪問一位布農族的獵人，他給我一塊山豬肉，這塊山豬肉是
獵人同儕之間互贈的禮物，也是贈送給長者的禮物，拿到這塊肉就
直接用手大口吃。也許外人看起來有點粗野草莽，但在獵人觀念裡，
獵物分享是必要且重要的，所以一塊山豬肉的背後有其一套文化思
維。

狩獵當然也跟飲食文化相關，狩獵民族已然發展出獨特的飲食
習俗。例如，原住民獵人喜歡獵物加樹豆熬煮，有特別的口味，這
是飲食慣習。族人早有被馴化的味蕾，甚至喜歡吃一些很奇怪的東
西，樹豆啊，山豬皮啊，獵物腸胃啊，認為是人間美味。也許有人
看了或吃了之後會認為，這有腥味啊，很可怕，但飲食文化同樣有
其歷史背景與脈絡。鄒族人會宰殺松鼠，作為小米祭供奉小米女神
的供品；松鼠肉象徵一隻大的山豬，被視為最好的供品，沒有松鼠
的儀式是缺陷的。獵物不只是人跟人的分享，人跟家族的分享，還
要與土地神靈分享，原住民獵人至今都還在舉行的豐獵儀式，動保
團體會認為這樣的行為殘忍不人道，可是，到處可見的吃到飽燒烤
店，這樣的吃法就真比較文明嗎？

如果能理解原住民對動物的概念，就不必過度擔心不人道的狩
獵會發生。原住民關於動物的敘事同樣非常豐富，顯示出人類與動
物的關係緊密相連，甚至達到神聖化的地步，許多狩獵禁忌也源自
於此。最近幾年我整理了獵人關於動物的知識，包括原住民跟動物

之間互動關係的描述，我覺得可以發展成「原住民族的動物學」。例如熊、雲豹、熊鷹、繡眼畫眉、紅嘴黑鵯等等，都是大地之靈物，你不可以獵捕；萬一你獵到的話，你要做必要的祭祀儀式。許多原住民獵人不能養豬，養豬是女性的工作，男人不能餵養；對山豬的概念更是複雜，包括山豬的生態習性、文化的意義都非常豐富。這些動物知識是一般動物學所不會涉及到的內容；原住民族動物學，根本就是狩獵文化的一環。雖然社會變遷，宗教信仰也改變，但狩獵活動還是遵循重要禁忌的規範，例如不會事先預測獵物數量、豐獵儀式等，這是把人類與動物的關係神聖化了。

　　談到「狩獵文化」，常被誤解成「是你們在講自己的文化，只有你們懂」。其實狩獵文化還有重要的另一個面向必須被強調，就是生態平衡，它跟文化同樣重要。文化，常陷入身分認同、道德價值和宗教信仰的辯論，這個議題見仁見智，不容易談清楚，但如果從生態平衡的角度切入，也許比較能夠產生對話與共識。講生態平衡，是關注生態系統、動物族群數量以及環境永續的問題，比較不從保護動物個體生命的角度出發，也就是從野動法21-1條的旨意來理解狩獵文化。國家法律允許原住民基於傳統文化的狩獵，傳統文化其實跟生態平衡是一體的兩面，沒有完好豐郁的生態圈，狩獵文化如同緣木求魚。所以我認為正常的獵人本來就是生態系統的一環，用禁忌規範達到資源永續的目的，根本沒有條件去竭澤而漁。

　　最近我觀察某個原住民部落狩獵情況，並初步估計一年獵獲量。打獵的族人幾乎都是業餘獵人，大部份在農閒季節出獵，主要狩獵時間是在11月到隔年的3月，其餘時間農忙。春季剛好是動物繁殖的主要季節，所以基本上已經有了時間限制。另外，當代獵人不再完全依賴狩獵維生，實際的狩獵區域僅僅只是傳統領域的一小部份，而且獵人多在固定的獵徑和區域活動，不是廣大範圍的全面性

獵捕，有其空間限制。依我粗估，一個獵人獵捕山羌數量，一年差
不多是16隻左右，而部落可能會有10到15個獵人，年度的山羌獵獲
量約240隻，再加部落祭儀的狩獵需求，集體狩獵的獵獲加進來，總
數大概是300隻。也許大家想進一步知道，這樣的數量是不是太多
了？符不符合安全的狩獵量？當然，原住民獵人會根據經驗認為，
山羌的數量多，不會有滅絕的問題，何況狩獵活動已有時間上以及
空間上的限制。當然，這個也可以透過學者專家的野生動物族群數
量監測數據，或者民間團體的生態觀察，去做狩獵總量空制的辦法，
這就涉及生態平衡和狩獵活動雙贏的管理制度。

　　我是有狩獵經驗的原住民學者，基本上我的立場贊成「有管理
的狩獵」，而且是以生態平衡與永續利用為狩獵的重要前提。大部
份的原住民獵人也覺得這是重要的，少部份獵人就不會考慮，特別
是從事商業性狩獵的獵人，比較不去理會有管理的狩獵，也不考慮
生態資源的永續利用，這是原住民獵人該調整的地方。狩獵管理可
以訂定部落狩獵自主管理的辦法，例如訂出明確的狩獵規範、狩獵
區域、狩獵時間、禁獵物種，並由部落社區做獵獲數量的統計與回
報，再來是定期討論狩獵活動應該注意的事項，形成部落共識。「部
落自主管理的狩獵制度」若能建立起來，讓國家政府、專業人士跟
團體，即生態團體、野生動物的專家、動保團體以及宗教團體，分
工、討論與協力去訂出好的制度。如果社會大眾對於部落自主管理
模式仍不放心的話，建議先從小區域去試辦，從一個部落、小區域
獵場範圍，從中找到狩獵管理的好模式，好制度。

　　最後，我覺得應該推動建立「狩獵證照」的制度，讓獵人先有
基本的狩獵知能，這樣對狩獵的管理就更能落實。我要特別提到獵
人身心以及成長背景的狀況，有些原住民從小在平地長大，根本沒
有打獵的環境和機會，他真的可以拿著獵槍上山打獵嗎？這是有疑

問的。有些原住民從小讀書寫字，近視嚴重，拿獵槍很可能就亂打，是非常危險的事。我們要知道不是身為原住民就一定可以打獵，而是需要有一定的養成過程。傳統社會是跟著老獵人實地學習，那麼現在可以規畫整套課程來作為取得證照的條件與制度。

總之，狩獵是相當專業的工作，有安全性的考量，需要獵場知識，也涉及生態議題，每一個獵人應該要透過一定機制、課程與流程去取得證照。例如要成為獵人就應該要去上課、去受訓練，了解狩獵的歷史，狩獵的物種，獵區的生態，動植物知識，還有要參與部落獵人的自治組織等等，這樣的獵人證照制度才有辦法說服我們自己族人，也說服社會大眾，而且獵人也能擺脫污名，取得社會的信任。這也是持續狩獵的重要工作。

野生動物保育法允許原住民基於傳統文化之狩獵活動，這是典型的少數群體權利的保障。族裔文化是需要特別考量與關注的一環，如果都是一般化的對待，也許就形成了制度性的歧視，或制度性的壓迫，也就失去真正的權利保障，那是假平等。我相信部落的族人不可能也不必跟臺北市的人過著完全一樣的生活，環境保育以及動物保護的確是全球性的普世價值，然而全球化的實踐方式也會因為生活環境和社會文化有所差別。若國家治理與在地社群能協力，反而更可能把環境生態做得更好，面對狩獵文化應該從這樣的角度來思考。

浦忠勇，國立中正大學台灣文學研與創意應用研究所助理教授。研究興趣主要為原住民社會文化、環境倫理，近年來投入原住民族狩獵文化的相關議題之研究。

馬克思主義的魔幻與寫實

幻象的湮滅

嚴搏非

之一：讀李遜《革命造反年代：上海文革運動史稿》

去年春節的時候，李遜將厚厚兩卷的《革命造反年代：上海文革運動史稿》送給我的第二天晚上，來電話問：能不能為書寫一點評論？我立刻就答應了。這是一個我很願意接受的工作，李遜這部書的寫作和出版一直是我關心的事，現在終於出來了，為它作評幾乎是一個責任。但轉眼半年多過去，我仍未落下一字，原因在於文革於我而言，並不是一個可以輕易觸碰的話題。儘管文革開始時我只是個少年，但那個年代的暴烈、鮮明的色彩，卻烙印在心上，那樣的色彩，此後再沒見過。是的，就是「鮮明的色彩」，也許法國大革命也有過類似的顏色。那時的中國社會，就像被重妝塗抹過了的，而我們這個數千年的世俗民族，也似乎在那個瞬間短暫地獲得了某種神性，每個人都突然地與某種虛幻的神聖性或多或少地聯繫起來。事實上，這也確是馬克思主義這個「神聖家族」（借用馬恩的標題）最後一次仿若啟示錄式的演出。

一

　　李遜此書是迄今為止關於上海文革最詳盡的敘述，雖然還可以
有其他的角度，但就政治史而言，基本的構架已經完整，而就文革
的研究和評價而言，離開了上海文革，幾乎就失去了理解這場運動
的核心內容。可以這樣說：上海文革，提供了一個共產主義烏托邦
的實踐樣本，它在精確的意義上表明了中國革命的最終邏輯，而這
個樣本和邏輯，同時也就是這場烏托邦運動在20世紀的終極實驗及
其結果。這是本文的一個事先的結論；下面，我們將嘗試著一步步
展開這個結論。

　　文革的發動，究竟是領袖的權謀還是一部分黨人的政治想像，
在關於文革的種種評論中，從來就煙霧重重。然而其中的錯置在於，
對於那一代的中共領袖而言，政治權謀和政治想像，其實是一而二，
二而一的事情。列寧主義的黨內鬥爭，從來就是對敵鬥爭的一個最
為重要的部分，保障布爾什維克黨的純潔性，歷來是無產階級革命
勝利先於外部鬥爭的前提。列寧主義的黨人政治，對於權力的理解，
對於政治本質的理解，在任何意義上都不輸於馬基雅維利一脈。權
謀、恐怖、無情、制敵於死地，等等，在這個政治系統中乃是在本
質上絕對正當的核心內容。所以，本文將不涉及關於文革中「馬基
雅維利主義」手段的部分，而將討論集中在中共在1956年後逐步建
立起來的**政治邏輯**上。

　　1956年，蘇共二十大召開，赫魯雪夫做了清算史達林的「秘密
報告」，而中共的反應則是，一方面表示支持蘇共對「個人崇拜」
的批評，另一方面，則先是發表了〈關於無產階級專政的歷史經驗〉，
半年後又發表了〈再論無產階級專政的歷史經驗〉，對蘇共二十大
表達了還算是委婉的不同意見。然而，這卻構成了中共革命在此之

後20年的政治實踐的理論起點。這在1956年還是中蘇蜜月的當時，是難以逆料的。現在回頭去看，在當時隱約朦朧的分歧，從1957年莫斯科宣言，到布加勒斯特世界共產黨大會，到1961年開始的中蘇全面論戰，儘管中共的思考也同時依附著國內政治運行的進程，但最終通往文革的理論思考卻是在此中蘇分歧的漸次擴大和論戰中漸漸形成的。

近期出版的《閻明復回憶錄》（上下卷）對中蘇論戰的過程給出了極為詳盡的線索，關於社會主義時期的階級、階級矛盾和階級鬥爭問題（中共認為此問題還包含三大差別問題，這就涉及到後來文革中毛澤東對應然社會的想像）、關於無產階級專政下階級鬥爭的繼續、對於蘇共關於全民黨全民國家論述的批判，等等。依照閻明復的敘述，很明顯，整個中共的領導集團都參與了這場論戰。我們當然可以假定，在中共的領導集團中對於這些論述的涵義並非有完全一致的認識，但至少在黨的文件上，在黨報黨刊上，這些關於社會主義時期的階級鬥爭的表述是覆蓋了全黨甚至全社會的。最後，這些觀點，在1962年的八屆十中全會上被毛澤東表述為如下的著名段落：

社會主義社會是一個相當長的歷史階段。在社會主義這個歷史階段中，還始終存在著階級、階級矛盾和階級鬥爭，存在著社會主義同資本主義兩條道路的鬥爭，存在著資本主義復辟的危險性。要認識這種鬥爭的長期性和複雜性。要提高警惕。要進行社會主義教育。要正確理解和處理階級矛盾和階級鬥爭問題，正確區別和處理敵我矛盾和人民內部矛盾。不然的話，我們這樣的社會主義國家，就會走向反面，就會變質，就會出現復辟。我們從現在起，必須年年講，月月講，天天講，使我們

對這個問題，有比較清醒的認識，有一條馬克思列寧主義的路線。

　　而這一段話也同時以略有差別的方式被寫進論戰中的〈關於國際共產主義運動總路線的建議〉和〈關於赫魯雪夫的假共產主義及其在世界歷史上的教訓〉（通稱九評）。

　　社會主義時期的階級鬥爭理論，至此徹底形成。這個時候中共對於社會主義革命的認識，已經遠遠超出七屆二中全會中共即將奪取政權時的想法。七屆二中全會上的毛澤東，所認識的社會主義時期還只是「不拿槍的敵人還會存在」；然而，經歷了中蘇論戰之後的中共，已經將「無產階級專政下的繼續革命」作為它對社會主義這個歷史階段的基本認知確立起來，雖然它的政治實踐的完全展開，是在文革中才開始的。然而令人始料未及的，包括中共黨內諸多領袖都始料未及的是，文革並未停留在如「四清」般的「社會主義教育」式的「繼續革命」階段。在文革全面展開後不久，毛澤東便直搗黃龍，在1967年1月，竟然回到了馬克思國家理論的原點，以廢除國家來顯現其對歷史運動的徹底想像的實現。

二

　　在經典的或原初的馬克思主義國家理論中，共產主義革命的根本目的並不是要建立一個國家，而是要廢除國家，這是與一切資產階級革命不同的地方。早期馬克思和恩格斯甚至是這樣表述他們對共產主義革命的想像的：「共產主義對我們來說不是應當確立的狀況，不是現實應當與之相適應的理想。我們所稱的共產主義是那種消滅現存狀況的真實的運動」（馬克思《德意志意識形態》），最近有位青年朋友乾脆將「真實的運動」譯作「真正時刻」，使其更為

具有近乎神學天啟式的蘊涵。無論是「真實的運動」還是「真正時刻」，馬克思和恩格斯所想像的無產階級革命，在他們後來的著述中，毫無疑問就是表現為對原有國家機器的破壞、打碎和摧毀，是對國家的廢除。我這裡用的「破壞」、「打碎」和「摧毀」，都是馬恩當年的詞彙，後來在列寧對馬恩的解釋性敘述中，這些詞彙則使用得更為頻繁（馬克思〈致路·庫格曼的信，1871年4月12日〉、列寧《國家與革命》、列寧〈無產階級在我國革命中的任務〉），有意思的是，這些詞彙也正是文革初期使用最為頻繁的詞彙。而馬恩當年使用這些詞彙，只是為了確立一個原則，這個原則來自1848至1851年的法國革命和1871年的巴黎公社經驗，那就是：無產階級不應該畫地為牢，不能僅僅去掌握現成的軍事的和官僚的國家機器，而是應該把它打碎、把它摧毀。這個原則成為馬克思主義的第一個信條。

我們來看看1967年1月的上海，這是上海文革也是整個文革中最意味深長的一部分。它不僅出乎多數中共領袖的意外，也讓整個世界側目。1967年1月的上海，發生的就是「廢除國家」的「革命」，而且很顯然，在毛澤東看來，1949年以後所建立的與現代社會生產組織相配合的「科層制」及其「資產階級法權」，在本質上就是「資產階級國家」。1967年1月的「上海公社」，幾乎在所有的意義上符合馬恩的共產主義革命想像，當然更符合毛澤東的想像，像「自下而上的革命」、「群眾在運動中自己解放自己、自己教育自己」等巴黎公社式的原則，早在1966年的8月，就已經蘊涵在文革的第一個核心文件〈文革十六條〉中了。除了「廢除常備軍」[1]這一條，但這

1　「廢除常備軍」這項原則，表現出馬克思和恩格斯對於無產階級國家的民主、更民主的想像，就像早期馬恩要求取消代議制一樣。因為在他們看來，代議制是虛偽的資產階級民主，而無產階級革命之後的國家，實行的將是直接民主，這才是真正的民主。同樣，常備

一條，是毛澤東這位中共軍隊的締造者和控制者而且堅信「槍桿子
裡面出政權」的人所不能接受的，儘管他也寫過「重上井岡山」的
詩句，然而即使這一條，仍然還是在文革的中後期以上海民兵的形
式有了某種偷天換日式的實現，並在文革終止的瞬間出現過某種「二
次革命」的微弱可能。

　　李遜的《革命造反年代》關於上海的一月革命有非常詳細的敘
述，從第十五章到第十八章近200頁的篇幅，尤其是從〈告上海人民
書〉到〈緊急通告〉之後對舊國家機器的摧毀和新「上海公社」的
成立。〈告上海人民書〉和〈緊急通告〉都是當時上海各群眾造反
組織就上海的混亂局勢發出的呼籲，但後者與前者的區別在於，它
不僅集合了當時上海最大最有影響的32個群眾組織，而且語調已經
發生轉變。它已不再是對全體人民和原有行政部門的呼籲，而是直
接的責令；它代表著在運動中發展起來的已經幾乎覆蓋全社會的有
組織的群眾力量，代表著一個未成型的、潛在的政治權威，對當下
的社會秩序發佈整頓的命令。毛澤東所看中的，正是這兩份「代表
著人民意志」的、尤其是第二份直接宣示人民權力的〈緊急通告〉，
而這兩份東西在當時還只是兩份在街上張貼拋撒的傳單。我們現在
很難猜測，〈緊急通告〉究竟在多大的程度上符合毛澤東的政治想
像。但當時的情況是這樣的：〈緊急通告〉並沒有立刻送到毛澤東
手上，張春橋當時正在上海按著毛澤東對〈告上海人民書〉的讚揚，
藉著「嶄新面貌的、革命的《文匯報》和《解放日報》出現了」的
「推動作用」，小心翼翼地試圖導引上海文革的走向。雖然他也一

（續）—————————————————————
　　軍作為資產階級國家針對人民的暴力組織自然應該立即廢除，而代
　　之以人民自己的武裝：民兵。但對於毛澤東而言，他所締造的解放
　　軍已經是人民的軍隊，與資產階級的國家常備軍具有天然的不同，
　　自然不必廢除。

度說出過由造反組織成立的「抓革命促生產火線指揮部」是「經濟蘇維埃」這樣的話，但他對毛澤東徹底摧毀一切舊秩序的政治決心和政治想像卻是並無把握的。〈緊急通告〉在兩天後由江青發現，送到毛澤東手上，現在我們大致可以確定，至少在那個時間段，〈緊急通告〉應當是唯一符合毛澤東所想像的摧毀國家機器的最後一擊。

　　毛澤東讓中央文革給〈緊急通告〉的簽署者們發賀電，並召集中央會議表示，「反對經濟主義」的文件不用往下發了，〈緊急通告〉就已經足夠。這意味著毛澤東終於通過對混亂的控制和對人民的發動，找到了他所期望的國家形式——一種由群眾自下而上地創造的、打碎了官僚制的人民直接統治。這份賀電由毛澤東親自改定：

> 上海工人革命造反總司令部等三十二個革命群眾組織：
> 你們實行了無產階級革命派組織的大聯合，成為團結一切革命力量的核心，把無產階級專政的命運，把無產階級文化大革命的命運，把社會主義經濟的命運，緊緊掌握在自己的手裡。

　　一週後，紅旗雜誌發表評論員文章〈無產階級革命派聯合起來〉，號召全國的左派聯合起來向「走資本主義道路當權派」奪權，全國的造反派至此開始全面奪權。2月5日，「上海人民公社」宣告成立，在〈十六條〉中尚顯朦朧的「巴黎公社」比附，終於在6個月後結出了在當時還未顯現出其虛妄的肉身。

三

　　〈緊急通告〉預示著毛澤東革命的頂點，在打碎了一切現存秩序、摧毀了國家之後，社會該怎麼組織？怎麼辦？馬恩不知道，毛也不知道。馬恩的共產主義革命就是摧毀國家的那個瞬間，之後則

是一個語焉不詳的過渡期。在馬克思的邏輯中（馬克思《資本論》第一卷），共產主義革命的首要任務不是構建一個制度，而是通過廢止國家去消滅一切形式的壓制和剝削，因為資本暴力的最終形態就體現為資產階級的國家，因而共產主義革命的勝利，在邏輯上，就只能通過賦予一切被壓迫和被剝削者的權力來達成。這一點，顯然是非常符合毛澤東的個人情感和政治想像的。在馬克思主義這個家族後來在東方的政治實踐中，曾經有過列寧的太過短暫的實踐和令毛澤東不滿的史達林的官僚制國家，但這些都不是毛澤東所要的。這個時候的毛固然亦不惜「通過一片血海到達彼岸」（徐志摩訪蘇後的評語，《徐志摩全集》第三卷），但問題卻在於他可以用什麼樣的新型政治關係來構造這片「血海」，並在其中塑造可以到達彼岸的新的人性。

　　毛澤東對這一新型政治關係的想像就是「五‧七公社」（五‧七道路），這是他對新社會組織想像的頂點了。毛澤東最初要求上海的新型統治以「公社」命名，無疑就是包含了這一想像的，而巴黎公社的遙遠迴響或許也在這一命名中約略占了些分量。「五‧七公社」的政治想像還意味著對中蘇論戰理論成果的直接實踐。中共在中蘇論戰中認為消滅三大差別是社會主義革命的重要任務，並將其納入社會主義時期的階級、階級矛盾和階級鬥爭的範疇。這一理論想像在文革中，終於有機會轉化成系統性的政治實踐。「五‧七公社」是一個初步消滅三大差別的社會組織方案，工農兵學商，都要「亦工亦農亦軍，還要批判資產階級（上層建築）」，在這樣一種社會組織中，分工消滅了，城鄉差別通過分工的消滅也緩解了，而當所有人都去批判資產階級進入上層建築的時候，體腦差別也將隨之消亡。文革中，五‧七工廠、五‧七農場、五‧七大學、五‧七商店、五‧七醫院、五‧七幹校在全國遍地開花，所有這些「五‧

七公社」都還有一個共同的名字：「毛澤東思想大學校」。也就是說，將全國的一切社會組織變成「毛澤東思想大學校」這件事，最終在事實上成為毛澤東原來所期望的新型政治關係的歸宿。這個時候的毛澤東會怎麼想？他有沒有預感到未來的坍塌？毛澤東希望打碎現存秩序，他討厭官僚制，希望看到某種人民的直接統治。他對斯諾也說過他不喜歡個人崇拜，但他還是願意做人民的導師。「五‧七公社」的全面制度化似乎到達了他所想像的政治彼岸，但是，這個新社會創舉的烏托邦性質儘管伴隨著八億人的狂熱，卻仍然迅速地顯現出其脫離現代社會生產方式的烏托邦本相，在現代社會生產方式的內在性要求面前，無可逃避地回歸科層化。

這其實是一個老故事了。十月革命的初期，「工兵蘇維埃」指揮生產的混亂就讓列寧終於放棄了工人的直接統治，以官僚制國家取代；而韋伯在當年就曾預言，俄國革命不僅難逃重新官僚化（科層制）的命運，而且還將與極權結合成為「官僚專制」（參見韋伯〈論俄國革命〉、〈論俄國的立憲民主形勢〉）。他因此給年輕的匈牙利共產黨員盧卡奇寫信警告說：魯莽的俄國實驗將在未來的100年中奪走社會主義的聲譽。韋伯還同時預言，一旦科層制在一個國家發展起來，只有整個系統坍塌才能結束這一過程。前蘇聯的解體就上演了一場系統坍塌的過程，而文革，則是將這個過程逆轉成主動的政治進程，「系統坍塌」在文革中被掩蓋在廢除國家、打碎一切現存秩序的「盛大的節日」的狂歡中。然而，這個理性化的官僚制系統真的就坍塌了嗎？不錯，馬克思曾經設想過以「公社」式的「自治管理」來逆轉官僚化的過程，但在韋伯的論述中，在現代生產方式的理性化要求下，科層制是一個在根本上無法逃避的世界性命運，除非，按照馬克思的設想，人類到了可以對自然完全支配的時候，物化的剩餘物統統消失（馬克思《資本論》第一卷）。但我們現在知道，

這樣的「對自然完全支配」的未來本身就是一個烏托邦，一個停留在「地平線上」的東西。韋伯對官僚制（科層制）有著不同類型的分析，如比較突出專業技術優先的科層制，或「通過官員／幹部進行統治」的官僚制。但無論如何分殊，都是現代社會生產方式所要求的理性化組織的結果。這個理性化過程不分時間地點，不顧社會運動和社會人群的瘋狂意願，在巨浪過去之後，會將把一切滯留物都停留在這個科層制的終點，而在這個終點的上面，矗立的是追求效率的現代生產體系。即便毛澤東近乎完全原創的「五‧七公社」亦如此，毛澤東的這個似乎充滿了新政治想像的新型政治關係，在其實施的一開始便注定了必將重新官僚化的宿命。

「上海公社」以後的上海文革，又花了大約一兩年的時間進行淘汰清洗，其間有一系列的事件發生：工總司內整合各大兵團，消除運動中形成的內部派系；清剿上柴聯司，以武力統一工總司之外的上海工人造反組織；紅革會炮打張春橋失敗，上海最大的大學紅衛兵組織瓦解；此外，還有許多大大小小的事件，所有這些事件都指向同一件事情：建立秩序。而在這些清洗即將結束的時候，另一個過程開始了：重新體制化。李遜《革命造反年代》的第二卷幾乎都在描述這一從清洗到體制化的過程，從紅衛兵運動終結，各紅衛兵組織被整合成紅衛兵團和紅衛軍區，到工人造反組織被總工會取代的直接體制化，以及科層制的全面恢復，只是舊人換新人，造反派的大小領袖們成為新官僚，等等。社會生活重新被理性化官僚制組織籠罩，相應地，人們的日常欲望也逐漸重新被科層化組織所約束，形成那個年代獨特的動力方式，如「爭當學毛著積極分子」之類。羅蘭‧巴特爾1974年隨歐洲的一些左翼作家訪華，就意外地觀察到這類完全違背了文革早期激情的沉悶的擬科層化體制，並將這些寫進了他的《中國行日記》中，他還由此斷言，毛澤東並未能擔

當起新世界的「立法者」，他只是個「語言奠基者」。

四

　　表面上，文革是以毛澤東的自然生命結束而告終的，但實際上，文革在〈緊急通告〉之後便已結束，再無新意。與〈緊急通告〉相比，1976年宮廷政變之後上海的「堅持三天又是一個巴黎公社」的武裝起義計畫，則只是革命從頂峰下來之後一次微弱的迴光返照，儘管它似乎還隱藏了一支常備軍之外的民兵武裝，但這種擬巴黎公社式的政制也依舊難掩其東施效顰的本相。與1967年〈緊急通告〉後廢止國家的狂歡相銜接的，先是有類於雅各賓主義的為新社會清除異己的絞殺，其後便是毛澤東那充滿政治想像的消滅了三大差別的「五・七公社」，但所有的政治突進到了這裡，便再也難進半分。現代社會生產方式要求的理性化組織方式，頑強地將這個「人民的直接統治」和「消滅了分工和官僚制」的新型政治關係打回原點。毛澤東試圖到達的共產主義革命的「道」，在現實中找不到賴以依存的「肉身」，這意味著中共革命的政治邏輯亦由此到達了終點。此後，除了虛妄，再沒有任何真實的共產主義革命。

　　1976年的宮廷政變似乎意味著中共黨內對於文革的不同看法，但中共的領袖們事實上都明白，形成文革的相當一部分思想及政治訴求，與他們這些經過文革還活下來的中共領袖們並非無關，文革前漸次形成的政治路線正是來自於這個黨長期的共同實踐。仔細看中共歷史，在馬克思主義的家族和共產主義運動的陣營中，中共革命在任何意義上都要超越蘇俄革命，無論在其殘酷性、道德上的決絕，以及它廢止國家的決心和摧毀官僚制的實踐，它在共產主義革命的邏輯延長線上走得如此徹底，以至於這個共產主義烏托邦失敗的樣本真正終結了20世紀的所有革命。

共產主義運動自《共產黨宣言》以來已逾160年，除了20世紀初
列寧主義的東方路線外，19世紀末的第二國際在愛爾福特綱領之後
就已經開闢了另一條非革命的路線：社會民主主義的路線。這條路
線通過對資本主義的批判，為西方社會的政治改善提供了路徑，將
一系列平等權利擴大轉變成現代社會的政治正確和道德要求。自由
平等的夢想以和平的方式在馬克思的歐洲故鄉道成肉身，而東方不
惜以「血海」為介質的革命，則就如韋伯當年預言俄國革命時所引
的卡萊爾的話：「你生之生前，悠悠千載已逝，但未來還會有千百
年的默默期待，期待著你如何了卻一生」（韋伯《論俄國革命》）。
列寧的彌賽亞式的共產主義革命已經終結——「了卻了一生」，而
中國的文革，則是這場歷經百年的革命的最後一擊。對於這場革命
的導師毛澤東而言，一位我非常尊敬的師友曾經給過一段很貼切的
評價，他說：毛澤東對人類的最大貢獻就是，他將革命的燃料全部
燃盡了。自此之後，革命被終結。

之二：無法放棄的路徑依賴

《幻象的湮滅》寫完後，分送給一些朋友看，很快，就收到了
一些意見[2]。這些意見驅使我決意寫這個續篇，將一些未及細說的話
說完，而這些未及說完的話不僅為了接續上篇，我相信，其自身亦
有獨立意義。

2　自《幻象的湮滅》寄給一些朋友後，收到一些很好的意見，陳宜中、
　　孫隆基都給了我長篇回覆，朱小平的回覆復雖很簡短，卻十分準
　　確。還有諸多朋友的意見都有很大幫助：許紀霖、劉昶、陳克艱、
　　于向東、劉小龍。李遜的讚揚也成為我繼續往下寫的動力。謝謝諸
　　位。

　　文革是中共革命政治邏輯的一次通往極致的實踐，它同時又測出了這一邏輯走向坍塌的邊界，因而在很大的程度上，它濃縮地再現了國際共運中的一些重大爭論，並以一個巨大的社會尺度，在世人面前徹底顯現了一次共產主義革命的最終命運。

一

　　1967年1月下旬，在上海〈緊急通告〉之後，毛澤東欣然為這個他等待已久終於呼之欲出的「人民的直接統治」命名：「上海公社」。接著，在1月30日的《紅旗》雜誌社論上就有了這樣的句子：「毛主席英明和天才地預見到，我們的國家機構，將出現嶄新的形式」。當時的中央文革成員王力在後來的回憶錄中說：「成立巴黎公社式的北京人民公社、上海人民公社」是毛澤東一直以來的想法，「毛主席在1958年就想成立城市人民公社」。然而僅僅20多天之後，到1967年的2月下旬，毛澤東改口了，說：「還是叫革命委員會好」（李遜書頁781-804）。我們不知道在這20多天中毛澤東究竟是怎麼想的，但這個改口顯然並不是一件簡單的事情。從「公社」到「革命委員會」，毛澤東所陷入的是一場國際共運中曾經發生過的重大衝突，這場衝突的實質究竟意味著什麼？其中所蘊含的政治邏輯又曾經有過什麼樣的歷史蘊涵？而毛澤東的最終選擇又如何再一次地證明了中共革命的路徑依賴？這些，就是本文打算回答的問題。

　　毛澤東最初的「上海公社」提議，意味著一種直接改變統治形式的政治想像。這是一個不亞於摧毀國家機器的衝動，也許他自己在開始時也未曾預料到，這將是一個改變了列寧主義的政黨政治邏輯的行動，如若果真實施，將使中共及其革命陷於巨大的悖論。然而由馬克思和恩格斯高度讚揚的巴黎公社，顯然有著在這個革命家族中的崇高正當性，馬克思和恩格斯正是從1871年的公社實踐中第

一次確定了無產階級革命之後的權力的政治形式[3]。在馬克思看來，
這個「終於發現」的、「取代了階級統治本身的共和國」的「政治
形式」就是：它是舊集權政府讓位給生產者的自治政府，自下而上，
「公社」將成為甚至最小村落的政治形式；所有的代表機構都將由
普遍的直接選舉產生；一切自上而下的公職人員都可以隨時被罷
免；他們只領取普通工人的工資，沒有任何特權，從而官僚機構也
就被摧毀。此外，再加上廢除常備軍、摧毀教會、免除員警的政治
屬性，所有這些，就構成了「公社的真正的秘密」（馬克思《法蘭西
內戰》）[4]。

3　在列寧主義是否適當地引用了馬克思，或第二國際的領袖們是否適
　　當地從馬克思那裡找到了自己的理論和行為依據的問題上，我們事
　　實上都清楚，所有的這些引用並不能證明多少，而只是用來為支持
　　別的理由而採取的立場。在筆者本文中關於毛澤東的行為及其動機
　　的論證，大致也可歸於這一範疇。因而文章的主要努力，即在於從
　　實際的歷史過程和情境中去判斷影響行動者的政治邏輯。

4　關於「巴黎公社」是否是馬克思所認為的無產階級革命後的政治形
　　式即無產階級專政這一問題，國際共運中是一直有爭論的。因為在
　　馬克思的《法蘭西內戰》中沒有一句提到「無產階級專政」這幾個
　　字，而恩格斯在1891年為《法蘭西內戰》撰寫的導言中，卻明確地
　　說：「近來，社會民主黨的庸人又是一聽到無產階級專政這個詞就
　　嚇出一身冷汗。好吧，先生們，你們想知道無產階級專政是什麼樣
　　子嗎？請看巴黎公社。這就是無產階級專政。」但有一些看法認為，
　　這是恩格斯歪曲了馬克思。
　　本文認為，巴黎公社革命是馬克思生前見到的唯一一次無產階級革
　　命，他在《法蘭西內戰》中雖然沒有使用「無產階級專政」這幾個
　　字，但他對公社的描述依然表明了他對公社政治形式的肯定。他在
　　《法蘭西內戰》中把公社表述為一個工人政府，一種向新的社會秩
　　序過渡的政治形式，下面是對《法蘭西內戰》第三節（理論部分）
　　的摘錄：
　　•呼喊「社會共和國」……僅僅表現出的一種模糊意向，即要求建

　　巴黎公社那種清除了官僚制的自治的政治權力形式，應該是毛澤東非常喜歡的，它至少很符合毛澤東對官僚制的憎恨。「巴黎公社原則」這幾個字眼在中蘇論戰和在十六條中的反復出現並不是偶然，它是中共在文革前走向文革的理論準備的一個組成部分，「巴黎公社原則」在中共自1956年以來的理論積累中已經成為反對修正主義的重要資源。而對於毛澤東個人而言，「公社」的政治意象也許還在某種程度上激起過他對自己青年時代政治雄心的聯想。他在青年時代就迷戀過「人民自治」的公社意象，1917年的青年毛澤東還提出過「新村」計畫，只是那時的「新村」尚與馬克思主義無關，而更像一個無政府主義的烏托邦。然而，1967年不是1917年，50年後的毛澤東顯然有了將「新村」「新人」的政治想像付諸實踐的更大可能。毛所擁有的巨大的自信使他將自己視為「大立法者」，一個「天翻地覆慨而慷」的新世界將在這個幾乎像自然力一樣不可抗的進程中實現「滄海桑田」。「大立法者」不敬天、不敬地、不敬鬼神。「人定勝天」，這個由盧梭創造的概念意味著人間之法不再來源於自然法，不再來自於「聖約」，而產生於革命的「大立法者」。「革命的聖人」來到人間，是來代替法律的。只是，凡欲為人間立法的大立法者，均須自信能夠全面地改造人性。因為法律是針對人的自然本性的，所以西方的政治學家所想像的國家多有用文明公民

（續）────────────

　　　立一個不但取代了階級統治的君主制形式、而且廢除了階級統治本身的共和國。公社是這個共和國的毫不含糊的形式。
　　•它本質上是一個工人階級政府……是終於發現的可以使勞動在經濟上獲得解放的政治形式。
　　•因此，公社只會是劃除階級賴以存在、因而也是階級統治賴以存在的經濟基礎的槓桿。
　　本文認為，這樣的描述完全可以表達馬克思對無產階級統治的看法，亦即他在其他地方所稱的「無產階級專政」。

來代替自然人的想像，霍布斯和馬基雅維利都如此。在這個意義上，
將人的本性消滅的越多，制度就越牢固，世界就越完美。因此，大
凡自認為是「大立法者」的人，那些敢於為人民進行創制的人，必
須覺得自己能夠改變人性，敢於承擔創制一個民族的任務（見盧梭《社
會契約論》、魏斐德《歷史的意志》），全民修身，「鬥私批修」、「在
靈魂深處爆發革命」，以求得一種全新的社會道德。於是，毛澤東
的人民就必須是人為的，他們的美德則必定是人造的。「公社」的
意象連接著「新人」的計畫，一個自稱「無法無天」的人，在砸碎
了舊世界之後，此刻要為新世界立法了。

二

　　還是回到原來的話題。1967年的1月下旬，毛澤東決意將摧毀了
國家機器之後的上海命名為「上海公社」，具有一個重大的政治蘊
涵：它意味著在1871年短暫的公社實踐之後，一個冠以社會主義名
義、擁有巨大人口的國家，將第一次把基於巴黎公社原則的「直接
民主」、「自下而上的人民自治」，以及「出版、結社、集會等自
由」的理想狀態，在一個龐大的社會中納為主動的、實際的政治目
標。這不僅在中共歷史上前所未有，在國際共運中也是絕無僅有的。
然而毛澤東也許很快就意識到了，「公社」選擇的核心困難其實與
這些理想的政治狀態等等都無關係，無論在歷史還是在現實的政治
路徑上，它的困難在於你選擇的是馬克思還是列寧？
　　列寧儘管自詡為馬克思主義的真正繼承者，儘管列寧的社會主
義是否符合馬克思的本意存在著重大爭議，也儘管我們可以對列寧
主義在多大程度上體現了馬克思主義的根本邏輯存疑，但一個無從
質疑的事實卻是：中共革命是直接來源於列寧主義的，中共黨則更
直接來源於列寧主義的共產國際。然而，曾被中共奉為指南的列寧

主義的國家理論卻與馬克思對革命後的設想有著巨大的不同。列寧
關於無產階級革命後國家形態的想法，與巴黎公社式的工人自治以
及直接民主在實質上毫無關係。他對國家形態的一個簡要的回答就
是：無產階級的國家形式就是黨的統治，因而在這個時候，先鋒隊
理論便等價於國家理論。列寧的這個理論雖然在十月革命發生的時
候還未完全成熟，但卻在一個極短的時間內就變得堅硬無比。1917
年彼得堡寒冷的冬天對於列寧和他的同志們來說，無疑是一個「施
米特時刻」。於是，「無產階級專政」這個在馬克思那裡僅出現過
兩次，而且在馬克思那裡僅僅是關於權力體制之階級內涵的詞，在
列寧那裡迅速地演變成為一個黨的、甚至是黨的領袖的專政。第二
國際的領袖們對這場革命所演變出的結果之吃驚是可以想像的，而
大多數人的吃驚都在於：為什麼階級的革命變成了黨的統治？考茨
基當時對十月革命的批評是這樣的，他說：「雖然出發點是要求成
為無產階級專政，但卻從一開始就變成了無產階級內的一個黨的專
政……，無產階級專政很快就不能自圓其說了，它產生了新的專政
形式，也就是共產黨專政，這實際上和黨的領導人專政沒有什麼區
別」（考茨基：《勞工革命》）。這個事實還意味著先鋒隊專政的對
象同時還包括著工人階級自身，這也正是馬克思在巴黎公社之後思
考過的難題：「如果無產階級將成為統治階層，它將統治誰呢？就
是說，將來還有另一個無產階級要服從這個新的統治，新的國
家……」（馬克思：〈巴枯寧《國家制度和無政府狀態》一書摘要〉）而
在馬克思和恩格斯原來的設想中，摧毀了資產階級國家之後的權力
應該是這樣的：它將是「對物的管理取代了對人的統治」。
　　然而列寧要的是「勝利」，他無法指望那些「隨著日益接受資
產階級制度內部實行的工會改良主義，其革命潛力越來越中立化的
工人」。在列寧看來，在資產階級意識形態壓倒性的威力面前，只

存在兩種選擇：要麼黨運用任何必要的手段進行干預，指導工人階
級獲得無產階級覺悟，要麼工人階級被反動的資產階級意識形態席
捲一空。因此，只有「正確地」理解了馬克思主義歷史規律的知識
分子才是無產階級覺悟的真正體現者，只有先鋒隊組織，才掌握著
工人階級的真正利益。因而黨的領導不需要與工人對話，而應該把
工人看做一種「障礙，一種需要加以克服的不成熟狀態」。（柯拉
柯夫斯基：《馬克思主義的主流》）。先鋒隊理論，構成了列寧主義的
核心，「黨是領導者，是直接執政的無產階級先鋒隊」（列寧：〈再
論工會、目前局勢和托洛斯基、布哈林同志的錯誤〉），這成為列寧主
義國家理論的唯一原則。在十月革命勝利、布爾什維克黨取得政權
之後，先鋒隊理論亦成為在所有國家發動無產階級革命的不二法
寶，共產主義運動在19世紀末和20世紀初的分岔就此定型。列寧主
義革命的東方路線開始遍及歐亞那些陷入危機中的民族，成為這些
民族尋求解放時的新價值的替代物。

　　1919年，共產國際成立，在加入共產國際的21項條件中，決議
要求所有的共產黨必須「忠於列寧主義」，按「高度集中的方式組
織起來」、「黨內實行軍事化的鐵的紀律」、「定期清洗黨組織的
成員」、「反對一切改良主義」、「在各地建立秘密機構，以準備
執行黨的革命職責」。列寧主義的先鋒隊理論至此徹底轉化為世界
性的革命實踐，而中共則在此背景下於1920年8月由共產國際代表維
新斯基於上海組建（共產國際將這個8月的會議定為中共的成立時
間），並在1922年正式成為共產國際的一個支部。

三

　　十月革命的勝利迅速地在馬克思主義的信徒中產生了巨大的威
望。這是一場成功奪取了政權的革命，共產主義革命第一次由知識

分子的理論轉變成真實的政治生活，它使得激進的革命知識分子終於看到「第十一論綱」的實踐指日可待。然而很快，擔憂和質疑也開始了。列寧的專政形式，明顯地與馬恩尤其他們晚期的思考有著巨大的背離；由先鋒隊來代替工人階級實行統治這一專政形式，儘管可以從馬克思年輕時候的直覺認識——無產階級具有對歷史最終目的的遠見，它的解放將標誌著全人類的解放——模糊地將這個階級從屬於一個宣佈代表他們的「無產階級的先鋒隊」的政黨，然而這個理論也同時意味著無產階級革命之後的國家只不過是原有統治的一種顛倒，依然是極少數人對絕大多數人的統治。（事實上，隨著20世紀現代民主政治的發展，在今天普選權已經意味著某種意義上的普遍的人民統治。）列寧還同時取消了立憲會議和工人的選舉權，而這正是愛爾福特綱領之後恩格斯認為無產階級革命最為重要的部分。列寧的黨專政意味著民主生活的全面取消，這意味著巴黎公社最基本的政治原則完全被十月革命的經驗所拒絕。這令當時一些最優秀的馬克思主義者產生了深刻的憂慮和對列寧主義路線的批評，以及對這一革命的悲觀預言。不幸的是，這些預言的大部分，都在列寧主義路線的未來實踐中災難性的逐一顯現。

1918年，在十月革命之後的先鋒隊專政、取消立憲會議和普選制、消滅小資產階級、全面恐怖的政治生活等等列寧主義的政治生態愈益激進，並開始逐漸顯現其後果的時候，羅莎・盧森堡寫作了她的著名論文〈論俄國革命〉。盧森堡對先鋒隊理論的批評，並不僅僅因為它將一個階級的、從而是為了解放全體人民的革命轉變成極少數領袖的專政，儘管這已經完全違背了共產主義革命的初衷；她更為擔憂的是在這些僅僅由領袖代表的鑿鑿「真理」的背後，「堵塞了唯一能夠糾正社會機構的一切天生缺陷的源泉本身，這就是最廣大人民群眾的積極的、不受限制的、朝氣蓬勃的政治生活」（**盧**

森堡《盧森堡文選》）。這才是先鋒隊理論對馬克思主義致命的背離。
列寧和托洛茨基在名義上是為了糾正民主機構的局限性和缺陷，卻
用了一個真正的更大的壞事來取代有缺陷的民主，即徹底取消一切
民主制！托洛茨基曾輕蔑地嘲諷道：「所謂由選舉產生的會議，永
遠只反映它的選民正好在他們走向票箱的那一時刻的精神狀態」，
所以，還是將事情交給通曉歷史規律的先鋒隊領袖吧，所有的人民，
都只是有待克服的障礙而已。然而，這還是馬克思所說的「無產階
級專政」嗎？在列寧那裡，「無產階級專政理論有一個沒有說出來
的前提，即它只是先鋒隊政黨已有現成處方的一件事」，只需不擇
手段地去實現就行了。但馬克思的無產階級專政，按照巴黎公社的
原則，卻是全面民主的政治生活；所謂無產階級專政，在本質上就
是社會主義民主，它是與「廢除階級統治和建設社會主義同時開始
的。」（《盧森堡文選》）

　　盧森堡接著說：「是啊：專政！但這一專政是在於運用民主的
方式，而不是在於取消民主，……它必須是階級的事業，而不是極
少數領導人以階級的名義實行的事業，這就是說，它必須處處來自
群眾的積極參與，處於群眾的直接影響下，接受全體公眾的監督，
從人民群眾日益發達的政治教育中產生出來」（《盧森堡文選》）。
所以，「全體人民群眾必須參加國家的公共生活，否則社會主義就
將是十幾個知識分子從辦公桌下令實行的、欽定的。」而「絕對公
開的監督必不可少，否則交換經驗就只限於新政府的官員的排他的
圈子之內，腐敗不可避免」。盧森堡又接著說，所有這些，列寧其
實都非常清楚，他不僅曾經反復強調過，也沒有人能比他描繪的更
清楚。但「他採取的手段卻完全錯了。命令，工廠監工的獨裁暴力，
嚴酷的處罰，恐怖統治」，正是這一切毀壞了革命。盧森堡「擔心
革命受到扭曲更甚於擔心革命的失敗」，她在那個時候就已經預見

到「道德崩潰」對革命造成的危害要遠遠大於「在對抗更大力量、不顧歷史情境的誠實鬥爭中遭受的任何政治挫敗」，羅莎甚至還給出了挽救十月革命後社會敗壞的方案：既然「恐怖」「敗壞」著所有人，糟蹋著所有事物，那麼，唯一能用來拯救這一切的方式，難道不是「公共生活自身的學校，亦即最開放、最廣泛的民主和公共意見」嗎？盧森堡這裡講的正是本來意義的「公民社會」，這也是巴黎公社的政治民主原則，也就是馬克思原來意義上的「無產階級革命和無產階級專政」。

盧森堡的這個讓革命再生的唯一途徑：「公共生活本身的學校，不受限制的、最廣泛的民主和公共輿論」，是否與毛澤東在1967年1月所想的公社有某種相似呢？毛澤東所設想的新型社會組織以及由此構建的新型政治關係的寄體「五・七公社」，又是否與盧森堡的設想有某種同構呢？這些我們都無法知道。但我們可以知道的是，「讓革命再生」確是毛澤東文革的一個目的，他要「繼續革命」、「批判資產階級法權」，要取消官僚制，「尊重群眾的首創精神」，要「讓人民群眾自己教育自己」，讓革命成為一所全社會的大學校，這與盧森堡的主張確有某種話語上的相似。然而很快，中共革命的內在規定性來了，一個現實的更強的約束出現了，毛澤東出現了變化。

四

1967年2月下旬，在「上海公社」成立約20天之後，毛澤東最終的想法終於傳到上海。那是在上海文化廣場的一個萬人大會上，時間是1967年2月24日的下午，張春橋在大會上傳達毛澤東的談話。張春橋說，他和姚文元去北京後，毛澤東兩次找他們談話，談話的中心就是關於「上海公社」的名稱。毛澤東說：「如果都叫公社，那

麼黨怎麼辦呢？黨放在哪裡呢？」「總要有個黨嘛，要有個核心嘛」
「公社也總要有一個黨，公社能不能代替了黨呢？」「所以，我看
還是不要改名字吧！不要叫公社吧！現在建立的臨時權力機構，是
不是還是叫革命委員會。」（李遜書上卷頁804）從1月下旬到2月中旬，
毛澤東在思考了20多天之後，底牌翻開，毛澤東所選擇的，終於還
是列寧主義的先鋒隊統治。在文革開始後的半年多內不斷地作為未
來社會政治想像的巴黎公社原則，自此再也不提[5]。

　　中共革命是典型的列寧主義革命，若非列寧主義的先鋒隊理
論，以中國只占極小人口比例的產業工人，其革命根本無法與無產
階級革命發生關聯。但在列寧主義的東方路線以及先鋒隊理論之
下，中國的革命不僅從屬於世界無產階級革命，而且還可以直接聲
稱其性質和目標就是無產階級的革命。共產國際在1927年對中國支
部的指示信中稱：中國革命要爭取的是一個非資本主義化的前途。
此信所言，成為後來新民主主義革命理論的前身。列寧主義的這套
革命理論是無視社會發展的經濟水準的，它將革命的成功僅僅訴諸
一個以鐵的紀律建立起來的先鋒隊及其所掌握的恐怖暴力之上。正

5　毛澤東與張春橋、姚文元的談話，清楚地表明他對巴黎公社原則以
　　及公社的政治形式是有充分了解的，他問：「公社也總要有一個黨，
　　公社能不能代替了黨呢？」這意味著他的擔心正是在公社這樣一個
　　人民自我組織的自治社會中，將不可能存在黨的凌駕一切的地位，
　　如此，則不僅會動搖中共的統治，中共革命的正當性邏輯亦將消
　　失。這是毛澤東不能接受的。但毛澤東並未完全放棄自下而上的群
　　眾政治形式，所謂「六億神州盡舜堯」，他依然對全面改造人性抱
　　有期望，因而他給「他的人民」留下了一個在實際運用中殘缺破碎
　　的工具，即「四大自由」（大鳴、大放、大辯論、大字報），即便
　　在文革後期全面科層化後這一工具也依舊存在，並在1975年正式寫
　　入憲法，直到文革後被鄧小平取消。

是在這一點上，它與馬克思、恩格斯根據社會經濟發展所推演出來的世界無產階級革命徹底地分道揚鑣。中共的革命和執政，自創黨始，即完全依附於列寧主義的先鋒隊理論。這是一個不可更改的路徑依賴，任何更改，都會意味著全盤失敗。毛澤東晚年自稱一生只做了兩件大事：革命建政和發動文革，並認為文革的意義更大於建政。但無論毛澤東如何「無法無天」，他終究不敢以後者來否定前者，雖然從長程的世界歷史來看，後者很可能有著更為複雜和深刻的歷史內涵。但在1967年的2月中旬，毛澤東終究放棄了公社設想，「還是叫革命委員會好」，依舊回到了先鋒隊統治的道路上。於是那個「不受限制的、生機勃勃的政治生活」和「人民的直接統治」再無可能。在這個意義上，文革的「幻象」確實就是「幻象」，甚至，它還僅僅就是話語的「幻象」。剩下的，只能是老故事的重新上演。

列寧主義的黨治制有著極為堅硬的邏輯，它無法從內部進行改良，就如韋伯所預言的，它只能是整體的坍塌。這幾乎是所有列寧主義國家在上世紀末的共同命運，鮮有例外。即使這個黨在事實上已經放棄了自身統治的神聖性來源，黨的統治本身依舊可以進化成不容侵犯的龐然大物，而這個黨的早期犧牲則被轉換成政治體的特殊敘事，成為證明統治正當的神聖性來源的替代物。這一神聖性來源及其替代物先於所有基於現代改變的社會契約，亦即先於所有現代政治的理性安排，因而一切基於理性的政治分析都將在這裡失效。可以期待的，只能是世俗理性隨著代際成長對這一特殊敘事的逐漸消磨，而終於轟然倒塌。文革後長達近四十年的擬去意識形態化的黨專政，即顯示了這一進程的尚未終結，這才是中共革命延至今日最重要的唯一遺產：黨治制。而它，也就是文革初始幾經觸碰卻最終無法逾越的堅硬邊界。

之三：虛構的階級革命

本文將回到中共革命的歐洲源頭，討論這個理論在開端時就隱藏的困難，以及在後來的實際運動中分裂出的幾乎完全相反的進程。馬克思主義的核心理論是從他所斷言的階級革命開始的，然而在一百多年的大規模鬥爭歷史過去之後，我們終於可以發現，這個階級革命的預言，從它的起點開始就是虛構的。

一

大約是1843-1844年間，馬克思開始逐漸將無產階級視為未來社會革命的基本動力。他在〈黑格爾法哲學批判導言〉中首先提出這一想法，中間經過一系列的調適，最終在《德意志意識形態》一書中加強了這一觀點。然而，這一觀點出現的最初理由，卻並不是馬克思後來常常堅持的經濟分析的原因。此時離馬克思寫作和出版《資本論》還有很多年（資本論第一卷是1867年出版的），距離馬克思全力轉向政治經濟學的研究也還有5、6年（一般認為，馬克思是自1848年以後開始轉向政治經濟學的研究的）。最初提出這一觀點的，是因為馬克思需要為腐朽的德國發明一場新的革命[6]。德國在歐洲的近代歷史中從未有機會成為歷史的主體，這個哲學的德國害怕革命，未能製造革命；這個哲學的民族總是在哲學和思想史上去「經歷未來」，因而它就只能是歷史的客體，而不能像法國那樣，成為

6　關於馬克思為了給腐朽的德國發明一場超越法國的革命而將無產階級視為未來革命的擔綱者的想法，引自傅勒的《馬克思與法國大革命》。

歷史的主體。馬克思需要用費爾巴哈去打破黑格爾,打破那個用思想史去代替實際歷史的德國魔咒。於是,青年馬克思擺脫黑格爾的第一個轉折出現了,第十一論綱在1843年有了它的早期形式。

馬克思所設想的這場革命應該超越法國大革命;它將不是像法國大革命那樣僅是將一部分人解放出來的第三等級的政治革命,而將是徹底的普遍的人的解放的革命。自然,這樣的革命的擔綱者也不再會是資產階級,儘管在馬克思看來,這個時期的資產階級依舊是進步的、革命的。然而很清楚,在邏輯上,只有那個身負「徹底的鎖鏈」的階級,由於其絕對的一無所有,才能成為這場新革命的擔綱者。因為只有處於最底層的他們的解放,才意味著這個世界的完全顛覆,意味著黑格爾意義的絕對國家的對立面的實現,即所有人的普遍的解放。因而除了為一場新的革命尋找擔綱者之外,在另一個意義上,馬克思是通過與黑格爾的決裂而找到這場普遍解放的革命主體的。不過這個時候,馬克思的階級革命的意識還只是初步的,難以詳述的。

將無產階級視為未來社會革命擔綱者的思想並非是馬克思的首創。在1843-1844那個年代,資本主義的思想已經形成了約七、八十年,而工業資本主義及其所伴生的無產階級也已出現了逾半個世紀。在馬克思之前以及之後的社會主義者,亦常常將他們所期望的未來的應然社會的變化動力,歸之於無產階級。在他們看來,無產階級由於其社會生活狀態所建立的立場,將會幫助社會主義的綱領實現。然而馬克思的態度與這些社會主義者的態度恰好是相反的;馬克思在這裡又一次以費爾巴哈來否定了黑格爾,他將目的與手段的關係翻轉了過來。對馬克思來說,無產階級本身才是未來社會革命的本質,只有這個身負「徹底的鎖鏈」的階級的運動,才能決定未來革命的綱領;也就是說,沒有什麼預設的應然社會,未來革命

後的狀況將會由階級革命的過程所決定。青年馬克思的黑格爾批判
哲學,在對實踐的開放這一點上,與蘇格蘭自由主義合流了,儘管
馬克思的哲學思想終其一生,都是出自德國觀念論的傳統。但這個
時候的馬克思,還沒有徹底完成他對黑格爾的顛倒,歷史的多樣性
尚未消彌於之後的歷史決定論中,一個開放的、包含種種差異性的
歷史過程,仍然保留在他的政治論述和歷史哲學之中。

二

　　馬克思階級革命的想法在哲學上的完全成熟,應該是在《德意
志意識形態》之後。在馬恩合著的這部著作中,馬克思才徹底完成
了將自己從費爾巴哈和黑格爾解放出來的批判,完成了他將思維從
屬於存在、精神從屬於歷史的著名顛倒。而在這個取消了許多歷史
多樣性和偶然性的過於簡單的歷史哲學(歷史決定論)中,無產階
級作為未來社會革命的主體,便成了歷史必然性的一部分。儘管這
個時候的無產階級尚未充分發展,還遠遠未成為「自為的階級」(馬
克思在此挪用了黑格爾的概念),卻已經被預訂為未來社會革命的
唯一主體。然而,這個過於簡單的歷史決定論,卻在一開始就是伴
隨著它自身的矛盾出現的。馬克思的第一重社會學假設:思維從屬
於存在,顯然並不必然地導致其第二重假設:精神的生產將從屬於
其社會條件即階級的存在。但此時的馬克思已經不再在意這些差異
了,他自信在顛倒了黑格爾和費爾巴哈之後的那個更高的哲學層次
上,所有的歷史多樣性都將擁有一個同一性的解釋框架。在這個框
架下,法國大革命亦成為人類從剝削的統治下普遍解放的一個階
段,也就是在這一個框架下,無產階級被預訂為下一階段通往人類
最終解放的最後的革命的擔綱者。
　　1848年,馬克思和恩格斯出版了《共產黨宣言》,這原是一份

為1847年11月在倫敦召開的共產主義者同盟大會起草的黨綱。在這份孕育著未來歷史的排天巨浪的經典文獻中，馬克思決定論的歷史哲學徹底成形了。這一哲學以前所未有的強烈語言表述出來，成為之後的百餘年中許多受苦人和受苦民族的聖典。這套歷史哲學的核心內容後來被恩格斯表述為如下著名段落：「迄今為止的全部歷史都是階級鬥爭的歷史，即社會發展各個階段上被剝削階級和剝削階級之間、被統治階級和統治階級之間鬥爭的歷史；而這個鬥爭現在已經達到這樣一個階段，即被剝削被壓迫的階級（無產階級），如果不同時使整個社會永遠擺脫剝削、壓迫和階級鬥爭，就不再能使自己從剝削它壓迫它的那個階級（資產階級）下解放出來，——這個基本思想完全是屬於馬克思一個人的。」[7]此時，在這個1848年的馬克思的哲學心靈中，無產階級終於通過一條思辨的道路完成了它歷史使命的清晰化。（馬克思此時又回到了那個哲學的德國人，他只是顛倒了他的老師黑格爾。）它由原來被預訂的革命主體，轉化為由思辨到達的歷史必然性的神聖工具。階級革命的確定性，就這

7　馬克思所顛倒的黑格爾，只是將唯物論鑲嵌到辯證法之上，並成為辯證法的基礎，於是，原來充滿著各種差異性的歷史都被歸結為一元式的生產力反抗生產關係，從而又在人的歷史中被引申為階級和階級鬥爭。複雜的人性衝突和歷史活動的差異性在這套簡化的、決定論的歷史哲學中被完全抹去了，人性中那些最偏執的部分在歷史決定論的預言中變得勇敢無畏，那個在20世紀終於掀起驚濤駭浪的魔鬼，在歷史必然性的預言下化身為上帝降臨了。不過這個話題是屬於以後的，我會在未來的文章中仔細討論。

當然，必須注意，馬克思的決定論有時候又是模糊的，雖然這種情況非常少。他在面對已知的歷史事實的時候，如法國大革命，他可以將它解釋成歷史的必然性——資產階級革命在資產階級成熟之後的如期到來，但當他在解釋1848年德國的工人革命沒有發生的時候，就只能簡單地解釋成運動領導者的無能。

樣第一次明確地通過歷史必然性表達出來。

　　然而馬克思還需要另一個前提，而不僅僅只是一個關於未來的「人的普遍解放」的歷史必然性。他還希望證明，這個必然性必定包含著資本主義的必然滅亡。馬克思必須用同一套方式來證明資本主義必然滅亡的命運，這雖然也是歷史必然性的一部分，卻構成了政治批判之外的另一個獨立的龐大工作，這個工作幾乎耗去了馬克思自1848年之後的全部生命，這就是《資本論》的寫作。也就是在這項工作中，馬克思終於顯示出他作為一個天才研究者的巨大的知識才能和熱忱。馬克思在《資本論》的研究中發現了「剩餘價值」、發現了「貧困理論」以及相關的「產業後備軍」。雖然這些都被當時及後來的經濟理論否定了，然而就本文的主題而言，馬克思終於通過他的政治經濟學研究給出了無產階級的經濟定義，以及未來社會革命的經濟目標和經濟邊界。而這些定義對於馬克思所設想的未來社會革命，是有著重大的約束性意義的。

三

　　馬克思給出的關於「無產階級」的經濟定義是處在資本主義生產關係中的工人階級。它並不包含所有通過工作謀生之人；它所包含的工人，是那些生活建立在與勞動力的雇主之間那種雇傭關係之上的，因而是那些在商品生產過程中創造剩餘價值的人，同時，這些人又完全被排除在剩餘價值的分配之外。從表面上看，這個定義並不複雜，但這個定義對於馬克思的革命理論而言，卻立刻帶來一個巨大的硬性的意義，因為它直接約束了未來社會革命的條件和邊界，這就是：當無產階級從資本主義的生產關係中解放出來的那一刻，即意味著這場最終的偉大革命的終結。因為當革命消滅了這個階級賴以存在的生產關係之後，也就消滅了階級對立和階級存在的

條件,從而也就消滅了革命之後的無產階級統治自身(見馬克思、恩格斯《共產黨宣言》)。這個推論在「存在決定意識」的一元論的歷史觀下是顯而易見的,也是唯一的結論。這就是為什麼馬克思會說無產階級革命或無產階級專政只是一個短暫的過渡,甚至只是那個消滅國家的瞬間的原因。

然而對於馬克思的整個理論而言,他從政治經濟學研究中獲得的對階級革命的規定並沒有那麼重要;對於理論的有效性而言,經濟分析所占的比重並不大。馬克思的革命理論在根本上首先是一套決定論的歷史哲學,即使沒有這些經濟學的證明,馬克思也已經通過他所顛倒了的黑格爾,提前到達了歷史的未來。在那場通往共產主義的階級革命中,證明資本主義必然滅亡的經濟學研究儘管有效,但也只是對歷史必然性的又一次證明。用辯證唯物主義武裝起來的歷史決定論,才是馬克思解決所有難題最根本的基石。在這個基礎上,無論無產階級是否已經成為一個「自為的階級」,抑或「資本主義的徹底勝利才是無產階級革命的起點」(恩格斯),以及需要全世界無產階級的共同革命才能到達共產主義等等,所有這些關於未來革命的具體論述,在決定論的必然性面前,都只是相對的路徑差異和戰術分歧。這意味著在條件不具備的情況下,創造條件使革命發生並不與歷史必然性衝突。正是在這一點上,列寧主義的先鋒隊理論和馬克思主義連接起來了,並在十月革命的布爾什維克專政完全超出預期發生的時候,即使第二國際的領袖們也不敢輕易否定它在馬克思主義理論內部的正當性[8]。在這一點上,柯拉科夫斯基

8　19世紀末的工人運動令這些革命家失望的情況並不是個別的,伯恩斯坦在這一點上與列寧幾乎完全一致,他們都認為期望無產階級成熟為一個「自為的階級」是一個太大的奢望,於是,在伯恩斯坦那裡,修正主義出現了,他期望用議會多數來替代階級革命,並在恩

顯然是對的：列寧主義也許是可以避免的，但它的發生卻至少也是合情合理的。

上述論證還揭發出一個問題，即自1956年之後的歐洲左派試圖從列寧手中拯救馬克思的努力在根本上是一個錯誤。列寧主義革命的基本內容如先鋒隊理論、一國率先建成社會主義等等在馬克思的歷史決定論中並非不可包容。區別只在於，馬克思所期望的無產階級革命是真正徹底的民主的革命，它要徹底超越資產階級的代議民主而到達每一個人，而這一來自於每一個個體的完全的民主權利，才是如恩格斯所說的：「民主，是通往共產主義的起點」。也因為這個原因，才會有馬克思高度讚揚巴黎公社的直接民主，作為他生前所見到的唯一一次無產階級革命。對於馬克思來說，階級革命所達致的「無產階級的階級統治」與社會完全的、徹底的民主化是完全相同的。巴枯寧曾就此在1873年出版的一本書中質疑馬克思：「『上升為統治階層的』無產階級是什麼意思呢？」——「難道整個無產階級都將成為政府首腦嗎？」——「德國人大約有4000萬。難道4000萬人全都成為政府成員嗎？」然而馬克思的回答出人意料，他回答說：「Certainly〔當然啦〕，因為事情是從公社自治做起的。」[9] 顯然，馬克思的想法很明確，無產階級的階級統治，將通過整個階級的自治實現，而這個時候，社會的每個成員便成了政府的成員，統治者與被統治者的差異消失了，德國觀念論所追求的偉大同一性終

(續)————————————————————————

格斯去世後將這一思想轉變為德國社會民主黨的主要政治實踐。而列寧的區別只不放棄暴力革命，但也將階級革命轉變為先鋒隊革命。

9   馬克思，〈巴枯寧《國家制度和無政府狀態》一書摘要〉，《馬克思恩格斯全集》第18卷（北京：人民出版社，1964），頁696。轉引自《馬克思的革命理論》第三卷。

於在現實的歷史中實現。

　　馬克思的這些思想，在19世紀的最後十年甚至由恩格斯延伸出革命路徑的轉變。1891年，恩格斯在對愛爾福特綱領的嚴厲批評中說：「可以設想，在人民代議機關把一切權力集中在自己手裡、只要取得大多數人民的支持就能夠按照憲法隨意辦事的國家裡，舊社會有可能和平長入新社會，比如在法國和美國那樣的民主共和國，在英國那樣的君主國。」[10]。在馬克思和恩格斯的思想系統中，完全的、徹底的政治民主思想，到了1891年，終於不僅等同於革命後的無產階級統治，也成為推翻資產階級國家和建立階級統治的一項可能的選擇。上述這些當然是馬克思與列寧的巨大區別，這些區別也是1956年後的人們試圖從列寧手中拯救馬克思的重要原因。然而更值得注意的卻是，儘管馬克思的無產階級專政等於徹底的民主和自治這一從未實現過的政治想像，對近百年來的知識分子有著巨大的道德感召，但馬克思的階級革命理論依舊只是他由思辨到達的歷史哲學。在這套由決定論規定的歷史必然性下，列寧主義在落後國家（條件不具備的情況下）創造的新的革命路徑，用先鋒隊統治來代替工人國家，在本質上並不違背馬克思所訴諸的歷史必然性。在這個意義上，列寧的論述甚至大部分都可以追溯到馬克思有過的那些模糊的構想。而馬克思與列寧在此時的所有區別，不僅可以歸結為在具體鬥爭中所採取的策略或優先性的差別，甚至還可以被合理地賦予創造性地開啟了在落後國家發動世界革命的意義。然而所有的這些區別，這些代表了馬克思主義在20世紀的「正確性」的創造，在實踐中的差別卻是巨大的。它讓我們看到了從「所有人的普遍解

10　恩格斯，〈1891年社會民主黨綱領草案批判〉，《馬克思恩格斯文集》第4卷（北京：人民出版社，2009），頁414。

放」出發，造成的結果卻是20世紀歷史中社會和人性的普遍災難。

四

現在我們可以開始說列寧了。

列寧主義的基本理論是在階級革命的必然性預言下展開的，它用奪取政權的事實說服了它的同志們和同路人們。但在1917年的4月，當列寧到達芬蘭車站的時候，用先鋒隊統治來代替階級革命，還只是一個尚未成型的設想。當時的列寧，還只是少數派，他的〈四月綱領〉幾乎遭到了所有人的反對。然而從1917年的4月到9月，短短不到半年的時間，列寧說服了他的同志們，儘管這個時候，他的《國家與革命》仍是一份放在抽屜中的手稿。（《國家與革命》是在1918年才出版的。）但之後托洛茨基在回憶那段時間時說：「沒有列寧，黨也許還能存在一段時間，但如果反對列寧，黨就是無法生存的。」列寧單槍匹馬地說服了他的黨為二次革命進行透徹的準備，「完美地展現了個人意志的勝利」（托洛茨基《俄國革命史》），十月革命的成功成為先鋒隊革命最大的正當性，「沒有人能譴責勝利者」。然而就從那個時候起，20世紀的無產階級革命就僅僅只是列寧主義先鋒隊理論和先鋒隊統治的註腳了。列寧，正是列寧，第一次真正地將黨（先鋒隊）引入到實際的歷史進程之中。

列寧對馬克思的改變是驚人地簡單和大膽的。在馬克思的論述中，共產黨人「勝過其餘無產階級群眾的地方在於他們了解無產階級運動的條件、進程和一般結果」，然而共產黨人的任務卻依然是「使無產階級形成為階級，推翻資產階級的統治，由無產階級奪取政權」（馬克思、恩格斯《共產黨宣言》）。顯然，馬克思並沒有以先鋒隊代替階級進行革命和統治的絲毫意思，黨的任務只是促使階級成熟從而形成階級革命。然而列寧卻（忠實於原著地）直接將馬克

思的論述改變為：「僅僅在階級遵照黨對其目標的論述並鼓動自身
去實現這些目標這個意義上，階級才被定義為階級」，這個論述看
上去和馬克思的差異很小，但就是這個很小的差別，卻改變了階級
革命的全部的原初意義。在這個改變下，黨不僅進入到了階級存在
的定義中，而且成為階級的基本表達。因為，「當無產階級在追求
自己的目標的時候，如果缺乏有效的理論表達和政治性組織，它就
不可能作為一個階級存在」，這是又一次的循環論證，然而它依舊
在修辭上保持著在馬克思理論內部的一致性，儘管這種一致性只是
再次加強了列寧對馬克思作出的斬釘截鐵的改變[11]。

　　列寧的先鋒隊理論遭到了同時代的馬克思主義者們的激烈批
評，即使十月革命的勝利也沒有讓這類批評減少。第二國際的領袖
們擔心這場偏離了馬克思原意的革命會歪曲和玷污革命本身，而
1917年的列寧，對於這些批評還是採取著小心翼翼的辯護態度的。
他不斷地表示，在革命高潮的情況下，雖然先鋒隊代替了階級革命
和階級統治，領袖代替了人民，但我們仍可樂觀地看到，黨的知識
分子領袖和工人之間的差別終將消逝，這將發生在工人們在實際的
鬥爭中終於獲得了革命分配給他們的利益之後……。然而到了1921
年，列寧已經不再為這些批評做任何辯護了；相反，所有反對者的
意見都「無異於要求黨自殺」，因為革命正在進行著殘酷的鬥爭和
階級專政，而只有先鋒隊黨才能擔當這個責任。列寧變得斬釘截鐵：
「無產階級還是那樣分散、那樣被人鄙棄、甚至被人收買，只有黨，
只有吸收了階級的革命力量的先鋒隊，才能實現無產階級專政，非

11　參見《列寧主義》（英）尼爾‧哈丁著（南京：南京大學出版社），
　　頁193。

如此，便不能實現這種權力的專政」[12]。也正是在1921年的危機中，
列寧甚至認為先鋒隊亦可以同時成為單純的工具力量，以保證掌握
權力和持續地擁有權力。

　　成功地奪取了政權的先鋒隊理論，迅速地成為階級革命的普遍
化策略。1919年，共產國際（第三國際）成立，所有加入第三國際
的共產黨必須以先鋒隊理論加以組織，並隸屬於第三國際。自此，
先鋒隊組織代替階級革命，成為20世紀共產主義運動的主流。無產
階級革命不再需要等待這個階級成熟為「自為的階級」了，階級的
革命已經轉變成先鋒隊革命，因而對於列寧主義來說，它的第一條
核心原則就是不能將先鋒隊等同於階級。先鋒隊是一支有著鐵的紀
律的職業革命家組織，它禁止派別[13]，禁止一切不同思想，要求絕
對忠誠，它必須定期進行內部清理以保證先鋒隊的純潔性⋯⋯。上
述這些都寫在加入共產國際的二十一項條件的決議案中，也幾乎是
列寧從1917-1921之間的主要論述，列寧的先鋒隊理論成功地替代了
階級革命。先鋒隊革命在俄國成功了，但同時，人們原本期待的那
個工人的自治國家卻成了黨的國家。列寧主義的勝利，意味著馬克
思幻想中的階級革命的對象——資產階級國家——以另一種顛倒的
方式重新確立，但這次是列寧對馬克思的顛倒，新的以歷史必然性
的名義的絕對國家，代替了正被社會主義思想改善和進步中的憲政
民主制度。20世紀的大洪水，這次是真的沖下來了。

12　見《列寧全集》（英文版）32卷，p. 32。轉引自尼爾·哈丁，《列
　　寧主義》，p. 209。
13　列寧《關於黨的統一決議案初稿》全集32卷，p. 244，即著名的「派
　　別禁令」。轉引自哈丁《列寧主義》，p. 207。

五

　　列寧的策略迅速地轉向東方，然而令列寧主義當初的策略意外的卻是，根據這個策略成功地完成了革命的僅是幾個亞洲的非工業化國家。這對列寧當初的設想構成了一個悖論，因為列寧和托洛茨基當初指望的是，如果他們在一個落後國家發動了一場不成熟的革命，那麼成熟的革命將會在西方已經工業化或正在工業化的國家隨之發生。然而出人意料的卻是，列寧的設想並沒有發生，先鋒隊革命自身卻成了「自在之物」，只要有了先鋒隊，完全無須革命的「階級基礎」，即使在氏族社會也可以發生隸屬於無產階級範疇的革命。這又一次構成了對經典馬克思理論的背叛。這是一場無需「肉身」的革命，馬克思主義的原點「階級革命」，就這樣在東方的中共革命中成為一場全無現實基礎的徹底的虛構。然而，由這個虛構的觀念所導致的鬥爭歷史卻是真實的、慘烈的、涉及所有人的。

　　在漫長的中共革命中，階級革命的正當性基礎始終是中共的一大困難。他們必須為革命發明一個階級共同體，雖然就如布迪厄（Bourdieu）所說：「馬克思主義理論聲稱自己描述了階級，然而真實世界中的階級至少在很大程度上卻是馬克思主義理論本身的產物」，即馬克思主義可以自由地按照理論來創造階級，這也是曾在很多國家發生過的歷史真實。然而中共革命的困難卻在於，占人口比例極小的產業工人，無論怎樣也無法構成無產階級革命的基礎，中國革命的最高可能性也就是農民戰爭。在馬克思主義的理論中，這類革命所能期待的只能是資產階級的成熟和隨之而來的工人階級的成長。但就是在這裡，中國革命的典型的列寧主義性質出現了。這是一場只需要「先鋒隊」的革命，它無須「肉身」，無須它的階級基礎，它可以與社會的經濟歷史發展無關。中共在第三國際的指

示下直接開始了「先鋒隊革命」,他們發動恐怖襲擊式的城市暴動和占山為王的農民革命,甚至在權力相對真空的區域直接成立了「紅色蘇維埃」。然而,如此革命的結果就是這種無根的革命的失敗,中共革命的前期歷史幾乎就演出了這樣一場出於虛構而注定沒有希望的悲劇,直到瀕臨絕境的中共被中國的民族危機所挽救。文革中毛澤東對斯諾說要感謝日本帝國主義的話無疑是真實的,中日戰爭的民族危機不僅救了中共,也重新塑造了中共革命,讓這場在中國發生的先鋒隊革命找到了適當的動員路徑。這些年重新整理的中共在抗戰期間發表的社論和文告表明[14],從抗戰期間到戰後內戰(當時中共稱為「自衛戰爭」),直到「共同綱領」產生,中共的政治動員及其公開的政治目標完全是民族主義和憲政民主的;中共在這場逐鹿天下的鬥爭中將自己塑造為如華盛頓般的民主建國者。然而,這只是階段性的策略而已;它所證明的只是這個先鋒隊在顛覆天下的鬥爭中的政治成熟,而並不意味著目標的改變,「先鋒隊革命」終究還需回歸它的本質。於是,在先鋒隊統治建立之後,迅速地開始構建一個階級鬥爭和階級專政的社會,才是這場虛構的階級革命的真正顯現,這也就是中國自1949年之後所落入的那個以階級鬥爭和階級專政創造新世界的歷史的邏輯。

在中共早年的鬥爭實踐中,儘管中國近代的連年戰亂幾乎打碎了大部分的經濟結構,但囿於理論的正當性要求,劃分階級並由此區分敵我一直是中共革命的首要任務。毛澤東那篇著名的〈中國社會各階級的分析〉,即意味著馬克思主義家族中一個新的分支「農民馬克思主義」的誕生,它開創了如何在農民革命中運用馬克思主義的階級分析的範例。而後來的歷次肅反和延安整風,則意味著中

14　見笑蜀編,《歷史的先聲:半個世紀前的莊嚴承諾》。

共在對歷史現實的妥協中對階級革命的堅持，它在民族鬥爭的外殼
下不斷地加速先鋒隊自身的純潔性改造。這也就是新民主主義革命
的真正含義：在民族鬥爭的進程中錘煉堅強的先鋒隊組織，或者反
過來，以堅強的先鋒隊組織來動員和領導民族主義鬥爭，並由此奪
取政權。中共為了階級革命的目標從為「痞子運動」叫好開始，直
到對那些加入民族革命的知識分子進行徹底的靈魂改造，以使那些
知識分子成為先鋒隊的絕對工具。這一切其實都意味著階級革命在
中國的虛構性，以及在現實歷史條件下對先鋒隊革命的重新塑造。
而在1949年奪取政權之後，階級革命才重新回歸理論核心，構造階
級的任務也就同時成為49年後先鋒隊統治的首要任務。它需要創造
出一個工人階級來作為支持先鋒隊政權的主體，並以階級歧視來塑
造統治的支持者和反對者。這同時又成為一項龐大的社會改造工
程：通過階級歧視來塑造和吸納投身階級革命的新人，以及由此改
造社會的每一個成員。這場虛構的階級革命，在中共後來的實踐中
不斷地有著進一步的發展，包括以你的祖輩來定你今世的出身，以
觀念、教育和言論來劃分階級，在高度平均化的農村按百分比強行
區分出階級敵人。黨用（理論）虛構的階級劃分構造出一個階級鬥
爭的世界，猶如托尼・朱特的一個評論：（中共革命）能夠被賦予
人們選定的任何意義（托尼・朱特《思慮二十世紀》）。

六

　　當馬克思將黑格爾顛倒過來的時候，大錯便已鑄成。

　　馬克思是為了打破那個用思想史去代替實際歷史的德國魔咒，
才用費爾巴哈去打破黑格爾的；他要用哲學的實踐去實現哲學的否
定。倘若僅此而已，他很可能會為人類精神開啟一扇新的偉大之門。
然而事情並沒有這樣，馬克思迅速地將這一顛倒推向一個一元式的

歷史決定論，在這個加上了唯物論的辯證法下，原有的對各種差異和關係開放的歷史辯證法被封閉了，它排除了所有的歷史差別和複雜的人性本身，排除了歷史作為自由意志的自我意識的展開（黑格爾），斷然地將社會歷史的一切變化歸之於生產力與生產關係，從而又歸之於階級和階級鬥爭。馬克思對黑格爾的批判使他得到了一個無比僵硬和貧乏的歷史哲學，但他卻認為他完成了一個更高的同一性的哲學方案，在這個方案下，他所聲稱的知道未來，其代價就是使過去簡單化。階級革命就這樣來了，它在這個由思辨到達的歷史決定論下，不僅成為過去一切歷史的動力，也成為未來一切新的解放和新世界的起點。俄國革命和中國革命則進一步虛構了這場「最終的革命」，先鋒隊理論在歷史必然性下曲折地卻仍然正當地保持著與馬克思歷史哲學的一致性，而這個理論在中國革命中的延伸，則進一步將唯物論中經濟發展的歷史階段性也一併取消，或者，強行地讓歷史屈從於觀念。所剩的和所依據的，只是馬克思理論中的那塊歷史決定論的基石。

　　馬克思對20世紀的極權主義是難辭其咎的。當他將階級鬥爭歸為一切歷史發展的動力的時候，歷史必然性照耀下的恐怖和暴行便獲得了道德上的正當性。魔鬼化身為上帝，人民，那些工人和農人，以及那些為此獻身的黨人，他們的生命和鮮血數以千萬計地被奉獻給歷史必然性。人性中的偏執與邪惡，在「歷史進步的動力」中被放大到無以復加。就如柯拉科夫斯基所說：「這些惡不是偶然的」。所有這一切的來源，正是被毛澤東準確概述過的那句話：「馬克思主義的道理千頭萬緒，歸根結底就是一句話：造反有理！」，這個「造反有理」的馬克思主義，召喚出整整一個半世紀的人間的怨恨和不滿，成為那個時代最大的摧毀理性的力量。

　　於是，事情就變得很清楚，人們需要質疑和根除的，並不是那

些在普遍歷史中早已存在的人類經驗和價值，而是那個通往烏托邦的虛構的名詞上所籠罩著的魔力，並在魔力消除之後，去恢復真實的歷史本身。然而，這魔力真能被消除嗎？那個迷惑了如此眾多的優秀人物的彌賽亞，會否在已被證偽之後又以某種我們尚未辨識的方式重新回來？

嚴搏非，三輝圖書總策劃，上海季風書園創辦人，早年研讀科學的哲學，近年廣泛涉獵歷史、思想史與政治思想。

科拉科夫斯基的扛鼎之作
寫在《馬克思主義主要流派》中譯出版之前

劉　東

（一）

　　這個寒假又接近尾聲了。不過，剛剛寫完了久已應允的、對於伯林《未完的對話》一書的評論，還要為三卷本的《馬克思主義主要流派》，再趕寫一篇應承已久的、大概已經遲到了的序言。

　　這可實在談不上什麼「弄管之癖」了。大家都心知肚明，大陸學者一旦碰到這類話題，最聰明的應付之道就是三緘其口。然而，在這皇皇三大卷書的譯者群中，即使還有幾位先生仍然碩果尚存，畢竟也都年事已高無法動筆了，其中一位還正住在重病監護室裡。所以，他們這麼再三地囑筆於自己，而我又是再三敬謝都推辭不掉，便只好勉為其難地應承了下來。

　　而事有湊巧，在上篇文章所討論的伯林對話中，他的對話者就是一位來自波蘭的女學者，名叫貝阿塔‧波蘭諾夫斯卡—塞古爾斯卡，而這次又要研讀的《馬克思主義主要流派》，其作者萊謝克‧科拉科夫斯基還是來自波蘭。此外，同樣湊巧的是，跟上回討論那位以賽亞‧伯林一樣，這位科拉科夫斯基也是以研究馬克思而成名的，而且，他們還都是從蘇聯陣營來到了西方，有著在這兩邊的環境中生活過的切身經驗。

當然，伯林的高等教育是到西方後才完成的。由此說來，還是科拉科夫斯基所在的那個波蘭，此刻不由使我生起了遐想和敬意，——要知道，正是在那個文化地帶，出現過哥白尼、蕭邦和居里夫人，以及我喜愛的鋼琴家阿圖爾·魯賓斯坦！可事實上，除了在改革開放剛剛啟動的那個節骨眼上——彼時大家都還無緣去深入接觸西方——我們對於來自東歐的學術同行，都還是瞭解和關注得太不夠；而且，在此後大浪淘沙般的西潮中，我們不光是主要的注意力被吸引走了，能夠大面積掌握的外語語種也不允許了。由此就導致只有從東歐來到西方的學者，才會進入我們的閱讀視野。然而，這樣一來也就顧不上再去追問：這種通過英語來閱讀的東歐作者，是否已然經過了西方眼光的篩選？

無論如何，正如我在前一篇文章中已經指出的，來自東歐的文化傳統、思維方式與現實經驗，都會帶來與眾不同的觀察視角，也都會激發與眾不同的問題意識，這一點是不應受到忽視的。尤其是，在對於馬克思主義的研究上，那些地區的學者們，既由於地理和語種的相近，以及正統意識形態的相通，也由於相對而言更能橫跨東西，以及長於思辯和相對靈活，更是不容中文讀者們小覷。——正如大陸的馬克思主義學者就此寫到的：「關於東歐新馬克思主義理論家在馬克思思想及馬克思主義理論方面的功底和功力，我們可以提及兩套儘管引起很大爭議，但是產生了很大影響的研究馬克思主義歷史的著作，一是弗蘭尼茨基的三卷本《馬克思主義史》，二是科拉科夫斯基的三卷本《馬克思主義的主要流派》。甚至當科拉科夫斯基在晚年宣布『放棄了馬克思』後，我們依舊不難在他的理論中看到馬克思思想的深刻影響。」[1]

---

1 衣俊卿，〈東歐新馬克思主義譯叢總序〉，科拉科夫斯基，《走向

（二）

　　萊謝克‧科拉科夫斯基（Leszek Kolakowski, 1927-2009），出生於波蘭中部的小城拉多姆。如所周知，正是從這個國家遭到入侵和瓜分起，才宣布了第二次世界大戰的正式爆發。隨即，科拉科夫斯基的父親遭到納粹殺害，而他亦從12歲起便不得不輟學。但此後，他仍以頑強的自學完成了中等教育，並在二戰結束後順利升入羅茲大學，從此便選擇以哲學作為畢生志業。20歲時，科拉科夫斯基即加入了統一工人黨，並很快成為官方理論的後起之秀，從而有資格被派往蘇聯去深造。到了26歲那年，他便獲得華沙大學的哲學博士學位，隨即留校任教，並擔任沙夫等人的助手。值得注意的是，此時他是以批判基督教哲學知名的。再接下來，僅僅在31歲那年，已經身為教授的他又擔任了哲學系主任，同時還兼任《哲學研究》雜誌的主編和《新文化》雜誌的主編。

　　毫無疑問，這正是俗常所講的那種「錦繡前程」；而同樣沒有疑問的是，一旦到了蘇東轟然解體之後，這種「錦繡前程」也會於瞬間失色，甚至成為鏡花水月乃至行屍走肉的代稱。不過，不管這樣的前程是好是壞，反正科拉科夫斯基是不會安於它了，相反倒是選擇了去主動偏離它，乃至從某種意義上，也選擇了去共同衝破蘇東的體制。實際上，早從1956年的蘇共二十大起，尚未滿30歲的科拉科夫斯基，便已開始懷疑史達林的教條主義了，並敢於撰文去批判「制度化的馬克思主義」，同時又主張「人道主義的馬克思主義」。

（續）────────────────
　　馬克思主義的人道主義：關於當代左派的文集》（哈爾濱：黑龍江大學出版社，2013），頁14-15。

我們都知道，無巧不巧也正是在那一年，在波蘭爆發了史稱「波茲南事件」的工人抗議，儘管它隨即遭到了來自蘇聯的嚴酷鎮壓，然而它本身卻也屬於蘇共二十大的餘波，所以也可以說，那也正是波蘭嘗試擺脫蘇聯的一個起點。

到了十年後的1966年，仍是為了紀念這個重要的事件，科拉科夫斯基又發表了一篇著名的講演，指出了種種「不屬於社會主義」的東西，把矛頭直指對於言論自由的箝制，比如「社會主義不是：一個人們說出他的想法會陷入麻煩、不說出自己的想法會走運的社會；一個沒有任何自己的想法會過得更好的社會；一個密探比護士多、坐牢的人比住院的人多的國家；一個哲學家和作家跟將軍和部長說法一致的國家」等等。雖然說，他就此給出的72種「反定義」，馬上就遭到了來自宣傳機構的禁止，卻仍在新一代波蘭人中廣泛流傳著。不過也同樣因此，儘管此時他還認同於馬克思主義，卻竟成了波蘭最著名的「修正主義者」，同時也是波蘭最著名的持不同政見者。隨即，他在當年便被開除出了執政黨，兩年後又被解除了教授職務。

在1968年，也即在他被解除教授職務的當年，科拉科夫斯基便被允許離開自己的祖國，開始了在西方學府中的流亡生涯。我們從這一點中，或可窺知當年波蘭政府的相對懷柔。科拉科夫斯基此後任教過的大學，先後有加拿大的麥吉爾大學、美國的伯克利加州大學、英國的牛津大學、美國的耶魯大學和芝加哥大學，但其中主要還是在牛津眾靈學院擔任高級研究員，直至他於1995年從那裡榮休。此外，儘管到西方以後生活相對平靜，可是科拉科夫斯基不斷發表的著作，仍然對自己的祖國產生了持續而深刻的影響。比如他曾經提出，自發組織起來的社會團體，有可能在蘇東的極權體制中，去平緩地擴展市民社會的空間，這就對於團結工會運動有過相當的

啟示，而後者又在當代波蘭史中占有顯著的地位。

正因為這樣，儘管科拉科夫斯基確曾在西方多次得過獎——其中尤其值得一提的是，他於2003年獲得了美國國會圖書館的「約翰‧克魯格人文與社會科學終身成就獎」，而這個重金的獎項可說是文科領域的諾貝爾獎，居然在首次頒發時就授給了這位波蘭學者——不過對他本人來說，恐怕更重要的還是來自祖國的榮譽。比如，他同時又是1992年重新設立的「白鷹勳章」的得主，這枚很像國徽的勳章作為波蘭的最高獎賞，是要授給「為波蘭國家和人民建立殊勳」的人。再如，波蘭的著名公共知識分子、團結工會的顧問亞當‧米奇尼克，也曾盛讚他是「當代波蘭文化最卓越的創造者之一」。也正因為這樣，當他於2009年7月17日在牛津逝世時，波蘭議會隨即為科拉科夫斯基默哀一分鐘，而華沙大學的校長卡塔辛娜‧哈瓦辛卡‧馬楚科夫也是在悲痛中又透著幾分自豪地說，「這不僅是波蘭的，而且是世界的巨大損失。」

這一點，在我看來應該是特別重要。也就是說，儘管當我們閱讀他在各時期的著作時，總難免會產生不一而足的反應，儘管我們針對他進行跨文化閱讀的時候，也確實應當基於本土的經驗來進行利用，但無論如何，對於一位在不同的國度形成其思想的學者，還是應當首先去尊重他本國人民的判定，並且在這個基礎上再形成自己的判斷。要知道，這位後來雖已享譽國際的科拉科夫斯基，畢竟首先屬於他那一方特定的水土，畢竟是既脫身於、又服務於自己祖國的語境，所以，相比起任何外在的、難免有所隔閡或偏向的視角，他本國人民的看法都會更加圓融而周到，都更能體察他本人的痛苦感受與內心追求，也都更能全面地權衡各個方位的因素。在這個意義上，任何想要對之越俎代庖的結論，無論是來自哪個陣營或哪個派別，也無論是在冷戰前還是在冷戰後，就算還未流於隔靴搔癢和

簡單粗暴，畢竟也只具有第二等的參考價值。

　　當然，這麼說絕不意味著，我們在閱讀外國學者的著作時，就不能得出需要同他切磋的看法了。比如，當我們讀到科拉科夫斯基的後期時，肯定會關注到他又盪回了形而上學的立場：「科拉科夫斯基在《形而上學的恐怖》一書中深入地探討了關於絕對的問題。在此，科拉科夫斯基捍衛被傳統踐行的哲學，在他看來，哲學的科學化的普遍趨勢不應該抹去它的合理內核，即形而上學。他注意到這樣一種事實，即通過追問關於真理、存在與不存在、善與惡、自我與宇宙、有限與無限這些問題，形而上學已經成為幾千年來文化的一個無法消除的部分。科拉科夫斯基指出：只有當人們假設絕對存在的時候，尋求最終的基礎以及探究真理才是正當的。」[2]

　　更有甚者，如果再順藤摸瓜地向上追溯，我們還能從他那裡發現一條可以說是「反孔德」的思路。具體而言，如果以往那位實證主義鼻祖曾經認為，人類思維發展的一般公式乃是「宗教神學→形而上學→實證科學」，那麼，現在科拉科夫斯基就正好把它反轉過來，由實證主義的缺陷而上溯到了形而上學，又從形而上學的內核而上溯到了宗教本身。正因為這樣，他不僅在《理性的異化》一書中描述了形而上學是怎樣被驅出前門又溜進後門的，還更在另一本《日常生活箚記》中以十足「反尼采」的口氣寫道：「如果上帝死了，除了一個吞噬我們和消滅我們的冷漠的虛空外，沒有什麼東西會留下來。我們的生活和我們的勞作不會留下什麼痕跡；只有質子和電子的無意義的舞蹈。宇宙既不期望什麼也不關注什麼；它沒有什麼可為之奮鬥的目標；它既沒有獎賞也沒有懲處。無論誰說，

2　馬雷克‧西科拉，〈波蘭馬克思主義思想的演進：以萊澤克‧科拉科夫斯基的哲學為例〉，紀逗譯，《學術交流》，2015年第7期。

上帝不存在而一切安好，這都是自欺欺人。」[3]

　　這使我們不由聯想起了索爾仁尼琴的晚年，此公也同樣是早年捲入了布爾什維克運動，晚年又像科拉科夫斯基一樣返回了宗教。雖則說，在這種朝向原有精神傳統的晚期回潮中，多少都有出於「兩害相權取其輕」的無奈，正如「在索爾仁尼琴那裡，雖說沙皇時代的俄國，和普京時代的俄國，也未見得就怎樣的好，然而相形之下，卻只有史達林時代的蘇聯，和葉利欽時代的俄國，才是千真萬確地糟透了」[4]，可即使如此，對於像科拉科夫斯基這樣的、早年曾以批判基督教哲學而聞名的學者來說，這思想的彎子還是轉得過於突兀、過於戲劇化了。尤其是，如果照我們這個「無宗教而有道德」的現世主義文明來看，或者說，如果照我們這些還掌握著其他文明選項的學者來看，似乎也沒見到他對這種很考驗邏輯的思想陡轉，給出過真正令人信服的解釋或論證，——比如到底是為了什麼，一旦他意識到了從前立場的局限性，就再也看不到以往立場的合理一面了；或者反過來說，一旦他意識到了現在立場的合理性，就再也看不到當下立場的局限一面了？

　　由此就可以說，即使只是跟他本人對於馬克思主義的剖析相比，這種徹底倒回宗教的保守立場也是構成了尖銳的矛盾；可再反過來想，當年卻又正是由於科拉科夫斯基在這方面的深度剖析，才促使他逐漸脫離了這種在他看來仍然具有「宗教功能」的思想：「馬克思主義所產生的影響，並不是由於其科學性而導致的結果，也不是其科學性的證明，而幾乎完全在於其預言的、空想的和非理性的

3　萊澤克・科拉科夫斯基，《自由、名譽、欺騙和背叛：日常生活劄記》，唐少傑譯（哈爾濱：黑龍江大學出版社，2011），頁89。

4　劉東，〈苦痛生珠〉，《思想的浮冰》（上海：上海人民出版社，2014），頁248。

那些方面。馬克思主義是一種具有盲目信念的學說,他相信普天同
樂的天堂就在眼前等待著我們。馬克思和他的追隨者的一切預言幾
乎都已經被證明是錯誤的,但這不妨礙對信仰的精神上確信,因為
這種確信完全是建立在心理學基礎上的。在這個意義上馬克思主義
起著一種宗教的功能,它的作用具有宗教的特徵。所不同的是它把
其世俗末世學表述為一種科學的體系,而宗教的神話沒有這種意
旨。」[5]

　　當然即使如此,我們還要在某種程度上提出「同情的理解」。
比如,儘管他的後期思想同前期立場相比,不光是矛頭所指的批判
對象,就連由之發出批判的立場基點,都已經發生了一百八十度的
掉轉,然而科拉科夫斯基卻從未喪失他的鋒芒,而這種思想上的鋒
芒,又總是對準他從當下所看到的緊迫問題。所以,如果他曾經以
「社會主義不是什麼」來批判昔日的波蘭,那麼像他後來寫出的下
述語句,儘管也許同樣會有些當今波蘭的影子,卻更針對著他後來
從西方看到的現代性。——在這一點上,他也是像極了來到西方以
後的索爾仁尼琴:「苦難總是存在的,但是看來只有在現今它成為
這樣一種反對上帝的明顯強制性的論證。很難說,這是否因為苦難
在今天比以往多。也許,我們只是感覺苦難更多:的確今天我們傾
向於認為,所有的苦難都是不公正的。然而,這都是我們無信仰的
結果,而不是我們無信仰的原因。」[6]

　　耐人尋味的是,儘管他在前期和後期寫下的作品,也都各有它
的文化功能和熱心讀者,不過要是在我看來——也許同樣是在整個

5　黃繼鋒,《東歐新馬克思主義》(北京:中央編譯出版社,2002),
　　頁82-83。
6　萊澤克・科拉科夫斯基,《自由、名譽、欺騙和背叛:日常生活劄
　　記》,頁92。

學術界看來——他最稱輝煌的學術迸發期，卻偏巧是出現在他從前向後的轉折中。那轉折是發生於1970年代，而如果讀者們此刻還記得，科拉科夫斯基正是於1968年去國的，那麼也就不難由此而想像到，那轉折是發生在他流亡生涯的初期。——正是在那樣的轉折期中，舊有的問題意識還未曾淡忘，新的文化危機感還尚未結成，卻又欣逢了可以自由發言的寬鬆場景，所有這一切條件的因緣湊合，就激發出了他生平最重要和最富成果的一次寫作。

　　換句話說，如果根據我個人的閱讀體會，科拉科夫斯基雖可說是著作等身，但他最具創造性的那次學術寫作，卻只是發生在他流亡生涯的最初十年；而且，整個國際學界也是最急需他在這方面的學識。儘管這次歷時十年之久的艱苦寫作，對他本人更像是一次理論上的自贖，儘管我們也應該平心而論地承認，他此後仍在孜孜不倦地有所求索與斬獲，但此間的寸勁卻微妙地表現在：如果一個人不是曾經堅定地相信過馬克思，那麼他就不會對這種主義下過如此之苦功，於是他也就不會具備如此深湛的學識，來對它進行從源到流的、百科全書式的寫作；但反過來，如果一個人畢生都始終如一地相信馬克思，那麼他也就生不出這樣的意識和膽力，要對這種主義進行如此勇敢而透徹的清點。

　　說到這裡，話題也就自然進入了科拉科夫斯基畢生的扛鼎之作——《馬克思主義主要流派》。

（三）

　　其實，如果並無特別的出彩之處，那麼前文中所反映的作者印象，也可以說是非常的常見和老套，無非是早年激進、晚年老成罷了，就像一位德國友人曾對我講過的那個西方笑話——他本人也是

從嬉皮士演變成了雅皮士的——「一個人如果在30歲之前不信馬克思，那麼他可以算一個傻瓜；但一個人如果到了30歲之後還信馬克思，那麼他可以算一個更大的傻瓜！」

可科拉科夫斯基的與眾不同之處，剛好就出現在這個由年輕轉向年邁、從激進轉向保守的過程中。——當他想要仔細清點一下馬克思的思想、也藉機清點一下自己頭腦中的學識時，竟以深厚的學力和堅韌的毅力，費十年寒窗之功去寫下了這套大書。而從此之後，我們就幾乎可以這樣說：一方面，無論人們怎樣評價馬克思的功過，總歸都要把他的思想的萌生和發展，以及此後的傳播與影響，視作過去一百年多年最為重要的歷史事件；另一方面，無論人們在讀罷科拉科夫斯基之後，會就他的具體判斷發表怎樣的議論，總歸都要把他所寫的這套大書，視作該領域中最重要的必讀書之一。

我本人在求學的大學階段，也曾低首下心地修習過「馬哲史」課程，還確實遇到了該領域中的公認名師。所以，從自己受過訓練的眼光出發，可以從這部書的字裡行間會心地覺察，當科拉科夫斯基剛開始醞釀這部書、起碼是它的第一卷時，他大概還是自認作一位馬克思主義者的，至少是那種「修正」意義上的馬克思主義者，或者用他自己的話說，是一位「人道主義的馬克思主義者」。所以，情況看起來很可能是，早在他求學和教學的前期生涯中，那些針對馬克思主義基本原理的疑難，就已經由他向自己的老師、再由他的學生向他自己，不厭其煩地反覆提出來了。——只不過，他那時更願扮演這類論辯的正方，而且他後來也利用過這樣的教案；可是，越寫到後來他就越是對之起疑，從而也就越想去扮演論辯的反方了。

當然即使如此，科拉科夫斯基也並非在進行全盤否定。比如，他在嚴厲檢驗了歷史唯物主義的種種疏失之後，也沒忘記再留給這種方法一些好評，而我們也都知道，他又轉而指出的那些思想特質，

也正是馬克思在當今的社會學中，仍有資格去跟涂爾幹和韋伯一道，被尊為「三位一體的神靈」的基本支點——「不過，這些話都不表示馬克思的考察歷史的原則是空洞的或是沒有意義的東西。正相反，那些原則深深地影響了我們對歷史的瞭解，很難否認假使沒有馬克思，我們的研究工作就不如目前情況完備而精密了。舉例說，把基督教的歷史說成關於教條和教義的解釋的思想認識鬥爭，還是把教條和教義的解釋看成受各類歷史偶然情況及歷代社會鬥爭所支配的基督教社會的生活的表現，二者有本質不同。可以說，雖然馬克思常常用激進而不能接受的理論套子表達他的思想，但是他整個改變了思考歷史的方式，作出極大貢獻。」[7]

另外，也正由於這套書的知識脈絡，原是來自專業化的馬克思主義課堂、特別是馬克思主義哲學——以及國際共產主義運動史——的課堂，只是到了後來痛下決心的系統清理中，作者才逐漸開始消極評判正在論述的對象，我們才會從這部書所展示的功力中，看出這屬於「登堂入室」後的叛逆和否定。正因為這樣，即使是不能或不許贊同他的人，也同樣不得不坦率地承認，科拉科夫斯基是相當用功和驚人淵博的。可以再拿手邊的例子來對比一下：即使是那些生活在西方發達國家、而又傾向於左翼激進思潮的後生，比如就說那位曼徹斯特大學的伊格爾頓，雖有勇氣去頂著「歷史終結」的壓力，剛又寫出了新作《馬克思為什麼是對的》[8]——那在英文語境中可以算作對於科拉科夫斯基的正面反駁——只可惜這本薄薄的小冊子，卻因為行文大而化之而遭到了廣泛的非議。所以，如

7　萊謝克·科拉科夫斯基，《馬克思主義主要流派》，馬元德、張金言、高銛等譯，第一卷（華夏出版社1988年一校校樣），頁396。
8　參閱特里·伊格爾頓，《馬克思為什麼是對的》，李揚等譯（北京：新星出版社，2011）。

果要讓他來跟科拉科夫斯基比試一下，看看誰在馬克思主義學上的功底更深，那麼他肯定會自知不是後者的對手，說不定相比之下只能算個「文藝青年」了。

正因為這樣，我們在這個篇幅已被限定的序言中，也就不必針對一套如此卷帙浩繁的著作，去逐條地進行概括與判定，以說明科拉科夫斯基到底講了什麼，以及他究竟講得對還是不對。事實上，一篇譯序並不應承擔這樣的責任，甚至在我所主編的各種翻譯叢書中，還從來都不鼓勵過於實質性的譯序，以免干擾人們到閱讀中去自行判斷。——只是話又要說回來，無意去多談自己的相關判斷，並不意味著我就沒有自己的判斷；恰恰相反，凡是我的大學同窗都可以作證，我從那時起就圍繞著很多類似的問題，跟權威的老師進行過長久的激辯，而且當時那種思想交鋒的激烈程度，一旦過了八十年代就變得無法想像了。但畢竟，任何諸如此類的具體判定，不管它屬於哪種傾向或立場的，不管它是想要「左袒」還是「右袒」，都必然引發無窮的延伸討論，而這注定又是一篇序言所無法容納的。

於是轉念來想，針對科拉科夫斯基的這套大書，我們就不妨抱有這樣的閱讀心態：一方面要看到，這裡首先有著他基於自己深厚的學力，而對馬克思主義所進行的思想史綜述或探討，其中展示了這種思想在各方面的求索、辯難與困惑；另一方面也要看到，這裡又有著他基於自己的實踐與際遇，而對馬克思主義及其流派所進行的追蹤與取捨，其中反映了他那個時代的特定經驗與關切。所以，不管人們讀到後來能否同意他，都應當首先去仔細地傾聽他、乃至同情地理解他。而只有在達到了這一點之後，人們才可以再基於自己的現有學力，來檢驗他所做出的具體學理闡發，並基於自己本身的親身生活經驗，來核對他所做出的一般價值判斷。——無論如何，上述兩方面既在內容上互有關聯，又可以在心理上相對獨立。所以，

只要人們懂得並善於進行閱讀,那麼,他這部大書就足以吸引讀者像走在山陰道上一樣應接不暇,不斷地有所印證、驚喜與體悟,從而也就總會對自家的思想有所啟迪,不管他們在各自開動了腦筋之後,會分別去得出怎樣不同的具體結論。

當然,即使已經認識到了這一點,還是要約略提示書中的思想方法,以及這種方法對於我們的應有啟示。——比如,這套書劈頭所講的第一句話,即「卡爾‧馬克思是個德國哲學家」,雖然乍看起來是再平淡沒有,然而在我看來卻是相當的要緊,可以起到開宗明義、正本清源的作用。換句話說,「德國哲學家」這寥寥幾個字,就足以包含既獨特、又深遠的語義,它足以讓善於閱讀的、思想活躍的人們去聯想到:正如那位尼采也同樣是一個「德國哲學家」,而且他的哲學也包藏了「高效炸藥」一樣,身為青年黑格爾派的、性情濃烈似火的馬克思,一旦像操控著核子裂變一樣,也把蘊藏在黑格爾哲學中的能量,全部都釋放到了現代社會之中,那麼,此後的歷史效應也一定是極其驚人的。

此外,儘管後來有人非議過科拉科夫斯基,說他只不過關注了馬克思的哲學,而對於他的經濟學就興趣不大。然而在我看來,正是開頭的「卡爾‧馬克思是個德國哲學家」這句話,其實已經預先堵住了這類的非難。既然他從一開始就是把馬克思所發揮的思想,主要地看成了一種思辨的哲學,而我們也只有由此出發,才能理解他對馬克思主義經濟學的態度。因為他基本上並未將其視作經濟的科學,而只是視作一種哲學思辨的驗證或延伸,以及一種用以進行社會批判的方便武器:

　　馬克思的價值理論當作對經濟現象的解釋,不符合科學假說的一般條件,特別是可反證性,不過,倒也可以根據一種不同觀

點為這個理論辯護，把它看成哲學人類學（或者照讓‧饒勒斯
的說法，社會形而上學）的理論，是異化理論的引申，打算表
示社會生活的一個對歷史哲學有重要意義的特色，就是人的技
巧和努力一轉變成商品，就成為傳遞貨幣的抽象媒介，要服從
生產者不能控制的市場的客觀規律，那麼，價值理論便不是對
資本主義經濟運轉情況的解釋，而是對一種「一切都出售」的
制度下客體的非人性化，因而還有主體的非人性化的批判。根
據這種看法，這個理論是對受金錢力量奴役的社會的浪漫風格
抨擊的一部分。[9]

　　值得關注和深思的是，一旦從德國哲學家這個特定的身分入
手，科拉科夫斯基就得以沿著更為曲折而漫長的「路徑依賴」，去
發掘更為隱晦而深密的文化追求，而不必再像以往的臆斷解說那
樣，非要從越來越「科學化」或「公理化」的、其實也就是越來越
簡單化的教條出發，認定馬克思已經斷然拋棄了自己的早期思想，
或者換句話說，是基本上斬斷了潛藏在自己心中的「文化之根」。
不管是出於什麼樣的考慮——很可能就是為了堵住人道主義的「修
正」解釋——這類的解說後來竟然越演越荒謬，幾乎總要推導出或
暗含著「馬克思在反對馬克思」的結論；而且，這樣的馬克思還不
光在反對自己的1844年手稿，也同樣在反對自己的1857-1858年手
稿，乃至自己的1862-1863年手稿，甚至就連《資本論》的相關段落
也照樣嫌它不夠成熟。
　　無論如何，如果陷於這樣的理論迷宮而不能自拔，那麼鑑於他

9　萊謝克‧科拉科夫斯基，《馬克思主義主要流派》，第一卷（1988
　　年一校校樣），頁354。

對馬克思著作的熟悉程度,科拉科夫斯基下述串講就很值得聽取了:

> 隨著馬克思逐漸認清了政治現實,他就比較關心組織革命而不
> 那麼注意描繪理想社會,更不要說照傅立葉等人的做法,規劃
> 實行中的共產主義的詳情細節了。所以,他比較注意的是階級
> 鬥爭而不是社會末世論,然而,離了那種末世論整個階級鬥爭
> 理論就沒有意義,所以馬克思終生死守住他在1844年所提出的
> 共產主義基本前提。他相信在階級鬥爭中講求普遍的人類利益
> 是無用的,要只講受壓迫者的利益。後來,特別是在《哥達綱
> 領批判》裡,他把初期的、否定性的革命後階段跟未來的一統
> 社會明白區分開。可是,那種社會的前景繼續留在他的心念中,
> 這一點例如從《資本論》第3卷可以看出來,而且這個前景同階
> 級鬥爭或同如下信念並不是不一致:無產階級由於維護本身的
> 階級利益,會成為全人類的解放者。[10]

不待言,如果僅就個人的性情而言,我會更貼近於自己剛剛論
述過的伯林。他不僅一輩子都在發展和調適著,還坦然地承認自己
思想的「未完成狀態」,這在我看來總是更符合人類認識的規律[11]。
可無論如何,卡爾・馬克思卻並不是這樣的性情,他在26歲時就寫
下了著名的《巴黎手稿》,在27歲時就寫下了經典的〈費爾巴哈論
綱〉,而從此就投身於激烈的思想論戰中,並主要是在澄清別人如
何與自己思想的不同。也正因為這樣,如此驚人「早熟」的思想反

---

10 萊謝克・科拉科夫斯基,《馬克思主義主要流派》,第一卷(1988
   年一校校樣),頁186-187。
11 參閱以賽亞・伯林、貝阿塔・波蘭諾夫斯卡─塞古爾斯卡,《未完
   的對話》,楊德友譯(南京:譯林出版社,2014),頁100、155。

而就更有跡可循，而且他在這方面留下的蛛絲馬跡，還準會包藏在他早年的教育、包括文化的耳濡目染之中。正是基於這樣的考慮，至少從我本人的理解出發，科拉科夫斯基的相關解說就更能顯出說服力，因為他和蘇東官方的僵化教條不同，不是更強調馬克思在思想上的「斷裂性」，而是更強調他在思想上的「連續性」。——這裡的潛臺詞毋寧是，誰能理解多少馬克思的真諦，那自然可以是他自己的事，但他卻不能只因自己的不理解，就非要把馬克思本人給肢解開來。

更具體地說，這種「連續性」不僅表現在馬克思作為個人的前期、中期與後期中，連他寫作《資本論》也是為了人本主義的終極目的；也同樣表現在馬克思所屬的那個社會、國家與文明傳統，所留給他本人的既深刻又隱秘的、有時就連自己都不能明確意識的「前理解」中。我們看到，正是在這類踰出知識常規的地方，科拉科夫斯基才顯出了他那超常的學術功力，甚至就連他在神學史方面的專門學養，都被相應調動起來並發揮了作用。他在這本書中，引領著讀者去從遙遠的古代思想開始，讓他們經由中世紀的神學辯證法而瞭解到，很多後來被歸到黑格爾名下的玄奧理論，包括有名的「異化」和「否定之否定」的思想，如果再放寬眼界就都是其來有自的。正因為這樣，《巴黎手稿》中所提出來的那個激動人心的歷史終點，即同時實現了「自然主義的人本主義」和「人本主義的自然主義」極境，當然就是沿著漫長的文明軌跡才能抵達的，而且那個過往文明的單位還不是單數、而是複數，——也就是說，無論是馬克思還是他的老師黑格爾，在其思想的深處都隸屬於兩希文明，即共同作為西方文明來源的希臘與希伯來。

由此一來，此間有點纏繞的問題就表現為，一方面，此後處於社會實踐中的人類動機，當然是在為了那個「歷史的終點」而奮鬥，

而且這個作為「科學+社會主義」的終點，又主要是被馬克思所天才地（或早熟地）思考出來的；但另一方面，專門回顧這種社會運動的思想史，卻又必須更深一層地去嘗試詢問，對於那位作為年輕思想家的馬克思來說，他當年進行這種思考的內在動力是什麼，或者說，他當年心中的靈感究竟來自什麼地方，以及他當年又為何要朝那個方向去思考？我們看到，正是沿著對於思想動機的這種追問，科拉科夫斯基找到了自己的獨特解答：他到了本書第一卷的最後幾頁中，依次提出了馬克思主義的「三大主題」，即「浪漫主義主題」、「浮士德─普羅米修士主題」和「唯理主義的和決定論的啟蒙運動主題」，從而令人印象深刻地回答了這個深邃問題。

為了能把思緒收攏回來，科拉科夫斯基還總結性地寫道：

> 馬克思的全部思想可以用這三種動機及其相互關係來解釋。可是，這三種動機跟老一套講法即馬克思主義的三個「來源」是不一致的。浪漫主義傾向分別來自聖西門、赫斯和黑格爾；普羅米修士米主義傾向來自歌德、黑格爾及青年黑格爾派的講實踐與我認識的哲學（人看作自己的創造者）；決定論和唯理主義傾向來自李嘉圖、孔德（馬克思嘲笑他），也來自黑格爾。**三種動機都受黑格爾思想的影響**，但是在所有這三種動機中黑格爾的思想都發生轉變，離開他的用意。[12]

可想而知，這種解釋既是高屋建瓴的，和相當匠心獨運的，也是會引發熱烈討論、乃至激烈爭論的。可無論如何，沿著在前文中

12　萊謝克・科拉科夫斯基，《馬克思主義主要流派》，第一卷（1988年一校校樣），頁446，著重號為引者所加。

留下的那個伏筆，我們到這裡總可以會心地理解，也只有當科拉科夫斯基走筆至此了，他才算是完全落實了本書的第一句話，即「卡爾‧馬克思是個德國哲學家」。

說到了這裡，我自己也不免有些技癢，想對此再進行一些順勢的發揮。由上一個問題牽引過來，另一個纏繞的問題又表現在：一方面，沿著費爾巴哈和青年黑格爾派的思路，馬克思所創造的歷史唯物主義，當然是要把「宗教」批判為一種「虛假意識形態」，而憑靠著這種批判的武器，他幾乎是一眼就看透了宗教的來歷與歸宿，認為它注定要和一切建立在私有制之上的上層建築一樣，隨著階級對立與階級鬥爭的消亡而最終消亡。我們也都知道，馬克思這個及早就已形成的思想，也是相當早熟地就表達在他的《巴黎手稿》中：

> 宗教、家庭、國家、法、道德、科學、藝術等等，都不過是生產的一些特殊方式，並且受生產的普遍規律的支配。因此，私有財產的積極揚棄，作為對人的生命的占有，是一切異化的積極揚棄，從而是人從宗教、家庭、國家等向自己的人的即社會的存在的復歸。宗教的異化本身只是發生在人內心深處的意識領域中，而經濟的異化則是現實生活的異化，——因此異化的揚棄包括兩個方面。[13]

另一方面，儘管馬克思基於歷史唯物主義的邏輯，明確指出過「現代猶太人的生活不能以他們的宗教（好像宗教就是一種特殊的

---

13 卡爾‧馬克思，《1844年經濟學—哲學手稿》（北京：人民出版社，1985），頁78。

孤芳自賞的本質）來解釋：相反地，猶太教的生命力只能用虛幻地反映在猶太教中的市民社會的實際基礎來解釋」[14]，然而有意思的是，我們沿著方才科拉科夫斯基的論述方向，卻又能針對著這位現代的猶太思想家，聯想到一種幾乎完全反轉過來的思路。也就是說，既然連剩餘價值學說本身，都只是被發明出來的社會批判武器，而意在去凸顯「異化」和踐行「哲學人類學」，那麼，似乎也可以從猶太人的古老宗教中，或者從他們充滿平等主義理想的格言——「人們手和腦的功能是不同的，但人們胃的功能是相同的」——中，同樣尋繹到歷史唯物主義的隱秘起源和初始動機。換句話說，在所謂「科學社會主義」的話語中，作為「科學」理論的歷史唯物主義，它的初始目的仍不過是為了實現社會主義的初級「平等」，以及實現共產主義的更加「平等」。所以這一層隱秘的關係，也正如我剛在其他文章中指出的，「如果看穿了的話，這裡發生的事實無非是，亞伯拉罕宗教的某種意識，又轉而促使人們反過來利用達爾文的學說本身，創造出新型的、以『進步』歷程來驗明正身的，並且以『歷史』名義來自我展現的『絕對』。」[15] 有趣的是，也許就是在這樣的意義上，不光是早期馬克思的隱秘心理，就連晚年科拉科夫斯基朝著宗教的回潮，也都顯得不那麼出乎意外了。

　　與此相連，又牽出另一種問題的纏繞，那就是歷史唯物主義會不會「失效」的問題。一方面，我們都知道，馬克思跟很多主張社會主義的同時代人的主要區別，就在於他並沒有把「不以個人意志為轉移」的歷史進步，寄託在對於人類自身「善良意志」的空洞想

14　卡爾·馬克思、弗里德里希·恩格斯，《神聖家族》，《馬克思恩格斯全集》，第二卷，頁14。

15　劉東，〈進化與革命：現代中國的思想丕變〉，《讀書》2016年12月號。

像或徒然喚醒上。當然，這裡所謂「不以個人意志為轉移」，又並
不意味著不再需要個人的行動了；正相反，正如晚年恩格斯就此所
寫到的，至少在歷史的這個異化了的現有階段，反而要利用人類個
體的不自覺的「惡性」──「有人以為，當他說人本性是善的這句
話時，是說出了一種很偉大的思想；但是他忘記了，當人們說人本
性是惡的這句話時，是說出了一種更偉大得多的思想。」[16] 這當然
屬於對歷史唯物主義基本原則的闡發，而與此同時，恩格斯也是既
老實又明白地指出，這種對於「性惡論」的歷史性利用，絕對是受
到了黑格爾辯證哲學的啟發：

> 在黑格爾那裡，惡是歷史發展的動力的表現形式。這裡有雙重
> 意思，一方面每一種新的進步都必然表現為對某一神聖事物的
> 褻瀆，表現為對陳舊的、日漸衰亡的、但為習慣所崇奉的秩序
> 的叛逆，另一方面，自從階級對立產生以來，正是人的惡劣的
> 情欲──貪欲和權勢欲成了歷史發展的槓桿，關於這方面例如
> 封建制度和資產階級制度的歷史就是一個獨一無二的持續不斷
> 的證明。但是費爾巴哈就沒有想到要研究道德上的惡所起的歷
> 史作用。[17]

　　另一方面，同方才所講的「科學」要服務於「平等理想」的動
機相連，鑑於這種理論自身的發明動機與工具特徵，我們又不免要
聯想到，就連在《德意志意識形態》中提出來的、堪稱最為基本的

16　弗里德里希‧恩格斯，《路德維希‧費爾巴哈與德國古典哲學的終
　　結》，《馬克思恩格斯選集》，第四卷，頁233。
17　弗里德里希‧恩格斯，《路德維希‧費爾巴哈與德國古典哲學的終
　　結》，《馬克思恩格斯選集》，第四卷，頁233。

歷史唯物主義原理，似乎也都是有其時間限制、而且過期就理應「失效」的。無論如何，我們也不能想像到了共產主義社會，人們還會只具有那種「虛假意識形態」，或如俗話所說的是由「屁股決定思想」。正如科拉科夫斯基在書中所設想的：

社會存在決定意識這條準則，可以看成是「意識與意識生活同一」這條廣義的準則的特例，這樣一個特例適用於以往全部歷史，在以往歷史中人類活動的產物變成了支配歷史的獨立力量。等這種支配一終止，社會發展服從人的有意識決斷，情況就不再是「社會存在決定意識」，但仍然是，意識是「生活」的表現，因為這條原理是認識論的原理，而不是歷史哲學的原理。[18]

由此看來，就算有著黑格爾的善惡二元論可資倚靠，但馬克思畢竟還是一位社會主義者，所以歸根到底，他還是不能把性惡視作人類的真正本質，而充其量也只能將其視為向著性善復歸前的短暫迷失；此外，馬克思的學說畢竟又來自大陸理性主義，故而會更傾向於和指望著人類氣質的變化，由此，儘管他的歷史預設已被經驗社會學所採納，並且由此而給他帶來了身後的榮譽，但這種姑且從性惡出發的唯物主義理論，在他自己的心理中卻只能被視作人類「史前史」的規律。

好了，儘管信手發揮起來不免興趣盎然，可惜我在這個單元已經逗留太久了，以致都快要用完編輯所限定的篇幅了。因此，雖然相關的話題講起來會沒完沒了，但我寫到這裡也就只有戛然打住了。

18　萊謝克·科拉科夫斯基，《馬克思主義主要流派》，第一卷（1988年一校校樣），頁371。

（四）

　　還有一件事情，也是拿歷史唯物主義很難解釋開的，那就是一直在困惑著人們的、當代中國社會的「變與不變」的問題。一方面，如果從經濟起飛的角度來看，正如我曾經撰文指出過的：「尤數晚近幾十年來所發生的變化，其速率之快，為時之長，幅員之廣，和涉及人口之多，不要說在中國自身的歷史上了，就是在整個人類的文明史上，恐怕都從未有過這樣的先例。」[19] 可另一方面，儘管當代中國的這種快速經濟發展，肯定會給整個世界文明史帶來持久的影響，而且，恐怕也業已給整個地球生態圈帶來了劇烈的衝擊，然而，在中國自身的經濟基礎與上層建築之間，卻並未發生從理論上本當預期的相應變化，而它對於意識形態的威權式管控，則主要還屬於計劃經濟風格的。

　　於是，同樣令人困擾的是，單就本文所要交代的話題來講，也正由於上層建築與意識形態的相對不變，儘管大陸學者早從1980年代以來就下功夫陸續譯出了這部書的兩個譯本，然而這部研究馬克思主義的重要參考書，卻遲遲都不能跟讀者們見面，使我們甚至會懷念起文革時期的「內部出版」來。而不無諷刺的是，倒是科拉科夫斯基此前此後的其他著作，卻有不少都已經被翻譯和印行了出來。這就好比是既在熱心研究曹雪芹，卻又根本不能讀到《紅樓夢》，或者是既在熱心研究勞倫斯，卻又根本不能讀到《查泰來夫人的情人》。從這個意義來講，科拉科夫斯基這部巨著在當代中國的命運，

19　劉東，《再造傳統：帶著警覺加入全球》（上海：上海人民出版社，2014），頁228。

也是正好反襯出了我們這個社會的錯位狀況。

　　事實上，這部無論如何都是有其價值的著作，卻又經年累月地不能正常出版，這不光讓其他專業的學者為之搖頭，就連最熱心於此道的馬克思主義學者，也都曾經公開表示過內心的焦急。比如衣俊卿就在前述的那篇〈總序〉中指出：

> 以科拉科夫斯基《馬克思主義的主要流派》為例，他在這部著作中對不同階段的馬克思主義發展進行了很多批評和批判，其中有一些觀點是我們所不能接受的，必須加以分析批判。儘管如此，它是東歐新馬克思主義影響最為廣泛的著作之一，如果不把這樣的著作納入「譯叢」之中，如果不直接同這樣有影響的理論成果進行對話和交鋒，那麼我們對東歐新馬克思主義的理解將會有很大的片面性。[20]

　　正因為這樣，我們深盼在他主編的《東歐新馬克思主義譯叢》中，能早日看到我的同事唐少傑參與譯出的另一版本。

　　也因為這樣，儘管人們常用馬克思在《萊茵報》時期的一段話，來對照眼下這種相當被動的輿論環境——「你們讚美大自然令人賞心悅目的千姿百態和無窮無盡的豐富寶藏，你們並不要求玫瑰花散發出和紫羅蘭一樣的芳香，但你們為什麼卻要求世界上最豐富的東西——精神只能有一種存在形式呢？」[21] 但若進一步分析也不可否認，又正是馬克思本人的某些思想特點，才會使這本想要跳出他的

20　衣俊卿，〈東歐新馬克思主義譯叢總序〉，科拉科夫斯基，《走向馬克思主義的人道主義：關於當代左派的文集》，頁25。

21　卡爾‧馬克思，《評普魯士最近的書報檢查令》，《馬克思恩格斯全集》，第一卷，上冊（北京：人民出版社，1995），頁111。

立場來研究其思想的著作，在一個奉行馬克思主義的國家遇到了障礙。只不過，要是按照科拉科夫斯基的看法，這責任也不應由馬克思一個人承擔。比如他在書中又講到了，恩格斯如何跟馬克思顯出了「不同」，而列寧又如何對馬克思進行了「修正」等等。然而，如果想讓人們瞭解這些聞所未聞的情況，以便獲得更多的鬆動契機和參考視點，那也總要讓他們先有機會讀到此書才行吧？

　　無論如何，正是在這樣的僵局中，這部書的另一個譯本總還算是幸運的，而它的那一批譯者也應算是幸運的。在領銜工作的三位老譯者中間，即使是現已辭世的馬元德先生，也至少見過遠流版的第一卷，而張金言先生和高銛先生則都還健在，並馬上就要見到整部書的聯經版了。當然，在這裡必須特別提出，這種幸運首先要歸於錢永祥先生的功德，——自從我在一次會上順口提到了此事，並拜託他幫忙尋找一家合適的出版社，他就一直在熱心地牽掛著這部書，並終於說動了有名的聯經出版公司，從而實現了譯者心中久有的夙願。還要順便再交代一句，張金言先生在我攻讀博士的年代，正擔任著社科院哲學所的研究員，算起來恰是我當年的師長，而高銛先生也同樣任職於社科院，並曾為我的《人文與社會譯叢》貢獻良多，因此，只要能夠效勞我總應當義不容辭；而錢永祥先生雖與我見面不多，而我在同他論學時也曾不遑相讓，但他卻不僅讓我見識了儒雅與寬容，也讓我從他那裡看到了熱心與能力。

　　令人扼腕的是，如果「假設史學」在學術上是合法的，那麼，只要我們的前輩在跨過當年那個十字路口之前，哪怕再只多讀過科拉科夫斯基的這一部書，甚至只多讀過他這部書的第一卷，或許整部的中國現代史就足可重寫了。然而，這種「假設」畢竟也只是思想上的假設，而已然演成歷史的沉重事實則是，正由於人們當年讀到的書實在太少，尤其是，他們既未能在中學和西學之間求得平衡，

又未能到西方學術的內部——比如在理性主義和經驗主義之間、保守主義和激進主義之間、平等主義和自由主義之間、科學精神和人文精神之間——去求得平衡，由此才造成了德國的理論話語的一家獨大。而正是由於這個緣故，「即使只是從表面的事態來看，在某種迄今難知其詳的歷史語境中，這種『德國話語』的突然上升，既是跟共產主義的運動互為因果的，而又整整籠罩了中國的意識形態將近百年。所以，不管人們對於這種丕變的好惡如何，它在現代歷史中都具有著『惟此為大』的地位。」[22]

當然話說回來，雖然史學研究是可以假設的，但歷史本身卻又不能去假設。再者，我又在其他文章中平心地講過，即使如此歷史也未必就注定悲觀，因為縱然是在它的磕磕絆絆中，還是照樣「湧現出了各種各樣的志士仁人，他們雖有不同的傾向、專業與方式，也充滿了糾紛、辯論與爭鬥，卻總還足以去代表和統領民眾，讓中國逐步擺脫了被動挨打的局面」[23]。也正因為這樣，儘管回溯歷史時只能是舉手無悔的，可我們一旦向前去籌畫歷史，卻又可以去爭取未來的轉機。事實上，在上一代更具學術衝動的人們中間，還是頗有人曾經想要精心研讀馬克思的；而且，當年有關「真理標準」的熱烈討論，也曾以其令人振奮的解放效應，從這種思想的內部證明了它的彈性，從而相當程度地鼓舞過大家的士氣。

說到這裡，請允許我不得已而稍微跳躍一下。——無論如何，撇開那些曾經使人深感苦痛的、但畢竟仍然相對細小的歷史彎路，而以「長時段」的尺度來從大處著眼，那麼，我們綜觀當今這個小

22　劉東，《進化與革命：現代中國的思想丕變》。
23　劉東，〈〈齒痛〉到〈藥〉的變幻：那個時代的拿來主義〉，《道術與天下》（北京：北京大學出版社，2011），頁227。

小的星球，會發現那些較為貼近理想的區域如北歐，恰是由資本主
義和社會主義合力塑造的，而且，在那裡也不能說就沒有馬克思的
影子，當然也同樣包括曾經被他苛責的同道。所以，正如英國哲學
家雷蒙・高伊斯在他的近作中所說，政治研究還是要去聚焦於現實
政治，這尤其是因為它的規範性研究，總還是要源自具體的歷史的
權力形態，其中當然也包括來自意識形態的力量。由此，我們就應
當轉念這麼看，實則烏托邦衝動並不是要去試圖描繪完美的社會，
而是要去思考政治中的不可能，以及去表達那些在當今條件下無法
實現的、根深柢固的願望，並且去想像怎樣才能變革那些看似不可
改變的條件[24]。

　　我們基於這樣的認識，再回到科拉科夫斯基的案例上來，也就
不免要充滿遺憾地想到，如果當年不是克里姆林宮裡的官僚，對於
東歐的新馬克思主義進行蠻不講理的打壓，驅逐了這樣的「人道主
義的馬克思主義者」，而能夠兼聽則明、從善如流和因勢利導，那
麼，他們的社會或許就還會留有更多的活力，也不至於就這麼「一
條道走到黑」，乾脆讓整個體制完全銹蝕和咬死了，終竟在一夕間
就分崩離析地敗亡。由此看來，只弄幾個蕭規曹隨、死記硬背的工
程師去接續坐莊，他們不僅自己毫無理論上的素養、才能和興趣，
還蠻橫地不許人們越出雷池一步，從而讓這種思想失去了跟現實對
話的能力，和跟上歷史步伐的彈性，那才是最大程度地曲解和危害
了馬克思，──怪不得馬克思到了晚年竟會惱怒地說，反正他自己
「不是馬克思主義者」！

　　所以九九歸一，一方面，既然現代中國在遭遇西方的過程中，

24　參閱 Raymond Geuss, *Reality and Its Dreams* （Cambridge, MA:
　　Harvard University Press, 2016）.

反正已脫不開馬克思主義的路徑依賴，那麼，就無論如何都不能撇開或繞過它，相反倒要正襟危坐地研究它，包括從文化史、社會史和思想史的層面，對它進行真正富於學術價值的探討。而另一方面，則又必須清醒地意識此中的兩難，也就是說，既然馬克思本來是一位哲學家，那就理應以一位哲學家而待之，這可以說是對他最好的尊重和禮遇。只可惜，他的學說本身所帶有的那種爆炸性力量，以及由此所導致的一連串多米諾骨牌式的社會運動，卻又往往迫使人們不能以哲學家待之。因此，我們必須充滿辯證精神地看到：這樣的抬高，從另一側面來說卻又是貶低；這樣的尊崇，從另一側面來說卻又是輕慢；這樣的神話化，從另一側面來說卻又是悲劇性。

由此回想起，我在介紹史傅德教授（Fred E. Schrader）的成果時，曾經提及他以最觸手可及的材料，展示了馬克思本人的實際工作狀態，包括他那學者式的獨處生活、他的種種研究計畫、他的藏書與閱讀範圍，以及他種種的精神疑慮、理論風險和思想賭注。而由此一來，正是

> 這樣一位鮮為人知的馬克思，讀來竟更覺似曾相識，彷彿就忙碌在鄰近的哪間書房裡，正一邊書寫和塗改著讀書筆記，一邊構想和調整著寫作計畫。於是，跟這樣的一位馬克思，我們也就更能平心和平等地對話，既然他實不過跟我們一樣，都是在朝未知世界進行嘗試性的探險。[25]

——說白了：又有哪個真正的學者不是這樣，既像一位掉書袋

---

25 劉東，〈卷首語〉，《中國學術》雜誌，第19-20期合刊，北京：商務印書館，2005。

的學究，又像一名大無畏的鬥士，既充滿了澄清錯誤的精神，又充滿了汲取新知的渴望呢？

由此又回想起，當我前些年到特利爾大學去講學時，曾發現馬克思故居的留言簿上，十有八九竟都是用中文寫下的。那種情景至今都還歷歷在目。它最突出地表明瞭這樣一個堅硬的事實：至少是在名義上，如今把其他各國的馬克思主義者都加在一起，也不會有中國一個國家的多了。也正因此，即使馬克思對中國的現代化運動來說，也許只是個相對遙遠的「第一推動」力，但他仍將在這片土地上留下長長的影子。考慮到這一點，我也曾援筆在那裡寫下了——「我是作為一個人，來訪問另一個人」的留言。是啊，也只有把他當作一位可以攀談的人，而不是當作一尊不能平視的神，我們才能更加真切如實地瞭解他。而我們現在打開這樣一部艱深而厚重的著作，也正是想要通過科拉科夫斯基的介紹，來平心和平實地造訪這樣一個人，——當然還有我在這裡未及細談的，在這樣一個人身後的長長而重重的背影。

2016年2月17日下午於三亞灣・雙台閣

劉東，清華大學國學研究院副院長、人文學院哲學系教授；所治學科包括美學、比較文學、國際漢學、政治哲學、教育學，以及藝術社會學；發表過著譯作品近二十種；創辦並主持了海外中國研究叢書、人文與社會譯叢，及《中國學術》雜誌。

大陸新儒學的
魔幻與寫實

異想天開：
近年來大陸新儒學的政治訴求[*]

葛兆光

引言：從2014-2016年的三個事件說起

最近幾年，在中國大陸思想文化界有三個事件相當引人矚目。

第一個事件，是2014年某次群賢畢至的座談會，有人在會上聲稱「現代中國的立法者，既不是孫中山，也不是毛澤東，也不是章太炎，康有為才是現代中國的立法者」，並強力論證康有為對現代世界與中國各種問題的先知先覺，從而激起一種「回到康有為」的潮流[1]；第二個事件發生在2015年，原來還是同盟的大陸新儒家與台灣新儒家之間，出現了深刻分歧和激烈論戰，這場論戰先在新聞媒體上掀起，接著2016年初兩岸儒門學者在成都又舉辦了一個「兩岸

---

[*] 這是2017年3月在哈佛大學召開的一次「當代中國思想」討論會上的發言。需要說明的是，本文概括和分析的是當前某些急於介入現實政治的大陸新儒家呈現的整體取向，並沒有著意區分大陸新儒家內部的差異，也不涉及對儒家思想有認同或同情的其他學者，請讀者明察。

[1] 甘陽、唐文明等「康有為與制度化儒學」，《開放時代》2014年第5期，12-41頁，特別是16頁；又，可參看「東林會講：康有為與大陸新儒學」，《天府新論》2015年第5期，頁55-76。

會講」，從事後發表的長達81頁的紀錄來看，唇槍舌劍很有火氣[2]。
第三個事件是2016年，大陸新儒學的五大「重鎮」連袂出演[3]，在新
加坡出版了一本號稱是「重拳出擊」著作的《中國必須再儒化──
「大陸新儒家」新主張》，全面提出當下大陸新儒學的政治訴求與
文化理念[4]，不僅試圖給執政黨重新建立合法性，而且提出關於未來
中國的「通盤構想」，據稱這是「儒家自『文革』後第一次集體發
聲，吹響了復興儒學，回歸道統，儒化中國的集結號」[5]。

　　從2014年、2015年到2016年，所發生的這些事件自有其內在脈
絡，它們至少可以象徵三點：第一，大陸新儒學已經脫離港臺新儒
家的影響；第二，大陸新儒學關懷的中心，已經從文化轉向政治；
第三，大陸新儒學的領袖們，不再甘於在寂寞的學林中「坐而論道」，
而是要從幕後走到台前，挽袖伸臂參與國家政治與制度的設計。換
句話說，就是中國大陸新儒學不再滿足於「魂不附體」，而是要「借
屍還魂」。

　　這當然並不奇怪。自古以來，儒家都希望在廟堂裡為「帝王師」，
在政壇上「以經術緣飾吏事」，至少也要在祭禮中「端章甫為小相」。
只是近百年來，隨著新儒家漸漸融入現代社會，接受多元理念和現
代制度，不再提「罷黜百家」，也無法直接操控政治或者制度，因
此，這種直接「干政」或者「干祿」的意欲，在第一代、第二代甚

2　參看〈專題：首屆「兩岸新儒家會講」〉，載《天府新論》2016年
　　第2期，頁1-82。
3　即被稱為「大陸新儒家精神領袖」的蔣慶、作為「大陸新儒家發言
　　人」的陳明、號稱「著名社會活動家」的康曉光、被譽為「道德文
　　章韓潮蘇海大氣磅礴」的余東海和「當世通儒」的秋風（姚中秋）。
4　蔣慶、陳明、康曉光、余東海、秋風，《中國必須再儒化》（新加
　　坡世界科技出版社，2016）。特別參看頁162。
5　見《儒家郵報》264期（2016年6月19日）。

至第三代新儒家那裡，表現得並不明顯。可近些年來，大陸新儒家
高調宣布[6]，要從心性儒學走向政治儒學，要從文化建設轉到政治參
與，這讓很多學者感到愕然。當然，更讓人感到驚詫的，乃是他們
提的那些頗為驚世駭俗的政治設想：比如，他們提出大陸現政權要
有合法性，就必須要確立儒教為國教；又比如，他們認為現代國家
體制不合理，應當建立通儒院、庶民院和國體院；又比如，要改變
來自西方的政治意識形態，代之以儒家的「王官學」；再比如，要
求政府恢復儒家廟產，恢復儒家祭祀，把儒家經典閱讀作為中小學
教育基本內容等等。歸納起來，就是力圖建立一個政教合一的「儒
教國」。這些從口號、觀念到制度的論述和設想，改變了現代以來
新儒家——1949年以後是海外新儒家——的基本理念和追求方向，
使得大陸新儒家與自由主義、社會主義等一道，成為中國大陸思想
文化論爭，甚至是政治制度設計中的一個重要參與者。

　　「冰凍三尺非一日之寒」，回顧這一劇烈變化，我總覺得這一
現象並非突然出現；也許，它自有它的社會背景和歷史邏輯。為了
下面的討論更加簡明和清晰，我想把1980年代海外新儒家進入大
陸，到1990年代大陸新儒家與海外新儒家開始「分途」並「判教」，
2004年大陸新儒家終於乘勢崛起，差不多前後三十年的這幾段歷史
一筆帶過，直接從近年來海外新儒家與大陸新儒家的分歧，以及分
歧的焦點開始說起。

6　這一新儒學的政治轉向，最早當然是蔣慶提出來的，但在1990年代
　　他提出這一點的時候，尚未成為新儒學的潮流與共識，只是到了近
　　些年來，才越來越明顯。

一、「從思想立場上分道揚鑣」：嚴分夷夏的大陸新儒學

　　毋庸置疑，大陸新儒學是1980年代之後受到海外新儒家的啟發，才逐漸滋生起來的。過去，他們曾把海外新儒家稱作自己的「接引者」，所以，無論在思想資源還是學術脈絡上，應當說他們都是一脈相承，也是同氣相求的。可是，在2011年的一次座談會中談到普世價值的時候，一位大陸新儒學的學者卻激烈地抨擊海外新儒家，說他們「很糟糕，沒思想，沒勇氣，沒出息」[7]。

　　他用這樣決絕的語氣表達他的不屑和輕蔑。然而，這種不屑和輕蔑卻讓台灣的新儒家學者相當反感，覺得這簡直是「沙文主義情緒」。台灣新儒家學者李明輝不僅在大陸新聞媒體上發表談話進行批評，並且在後來的兩岸儒家對話中當面質問，「用這種口氣談問題，誰能同你對話呢？」[8]可是，其實這些台灣學者並不明白，正所謂「舍筏登岸」或「得魚忘筌」，這時的大陸新儒學，已經不需要靠他們接引，也不需要與他們對話了。大陸新儒學要對話的「對手方」已經轉移。他們不像過去海外新儒家那樣，需要借助西方哲學解讀儒家思想，也不需要認同「普世價值」和「民主制度」了，因為他們覺得，過去的啟迪者們「有太多這類普遍主義的話語，總是強調儒家與西方文化共通的哪些方面」[9]，這是有害的，而儒家就是

7　曾亦、郭曉東，《何謂普世？誰之價值？——當代儒家論普世價值》
　　（上海：華東師範大學出版社，2013），頁21。

8　〈專題：首屆兩岸新儒家會講〉，載《天府新論》2016年第2期，
　　頁9。

9　《何謂普世？誰之價值？》，頁8。還有一位學者說，海外新儒家
　　的問題，就是把儒家理想「僅僅放在內聖的層面來考慮，而且認同

要「攻乎異端，斯害也已」。所以，他們的口號是「拒斥西方，排
斥異端」[10]。

從努力發掘傳統中國的儒家思想與現代西方的普世價值之間的
共同點，到竭力劃清中國思想的和西方價值之間的界線，這是一個
很大的轉變——我的一個年輕朋友形容，這是從宣稱「你有的我也
有」到自誇「你沒有的我有」的變化——甚至可以說是基本立場的
轉變。在這裡，仍需簡略回顧兩岸新儒家幾十年來的演變過程[11]。
關於1980年代以來新儒家在大陸的曲折演進，有很多學者的回顧和
敘述，這裡不妨省略[12]。只是需要重複提醒的是，1980年代重新進

(續)————————————————————
　　西方那套自由、民主的價值」。同上《何謂普世？誰之價值？》，
　　頁51。
10　《何謂普世？誰之價值？》，頁17。
11　我看到一個相當全面的綜述，是胡治洪〈近三十年中國大陸現代新
　　儒家研究的回顧與展望〉，載郭齊勇主編，《儒家文化研究》（北
　　京：三聯書店，2012）第五輯，頁289-345。當然，這篇長達56頁
　　的回顧，只追溯到2012年以前，沒有涉及最近三四年相當劇烈的變
　　化。
12　這裡簡單作一個回顧。眾所周知，大陸文革在1976年終於結束，為
　　了糾正文革對傳統文化的全面否定，也為了改變曾經的「批孔」做
　　法，1980年代初，在政府的默許下，大陸學界開始重新評價儒學。
　　由於學術界對文革中破棄傳統的逆反，也由於需要確立中國追求現
　　代化特殊道路的合法性，思想界和學術界的總趨勢是對儒家重新評
　　價，從文革中的「否定」變成「肯定」，這一點得到中國官方的支
　　援，其重要標誌，是名譽會長谷牧（時任副總理）為首的孔子基金
　　會成立（1984）及《孔子研究》的創刊（1986）。特別值得注意的
　　是1986年，這一年也許可以說是中國新儒學重回公眾視野的標誌性
　　年頭。這一年，美國哈佛大學教授杜維明以「富布萊特訪問學者」
　　的身分，在北大哲學系開設了「儒家哲學」課程，在上海、北京、
　　武漢等地與大陸老中青三代學者廣泛交往，對推動儒學復興有很大
　　作用。同樣是在1986年，中國的重要報刊上，發表了三篇有關新儒

入中國大陸的海外新儒家，一方面肯定現代價值，一方面推崇傳統
意義，因此與當時中國大陸剛剛改革開放時的「文化熱」，也就是
追求現代化的大趨勢並不根本衝突。尤其是，帶有深刻社會批判和
傳統關懷，又有康德等西方哲學作為解釋的新資源，加上從海外與
港臺的「進口」，並且還有「亞洲四小龍」成功經驗作為實踐證明[13]，
1980年代海外新儒學特別受到一部分大陸學者，也包括現在與海外
新儒學分道揚鑣的大陸新儒家的歡迎，很多人都在積極擁抱這一「舶
來思潮」[14]。

(續)————————————

學的文章，它們是：（1）李澤厚〈關於儒學與現代新儒學〉，載
《文匯報》1986年1月28日；收入李澤厚《走我自己的路》（三聯
書店，1986年12月）；（2）方克立〈要重視對現代新儒家的研究〉，
載《天津社會科學》1986年5期；（3）包遵信〈儒家思想和現代化〉，
載《北京社會科學》1986年第5期；又《知識分子》1987年冬季號。
同樣值得注意的是，新儒家的研究正式列入官方學術計畫中，1986
年秋冬之際在北京召開全國哲學社會科學「七五」規劃會議，「現
代新儒家思潮研究」被列為重點研究課題。在這樣的背景下，1987
年，由孔子基金會與新加坡東亞哲學研究所合作召開了規模很大的
「儒學國際學術討論會」。參看李宗桂〈「現代新儒家思潮研究」
的由來和宣州會議的爭鳴〉（載方克立、李錦全主編，《現代新儒
學研究論集》（一），中國社會科學出版社，1989年4月，頁332-340。

13 方克立〈第三代新儒家掠影〉中說，第三代新儒家在1980年代的崛
起有兩個原因，一是「世界正處在一個由現代化向現代以後轉型的
時期，西方文明的偏失和局限似乎為中國儒家傳統的重估和再生提
供了機會」，二是「中國面臨著更加迫切的現代化問題，100多年
來中國現代化的屢次挫敗，促使人們重新思考實現現代化的模式、
道路問題的討論上來，而且『亞洲四小龍』近20年的發展也提供了
一種參照，使『儒家資本主義』的理論在今天有了更加廣泛的市場」
（《文史哲》1989年第3期；收入文史哲編輯部編，《儒學：歷史、
思想與信仰》，北京：商務印書館，2011），頁414。

14 蔣慶，《再論政治儒學》（上海：華東師大出版社，2011）的〈序〉
中說，自己是1983年看了唐君毅的書，才知道有個港台新儒家的，

應當看到，在海外傳續不絕的新儒家，無論是唐君毅、牟宗三、
張君勱，還是尚有爭議的錢穆，也包括在大陸儒家思想傳播中很有
影響的杜維明，儘管對中國傳統文化的花果飄零痛心疾首，但至少
他們對現代價值如民主、自由、人權等等還是基本肯定的。同時，
他們對於儒家思想的闡發也依賴兩方面學理支持，一方面是來自對
西方思想（如康德哲學）的理解，一方面是來自對中國歷史（道統
與政統）的發掘。因此，他們確實主要把精力放在社會倫理、人文
精神和思想資源的闡發上，正如有學者說，當時「主張新儒學的都
是一些學者、教授，他們的職責是研究學術，他們也希冀他們的學
術能夠對現世有些微補益。但這種補益主要是作用於知識分子的心
靈，在傳統文化與現代世界激盪、交會、融合的時代氛圍中對其立
身行事方面指點一二。他們從未奢望，他們的思想學術能像後來居
於意識形態的學術那樣武裝群眾，產生『不可估量』的現實作用」[15]。
　　顯然，這種可以視為「溫和」或者「融合」的路徑，大體上還
是理性的思想文化學說[16]。在他們心中，儘管擔心中國文化精神的

（續）
　　　然後去看熊十力、梁漱溟、牟宗三、徐復觀的書，開始認同新儒家。
15　張學智〈包打天下與莫若兩行〉，原載《文史哲》2003年2期，收
　　入文史哲編輯部編，《儒學：歷史、思想與信仰》（北京：商務印
　　書館，2011），頁44。
16　但是，也並不是沒有人看到其中潛在的問題，有人也注意到了新儒
　　學內在理路中隱含「反現代」和「反民主」的基因，因此對它略有
　　警惕。這裡不妨講一段與我個人有關的往事。大概是1988年，已故
　　學者包遵信曾經特意跑到中國文化書院，交給我一篇用舊式打字機
　　打出來的論文，題為〈再論儒家思想和現代化〉，其中，非常憂慮
　　新儒學對於八十年代剛剛興起的傳統批判與現代追求有抵消的作
　　用，對於政治改革和制度建設也有保守的傾向。我當時覺得，中國
　　從文革批判孔子的取向中剛剛掙脫出來，提倡一些儒家思想並無大
　　錯，也可以糾偏矯枉，不免認為他有一點兒反應過度，雖然把這篇

衰落和飄零，但是仍然要尊重現代世界的普世價值或者國際秩序；儘管這些強調民主、自由和平等的普世價值確實最先倡自近代西方，而以民族國家為基礎的國際秩序，也確實最早奠定於近代歐洲，但這並不妨礙中國人接受這些「好東西」。用一個簡單的比喻說，就是如今世界像一部宏大的交響樂，中國是要加入這個交響樂樂隊，用自己的政治和文化給這部樂曲增加複調、豐富聲部，使它顯得更豐富和更華麗？還是用不和諧的節奏、韻律甚至音量，壓倒它並且取代它？這是兩種根本不同的進路。應該說，海外新儒家基本上採取的是前一種方式，而後來的大陸新儒家則試圖採取後一種方式。正是因為如此，後來，前面那種「坐而論道」的書齋儒學，才被試圖「建立制度」的大陸新儒家看成是「紙上談兵」，他們甚至覺得，承認普世價值不僅過於「西化」而且「有害」[17]，本質上就是「自我夷狄化」。

什麼是「自我夷狄化」？要知道，「夷狄化」是一個非常嚴重的指控，因為它把分歧不僅看作是價值觀的差異，而且提升到了文明與野蠻的衝突，甚至變成種族與文化之間的絕對對立。為什麼新儒家的思想會從中外一家，變成嚴分華夷？難道僅僅是大陸新儒學為了在海外新儒家之外別求新聲嗎？看上去似乎不像。應該說，擺脫海外新儒學的思想籠罩，另立山頭和開宗立派的想法，當然在1990年代以後，就在大陸儒家學者中逐漸滋生了[18]。1995年，蔣慶的《公

(續)————————————————————

　　文章仔細拜讀一過，但是並沒有把它當一回事情，以至於現在已經
　　無法再找到這篇文章。

17　《何謂普世？誰之價值？》，頁8、20-21。

18　如果說，1989年蔣慶在《鵝湖》雜誌發表〈中國大陸復興儒學的現
　　實意義及其面臨的問題〉，還承認大陸新儒學是在海外新儒學如杜
　　維明、劉述先等人的「反哺」下，一些「青年學者在港台及海外新

羊學引論》出版,更明確宣布自己的「政治儒學」與海外的「心性儒學」分手[19],這似乎也是大陸新儒學正式告別學院學術,進入政治領域的宣言書。2003年,蔣慶的《政治儒學》出版,更宣稱理想政治「就是體現禮樂精神、王道理想、大一統智慧、三世學說以及天子一爵等儒家思想的政治制度」[20],只有儒家的政治理念和政治制度,才能讓東亞各國人民「安身立命,生息繁衍,過著儒家式和諧而穩定的政治生活」。

但耐人尋味的是,這種腔調在近幾年,越來越激烈,越來越熱火,也越來越極端。他們批評他們的新儒家前輩,從五四以來就「再也沒有這種尋求制度基礎的抱負了,因為他們眼中只有這套西方制度,所以他們的全部勇氣就是,如何重新闡發儒學,以便與西方制度相適應而已」[21]。並且斷言,「無論是梁漱溟和熊十力,還是張君勱和錢穆,都致力於把中國引導到西方科學與民主的道路上去」,

(續)───────────────

儒家的影響下,能夠自覺地認同中國儒家文化的精神價值,並且能夠自覺地承擔儒家文化的精神生命」,見《鵝湖》十五卷第二期,頁33;那麼,到了1991年發表〈從心性儒學走向政治儒學──論當代新儒學的另一發展路向〉,則明確批評海外新儒家落入「極端個人化傾向」、「極端形上化傾向」、「極端內在化傾向」、「極端超越化傾向」,宣告了彼此的分道揚鑣。見《深圳大學學報》1991年第1期,頁81-83。

19 蔣慶,《公羊學引論》(瀋陽:遼寧教育出版社,1995)。

20 蔣慶,《政治儒學》(北京:三聯書店,2003),頁126。

21 《何謂普世?誰之價值?》,頁114。說得比較理智和客氣的,如「制度儒學」的提倡者干春松,他在《制度儒學》(上海人民出版社,2006)「前言」中說「在某種程度上,『制度儒學』可以看做是與『心性儒學』相對的儒家的另一面」。在下面的注釋中,他又說明這是「不得不然的做法」,因為「近代以來的文化衝擊,導致儒學退卻到『內在超越』的境地,而現代新儒家又致力於將儒學與傳統政治相分離,導致儒學之心性與制度被分成兩橛」,頁9。

這個道路「對於儒家來說,則完全是一種失敗主義」[22]。

　　更嚴重的是,他們把這種思想路徑的分歧,提升到種族和文明差異上,把這種本可討論的分歧,變成絕對不可通融的立場。眾所周知,批評「普世價值」,把自由、民主與人權統統棄之如敝屣,並送還給「西方」的論調,在中國大陸一直不罕見;不過,把這種思路引上「華夷」之辯,大陸新儒家倒是獨一份。一個自稱儒家的學者說,如果我們把外來的價值「普世化」並且尊奉它,那麼,就「意味著我們是自我夷狄化」[23]。

　　為什麼贊同普世價值就是「夷狄化」?難道說,僅僅是因為現在的普世價值來自西方?讓人很難相信,有人居然至今還抱持「中國戎夷,五方之民,皆有性也」即所謂「非我族類,其心必異」這種觀念[24]。更讓人難以相信的是,他們一方面依據傳統中國的華夷之辨,一方面又加上了西方的叢林法則,提出一個很有顛覆性的觀點:過去的新儒家之所以不得不接受普世價值,是因為這些普世價值來自西方,為什麼呢?因為近代以來西方強大,因而它成為世界不能不遵循的原則。但是它與中國傳統價值根本抵觸,只是由於西方現在仍然強大,所以我們暫時沒有辦法。他們說,儒家也並不是不講普世價值,只是要讓我們東亞儒家成為普世價值的「制定者」。

　　怎樣成為價值的「制定者」呢?有的新儒學學者更有驚世駭俗的說法。一方面,他們把中國和日本連接起來,不惜借助二戰時代日本的「大東亞共榮圈」的說法。他們說,這個大東亞共榮圈,「理

22 張旭,〈我為什麼提出「新康有為主義」〉,載「東林會講:康有為與大陸新儒學」,《天府新論》2015年第5期,頁60。
23 《何為普世?誰之價值?》,頁132。
24 《禮記·王制》,《十三經注疏》(北京:中華書局影印本,1980),頁1338。

論依據確實是《春秋》那套夷夏理論」，東亞「同文同種」的說法，不僅是汪精衛這麼講，孫中山、康有為也都這麼講，所以，它「不是漢奸理論，其本意是宣導中日聯合起來對抗西方夷狄」[25]。另一方面，他們也援引古代東亞的歷史，說過去東亞儒家價值，就曾經是通行天下的普世價值。為什麼？因為「當時中國周邊都是些小國，打也打不過中國，罵也罵不過中國，這樣，中國的價值就成了普世價值」。他們把價值之爭變成了種族之爭，更從種族之爭引申成了力量較量，看上去，他們毫不在意「民族主義」這種政治忌諱[26]。有一位學者居然說，只是因為現在「中國還搞不過美國」，所以我們還不能對外講「夷夏之辨」，但是，將來中國強大了，「沒人打得過我們」，這個時候，我們也要普世遵循我們的價值，這叫「以夏變夷」。他們說，「一旦中國成了老大……真正有了自信的底氣後，就可以大講夷夏之辨了」[27]。

「如欲平治天下，當今之世，舍我其誰」（《孟子‧公孫丑》）？儒家歷來口氣很大，氣魄不小，這也是新儒家的一貫家風，從二程、朱熹、陸九淵一脈宋代新儒家，到梁漱溟、熊十力、牟宗三以來的現代新儒家，都有很大的勇氣和抱負。正如余英時先生所說，「從新儒家第一代和第二代的主要思想傾向來看，他們所企圖建立的是涵蓋一切文化活動的至高無上的『教』，而不是知識性的『學』；他們絕不甘心僅僅自居於哲學的一個流派。這個『教』的地位在歷史上大概只有西方中古的神學曾經取得過，中國傳統的儒教都沒有

---

25 《何為普世？誰之價值？》，頁147-148。

26 唐文明就針對李明輝對民族主義的擔憂說，「中國的民族主義有了儒家的成分，是中國人之福，也是世界之福」，載〈專題：首屆兩岸新儒家會講〉，《天府新論》2016年第2期，頁11。

27 《何為普世？誰之價值？》，頁24-25、152。

達到這樣的地步……新儒家雖然在現實上距離君臨天下的境界尚遠，他們的君臨心態卻已牢不可破」[28]。但是，我們也應當承認，從第一代到第三代新儒家，畢竟還能理性思考世界大勢，分析思想價值，對來自異域的西方文化，能夠採取吸收和融合的姿態。他們無論如何也想不到，他們原本只是做「素王」，在文化和思想上重建國人信仰，這在想像力上遠遠比不了他們的後輩。大陸新儒家要做的是「帝師」，是要在政治和制度上重構國家與世界秩序。用他們特別喜歡比附的「西漢一朝」來說，也許前輩新儒家們，還只是「說稱《詩》、《書》」，寫寫《新語》，「遊漢廷公卿間名聲籍甚」的陸賈，而後輩大陸新儒家要做的，卻是能「與時變化」，懂「當世之要務」，在廟堂中指點皇帝「定漢諸儀法」的「聖人」叔孫通[29]。

因此，大陸新儒家才說海外新儒家們「沒出息」。他們批評牟宗三等前輩新儒家與李明輝等同輩新儒家，指責他們在這一點上發生根本謬誤。他們也坦承，這是因為中國大陸近年來的崛起，導致現在的語境發生變化。也有的大陸新儒家學者說得比較客氣，「唐、牟、徐代表的現代新儒家他們的人格和成績雖然堪稱里程碑，但在今天，在新的問題浮出水面可以看得很清楚的時候，儒學確實要嘗試開闢新的進路」[30]。那麼，究竟是什麼新的進路呢？據他們說，是「回到康有為」，在政治和制度上給中國立法。按照他們的說法，

28　余英時，〈錢穆與新儒家〉，載《錢穆與中國文化》（上海：遠東出版社，1994、1996），頁88。

29　叔孫通身段柔軟很有策略，被稱為「漢家儒宗」，參看《史記》（北京，中華書局，1961）卷九九，〈劉敬叔孫通列傳〉，頁2722-2726。

30　陳明，〈超越牟宗三，回到康有為〉，載〈專題：首屆兩岸新儒家會講〉，《天府新論》（成都）2016年第2期，頁20。

「近百年來居於主流地位的現代新儒學，主要是由熊十力、牟宗三等人開闢的，因此我們現在講『回到康有為』，實際上是在探索能否找到另一條現代新儒學的道路」[31]。據說，這個現代新儒學的道路有三個步驟：首先，繞開或者超越牟宗三等人的路徑，從心性儒學轉向政治儒學；其次，否定西方的普世價值，確立中國儒家的絕對意義；再次，要提出一整套儒家有關政治和制度的設計，並且落實到現實之中。

應該說，這種「走自己的路」的想法，最初自有其特殊背景。我們應當注意到1989年天安門事件的震撼和刺激。這一事件以及引出的中國政治狀況，不僅是引發中國大陸思想界激烈動盪的原因，也是引發大陸新儒家與海外新儒家分道揚鑣的原因之一。由於大陸政治狀況與台灣不同，處在這個政治權力極其強大、意識形態籠罩一切的政治化背景中，所有的思想學說也都不得不隨之政治化。大陸的一些儒家學者面臨嚴峻的政治壓力，試圖表達一種與主流政治意識形態不同的立場和路徑，不能不拋棄溫和的或理性的學院化方式，這毫無疑問表明了一種反抗絕望的勇氣。在這一點上，我們注意到1989年天安門事件之後僅僅幾個月，蔣慶就在台灣的《鵝湖》月刊發表長達35,000字的〈中國大陸復興儒學的現實意義及其面臨的問題〉，這篇被視為「大陸新儒家宣言」的論文，其實也可以看到大陸新儒家試圖在政治上不認同主流政治意識形態，在思想上另尋立場和起點的意圖。也正是因為如此，這篇論文才被認為是一個象徵，象徵著大陸新儒家「在中國大陸已作為一個學派而存在」[32]。

31　〈專題：首屆兩岸新儒家會講〉，《天府新論》（成都）2016年第2期，頁14。

32　《鵝湖》（台北）第170-171期，1989年8月、9月。方克立對此文有激烈批判，參看方克立，〈評大陸新儒家「復興儒學」的綱領〉，

但是，經過1990年代、2000年代，到了2010年代，與海外新儒家分道揚鑣之後的大陸新儒學，雖然確實已經另起爐灶開宗立派，但是，卻在百年歷史的悲情記憶、當下崛起的亢奮情緒和思想論述的邏輯慣性的驅動下，走了一條他們可能自己也沒有想清楚的極端主義道路。

二、政治方案加文化藥方？大陸新儒學爲當代中國設計的政治制度

用大陸新儒學自己的說法，他們和海外新儒家的不同，是從「內聖」到「外王」。什麼是「從內聖到外王」？就是說大陸新儒學不再拘守於思想上「坐而論道」的空談，而是要進入政治上「體國經野」的行動。有學者批評說，過去海外新儒學，只是三五個大學教授個人玩好和自言自語，雖然這使得儒學「得到形而上學的保存」，但也使得「原來制度化存在的儒學，現在已被撕成碎片，它基本上已失去了成建制的存在形式」[33]。而他們則完全不同，他們要從文化與思想領域進入政治與制度領域，實踐從「修身齊家」到「治國平天下」這種自內向外的儒家邏輯。可問題是，從「內聖」到「外王」說說容易，一旦進入實際操作領域，習慣於道德倫理教化，最多能夠提出禮樂制度的儒家往往措手無策，無奈之下，他們往往只能移形換位，改弦易裝，由公開的儒家變成隱藏的法家，或者乾脆

（續）─────────────

　　　載《晉陽學刊》1997年4期。
　33 彭永捷，〈論儒教的體制化和儒教的改新〉，載干春松主編，《儒教、儒家與中國制度資源》（「東方文化叢書」，江西人民出版社，2007），頁100。

從法家那裡挪用資源[34]。當年海外新儒家的所謂「開出」說,始終是過去新儒家面臨的窘境或門檻,但是,這一次大陸新儒學卻決心開始邁出自己的一步[35]。

他們的論述策略大致如下。

依照「夷夏之辯」,他們認為,中國應當捨棄自西方舶來的民主制度——儘管現實中國並沒有西方式的民主制度——而是要為現在的中國政權建立中國式的天地人「三重合法性」。他們批評「民意合法性獨大」的西方民主制度,用蔣慶的說法就是,這種經由選民選舉出來的政府,只有「一國國民此時此地的現世民意認同」。請注意,他的意思是說,這種民主制度選出的,是「一國國民」而不是「世界人類」,是「此時此地」而不是「天下萬世」的政權。他認為,一個「為萬世開太平」的政府,不止需要民意,還需要「超越神聖」、「歷史文化」、「人心民意」也就是來自天、地、人的三重合法性。

很可惜,這只是烏托邦的想像或者是「被發明的傳統」。在歷史上,我們很難找到一個具有理想中三重合法性的王朝,無論是「益

---

34 有的新儒家學者論述儒家對古代中國政治實踐的影響,就把(1)大一統、(2)三綱論,和(3)封建郡縣之辯端出來。其實,在這三項中,大一統與郡縣制,都未必是儒家的專利,反而有可能是法家的東西。見唐文明〈政治儒學復興的正當性問題〉,載范瑞平等編《儒家憲政與中國未來》(上海:華東師大出版社,2012),頁94-95。

35 劉澤華曾經批評「新儒家以及傾心於新儒家的學者,多半繞開儒術與帝王的關係來論述儒家的主旨」(《中國政治思想通史(綜論卷)》(北京:中國人民大學出版社,2014),頁134。這裡「新儒家」大體上是指海外新儒家,可是現在大陸新儒家已經不再繞開這一點,乾脆直接提「政治儒學」,把儒家與皇權直接連接起來了。

干啟位，啟殺之」的夏，殺得「血流漂杵」才建立起來的周，還是
「楚漢相爭」打得一塌糊塗的漢，還是「玄武門之變」才穩定權勢
的唐，或是靠欺負孤兒寡母「黃袍加身」最終還得「斧聲燭影」的
宋，成就王朝的合法性，一半要靠槍桿子。在現實中，我們也很難
要求全球專為中國進行選舉，也無法讓現實政權符合過去、現在、
未來的各種訴求，更無法照顧到想像中的非「現世」的所謂「永恆」
民意。因為政治合法性如果不經由現存國民的意志表達，那麼，有
誰能證明那個既超越現世現存的人心民意，又賦予當下政權合法權
力的「天地人」，有永恆性、絕對性或神聖性呢？除非你再次搞出
「天授神權」的老辦法來，把執政者說成是奉天承運的天子或聖人。
我們知道，傳統政權合法性之建構，通常是通過以下途徑[36]：一是
獲得天或神的超異力量的護佑，二是依靠官僚管理的系統的有效統
治，三是依靠統治者個人力量。古代中國的皇權雖然有其特殊性[37]，
借助了很多儒家資源，較一般意義上的王權更強大，可以把政治統
治、宗教權威與文化秩序都集於一身，但它的合法性仍無非是這些
來源，即借助儀式獲得天地宇宙神鬼的確認、依賴權力重新建構和
書寫歷史，倚仗軍事力量的有效控制。也就是說，它的合法性仍是
權力自己賦予自己的，並不像大陸新儒家渲染的那樣永恆，也不像
他們自己說的那麼道德[38]。盧梭曾說，沒有任何執政者「強大得足

36 關於這一點，參見韋伯，《支配的類型》，見《韋伯選集》III（康
   樂中譯本，台北：允晨文化公司，1985）；鄂蘭（大陸譯漢娜·阿
   倫特），《極權主義》（蔡英文中譯本，台北：聯經出版公司，1982，
   1992）。
37 即林毓生所說的「普遍王權」（Universal Kingship），參見林毓生，
   《思想與人物》（台北：聯經出版公司，1983），頁149。
38 參見葛兆光《七至十九世紀中國的知識、思想與信仰——中國思想
   史第二卷》（上海：復旦大學出版社，2001），頁267-268。

以永遠做主人，除非他把權力轉化為權利，以及把服從轉化為義務」[39]。可是，大陸新儒家卻想像出來一種既代表宇宙的永恆真理又代表全人類利益的政治體制，他們認為，這就可以讓執政者「把權力轉化為權利」，讓民眾「把服從轉化為義務」[40]。

那麼，這個美妙的方案怎樣具體落實呢？按照蔣慶的構想就是建立通儒院、庶民院和國體院。他說，應該由普選與功能團體選舉的代表建立「庶民院」，由儒家學者選舉和委派「精通儒家經典」的學者建立「通儒院」，由歷代君主後裔、歷代名人後裔，再加上各種政府官員、宗教領袖和大學教授，由衍聖公作為議長，通過世襲和指定來建立「國體院」。據他說，庶民院屬「人」，代表了現實現存的人心民意；通儒院配「天」，是（儒家）知識精英的意志，國體院屬「地」，代表了（貴族）政治傳統的精神[41]。

39　盧梭，《社會契約論》（何兆武中譯本，北京：商務印書館，2001），頁12-13。

40　蔣慶，〈儒學在當今中國有什麼用〉（2006年7月15日鳳凰大講堂演講）中，他提出儒學的八項作用。其中第五項是重建中國政治秩序的合法性，第六項是建立具有中國文化特色的政治制度。他認為，「合法性解決的是權威與服從的關係問題，是實現政治穩定與執政能力的根本，解決了合法性問題，用盧梭的話說，就可以『把統治變成權利，把服從變成義務』」，怎樣建立合法性呢？他的建議非常簡明，就是「通過復興儒學建立具有中國文化特色的政治制度」，而中國的政治制度，就是「建立在儒家文化上的『大一統禮樂刑政制度』」。見任重主編，《儒學復興：繼絕與再生》（北京：中國政法大學出版社，2012），頁11-13。

41　與大陸新儒家有較密切討論的學者如王紹光，他也質疑，這種制度設計，一言以蔽之是「以儒士為核心的精英主義」，但是，他說，這種精英主義的兩個假設（一個是中國與西方現行體制都不夠精英主義，二是只有儒士精英才能洞悉政道、通曉治道、代表天道和地道）都不能成立。見范瑞平等編《儒家憲政與中國未來》（上海：

　　可是我們要問，儒家經典就一定是真理，並且可以治理好國家嗎？四書、五經在現代，仍然可以作為考試與任職的依據嗎？儒家精英就天然是一個國家的最高立法者嗎？孔子後裔憑著血緣，就可以天然擔任國體院的議長，並有權指定國體院的成員嗎[42]？按照他們的說法，「合法性解決的是權威與服從的關係」，有了合法性就有了「權威」，就可以讓民眾「服從」，而民眾的「服從」，當然就可以讓社會有「秩序」。可問題是他們的「權威」仍然來自他們自說自話的儒家領袖、儒家精英和儒家經典。他們也曾非常熱心地向政府提出「維穩」的策略，他們說中國不能僅僅「靠經濟增長來支持政治穩定」，現在的政府雖然在經濟上有效率，但在政治上還「沒有為現存秩序提出一套能夠自圓其說的東西」，所以不能使秩序穩定，這是因為政府還缺乏儒家提供的「合法性」[43]。可是，非常弔詭的是，從學理上說，這個所謂「合法性」必須有不言而喻的來源，只有這個來源具有權威，它才能成為合法性依據。遺憾的是，儒家學者無法自我賦予儒家的合法性，貴族精英也無法自我證明擁有天然的合理性。就像俗話說的，「皇帝輪流做，明年到我家」，誰是天生的統治者呢？就連古代皇帝，也要通過歷史（論述前朝弊政和本朝德政）、封禪（祭天祀地祈求上天護佑）、符瑞（發現象徵天意的祥瑞符璽）、德運（比附五德始終），甚至神話（皇帝的

（續）───────────────

　　　　華東師大出版社，2012），頁27。

42　參與他們討論的一位學者曾提問，「權力使人腐敗，那麼蔣慶先生有什麼法寶，可以確保進入議院掌握立法權的這些大儒不會腐敗？」這確實是一個問題。同樣的問題是，在進入議院前，憑什麼證明這些大儒自身具有高人一等的真理性或純潔性。見〈專題一：康有為與制度化儒學〉，《開放時代》2014年第5期，頁23。

43　《中國必須再儒化》，頁142。

出身傳說）等，來證明自己的合法性，那麼需要追問的是，儒家設計的這個「建立在儒家文化上的『大一統禮樂刑政制度』」，它本身的合法性來源究竟在哪裡？它會不會就是傳統時代那個披著儒家外衣的君主專制體制？[44]

　　也許，他們不需要這樣追問，作為信仰者，信仰總是不需也不能質疑的，但是作為思想者，思想卻是隨時要追問的。其實，即使是古代的儒家學者，他們對於宇宙、社會與政治終極依據的追問，仍然必不可少。當年，程頤問邵雍時曾說，「此桌安在地上，不知大地安在何處」[45]？幼年的朱熹也曾問父親說，頭頂上是「天」，「天之上是何物」[46]？天和地也不是最終可以自我圓成的終極依據，那麼我們也想追問，誰來賦予三重合法性？憑什麼它們就是合法性？毫無疑問，「通儒院」、「國體院」和「庶民院」，並不完全來自古代儒家的範本，似乎也暗度陳倉，偷偷地參考了西方政治制度的設計，「三位一體」即道統（儒家政治哲學）、政統（政府）和學統（儒士共同體）之間，也曾借鑒了西方政治設計中的三權分立，即互相監督與彼此牽制[47]。但是，他們怎麼就敢於拍胸脯保證，

44　最近已有人指出，「『政治儒學』說到底是一種『政治神學』，即政治與儒學的親密聯盟。……所謂『儒家式秩序』、『中國式政治』其實是一種『儒教士集團專政』」。然而，「用儒家文化壟斷政治合法性資源，讓儒教士壟斷政治權力，絕不可能再像古代社會那樣是不證自明的了」。見楊子飛〈政治儒學抑或政治的儒學〉，載《武漢大學學報》2016年第4期，頁53。

45　《伊洛淵源錄》卷一，《遺事》（商務印書館，「叢書集成初編」本），頁3-4。

46　王懋竑，《朱熹年譜》（北京：中華書局，1998）卷一，頁2。

47　康曉光認為，「這是中國古代政治的軸心，也是中國古代政治哲學的精華」，《中國必須再儒化》，頁152。

只要進行這樣的制度安排，就可以「實現中國人所說的『長治久安』，就不會有『穩定壓倒一切』的焦慮」[48]？

儘管我理解，這是對當局懇切的進言，但這仍然是一廂情願的想像，它並不能自我證明它必然是一個良好的政體，那麼，保證這個政體具有天地人三重合法性的證明在哪裡？或者說，那個隱匿在雲端之上的神聖權威在哪裡？他們沒有細說，這裡請允許我做一些推測。我注意到，在大陸新儒家學者那裡，有的話，過去講起來多少有些遮掩，近年來，卻開始清晰而且大聲地說出來了。有一位學者說，在政治方面，儒家的制度基礎中「君主制」相當重要，「君臣之倫作為儒教之政治性倫常，在門外之倫中最為重要」[49]。

那麼很好，難道要讓中國回到帝國時代，重新恢復君主制嗎？正如前面我提到的，一些大陸新儒家學者終於拿出手中的王牌，原來，他們認為中國思想與政治，應當回到被他們稱為「現代中國立法者」的康有為那裡，然後再從康有為那裡重新出發。據他們說，「回到康有為」有著非常深刻的原因，最主要的原因是因為現代中國是在大清帝國「疆域規模」和「族群結構」基礎上形成的，要維持清朝的而不是明朝的疆域、族群，並「實現其向現代共和國過渡轉型」，只能採取康有為的「保救中國之亟圖，先求不亂，而後求治」。那麼，怎麼能夠不亂呢？他們說，康有為已經想到了「外力衝擊，少數族群主政，地域廣闊，族群複雜」這些因素[50]，同時也想到了由於從清代中國到現代中國，疆域、族群那麼龐大和複雜，

48 蔣慶，〈儒學在當今中國有什麼用〉（2006年7月15日鳳凰大講堂演講），見任重主編，《儒學復興：繼絕與再生》，頁11。
49 《何為普世？誰之價值？》，頁72。
50 〈專題一：康有為與制度化儒學〉，《開放時代》2014年第5期，頁25。

因此，缺乏一個國家認同的基礎便無法凝聚人心。所以，康有為才提出「君主論」和「國教論」。說得明白些，也就是一方面，君主作為各族共主，可以維繫多族群的帝國，另一方面，儒教作為國家宗教或者公民宗教，正好可以「形成一個代表國家凝聚和民族認同的符號」[51]。特別是，康有為在現代國際巨變的環境中，先是主張保全大清帝國而提倡「君主立憲」，後來中華民國建立，「共和大趨勢似乎不可逆轉」，他就主張「虛君共和」。這種保存君主制的努力，是因為「辛亥革命以後，中國馬上就面臨分裂的危機……對康有為來說，虛君的意義在於使現代民族國家能夠有效地繼承清帝國統治的廣大疆域。可以說，在康有為看來，『虛君共和』不僅能夠使中國轉型成為一個現代民族國家，同時又能夠使眾多民族都在這個民族國家中容納下來」[52]。

如何維護這個延續自大清帝國的多民族國家？這的確是一個值得討論的真問題[53]。但是，維繫統一的中國，消泯族群之隔閡，建

51　〈專題一：康有為與制度化儒學〉，《開放時代》2014年第5期，頁32。隨後發言的一位學者進一步對康有為的國教論，作出讓人很難理解的解釋，「第一，孔教不是儒教」，「第二，孔教不一定是宗教」，「第三，孔教天然是國教」。同上，頁34-35。

52　陳明說，他之所以提出「超越牟宗三，回到康有為」，是對中國現實的問題進行思考而來的。為什麼是回到康有為，而不是章太炎或張之洞？是因為章太炎只是「小中華」方案，康有為才是「大中華」方案。張之洞只是帝國的補台者，而康有為是在滿清廢墟上重新籌畫。見〈專題：首屆兩岸新儒家會講〉，載《天府新論》2016年第2期，頁66。

53　在這個問題上，大陸新儒家不同學者特別是陳明與蔣慶之間似乎有一點兒分歧。按照陳明的說法，他不同意蔣慶只講「禮樂中國」，因為只講儒家經典、禮儀和生活，會「把屬於漢族的東西看成是中國的了，這樣就成了漢族壟斷中國的概念」；在另一處他更批評蔣慶「在儒教與中國間畫等號，實際就是在中國和漢族間畫等號，並

立現代的國家認同，如果不是在公平、自由和民主基礎上，推動制度的認同，並兌現每個人的「國民」身分，給每個國民提供安全、幸福和自尊，從而使之自覺接受國民身分，認同這個國家，還能有什麼其他途徑呢？難道現代中國還能夠回到康有為，回到大清朝，依靠類似清代的大皇帝以六部、理藩院、盛京將軍不同制度管理帝國的方式[54]？難道能像他們所想像的，維持龐大帝國疆域和族群，必須依賴儒家精英人士，並要求各族都接受「儒教」來維繫大一統嗎？難道能像他們所期待的，不僅按照康有為方案維護大清的一統，而且還要在中國崛起背景下「不必局限於本國領土」，以中國首都為中心，按照由內向外、自近及遠的「新五服制」，不僅完成「內部同化」，還要實現「外部整合」，由中國重新安頓周邊與世

（續）──────

且是狹義的文化上的『諸夏』。這如果不是一種文化上的傲慢，那就是受到了西方所謂『民族國家論』的暗示」。顯然，他意識到大陸新儒學如果過於強調「夷夏之辨」，壟斷「中國」的解釋權，會造成在國族問題上的狹隘，也與現實中國的多民族現狀衝突。分別參看《何謂普世？誰之價值？》，頁135；以及陳明，〈公民宗教與中華民族意識建構〉，載任重主編，《儒學復興：繼絕與再生》（北京：中國政法大學出版社，2012），頁30。陳明在另一處很坦率地指出，他「不贊成那種極力撇清儒學和民族主義關係的說法。首先它不合符事實，其次它試圖把儒家理想化，實際卻導致儒家的荒謬化」，見《中國必須再儒化》，頁95。這倒是值得討論的真問題，也是非常值得肯定的看法。但是，也有新儒家學者反駁陳明說，如果顧忌到儒家思想中隱含的漢族中心主義，反對按照公羊學的說法講「禮樂中國」，那麼，就「丟掉儒家最有價值的部分，而只滿足於追求民族國家這樣一個現實目標，我覺得有點兒削足適履」。見《何謂普世？誰之價值？》，頁136。

54 陳明就說，「清帝國治理邊疆的功勞和經驗，我們以前肯定得不夠」。〈專題：回到康有為〉，載《天府新論》2016年第6期，頁73。

界嗎[55]？

據某些自稱是「新康有為主義者」（或康黨）的人說，康有為開出的藥方，關鍵是「虛君共和」。那麼，誰來作這個高居萬民之上的「虛君」呢？他們自問自答，「誰有資格做這個虛君呢？要麼是清帝，要麼是衍聖公」[56]。還有一個學者乾脆明白地說，康有為的偉大貢獻之一，就是在於他提出近代中國需要「君主制」[57]。他

---

55 齊義虎把康有為〈官制議〉（1903）和〈廢省論〉（1902）中，維護清王朝以及清朝遺留的疆域的方案加以發揮，甚至借助古代所謂「甸侯綏要荒」的五服制，想像一個「新五服制」，就是將世界分成比附甸服的「京師—郡縣」（中央政府及直轄區域）、侯服的「邊疆」（西藏新疆與港澳台）、綏服的「與國」（具有共同價值觀的儒家文化圈，以及非儒家文化圈的中亞五國、巴基斯坦、阿富汗、尼泊爾、孟加拉、斯里蘭卡、不丹等），要服的「友邦」（合作的亞非拉第三世界），以及荒服的「敵國」（全球性或區域性大國）。他的一些說法非常聳動，比如把西藏、南疆比喻成生番，其他少數民族比喻成熟番，要推動「政策上的改土歸流」；又如，要「借助組建東亞共同體這個區域整合的機會」，把日本、韓國、朝鮮、蒙古以及東南亞「納入『與國』的範圍」，甚至把澳大利亞、紐西蘭「一併收入」；再如，他說中國不稱霸不等於不稱王，美國是假仁義假民主的霸道，中國是真仁義真民主的王道，所以「中國道路就是天下歸往的王天下之路，就是中國引領世界各國為全人類開闢的一條走出資本主義人性異化和強權體系的中正和平之路」。見其〈畿服之制與天下格局〉，《天府新論》2016年第4期，頁60-62。
56 「東林會講：康有為與大陸新儒學」，《天府新論》2015年第5期，頁59-60。
57 唐文明說，康有為關於現代中國的構想，有三點最重要，一是共和，二是君主制的意義，三是孔教作為國教的意義。見「康有為與制度化儒學」（2014年6月26-27日座談記錄），《開放時代》2014年第5期，頁16。他在另一次發言中，又重複了一遍這個意思，只是補充了一句說，雖然君主制在現在中國不可能了，但「還是需要一種替代物」。見〈專題二：回到康有為〉，《天府新論》2016年第6

們解讀康有為說，晚清「中國是一盤散沙，需要有一個傳統的權威，而且只有軍民共主，才能維護中國統一」，無論是立憲還是孔教，都需要「藉由君主的權力來達到這個理想」[58]。所以，康有為「跟光緒皇帝並肩戰鬥」，才顯得「鶴立雞群無人比肩」，「仰望星空腳踏實地」[59]；另一個康有為崇拜者說得非常坦率，他認為，國民黨和共產黨的「黨國論」，解決的只是「原子化的自由個體，和把個體整合起來的外在強力，即組織力和動員力」，但「君主制對於現代國家的意義，則闡明了凌駕於個體自由意志，亦即民意之上的神聖力量，以及把個體組織起來的等級原則」[60]。所謂「凌駕於個體自由意志」、「民意之上的神聖力量」，換句話說，就是要有一個代表天意、君臨天下的皇帝，以及把個體組織起來的「等級原則」，說得明白一些，就是君君臣臣父父子子的宗法制度。

可是，1995年蔣慶在《公羊學引論》中曾經反復批評，古文經學把君主制「絕對化」、「永恆化」和「神聖化」，說他們是「無

（續）—————————————————————
　　期，頁56。關於這個問題，也可以參看曾亦《共和與君主——康有為晚期政治思想研究》（上海人民出版社，2009），此書第一章就討論「共和後中國之怪現狀」，後面又斷言君主立憲「不必止施予小康世而已，實為最優之政體」，表明他對康有為維護大清帝國與君主制度的肯定態度，頁334。

58　見〈康有為與制度化儒學〉（2014年6月26-27日座談紀錄），《開放時代》2014年第5期，頁19-20。但是，即使是馬基雅維利，雖然認為君主有助於開拓和維繫多民族、多文化、多制度的帝國，但也承認君主統治大帝國是依靠軍事征服、殖民或不划算的駐軍，以及採取權衡利弊、不擇手段的實用策略，而不是像大陸新儒家想像的那樣，是依靠道德或真理，或加上天地人的加持。參看《君主論》（閻克文中譯本，台北：臺灣商務印書館，1998）。

59　〈專題：首屆兩岸新儒家會講〉，載《天府新論》2016年第2期，頁66。

60　〈回到康有為‧專題按語〉，《天府新論》2016年6期，頁34。

條件維護君主專制」,而公羊學為代表的今文經學,則「不承認現存制度具有無限的合法性和絕對的權威性」[61]。同樣是自稱信奉公羊學的大陸新儒學,為什麼二十年之後對於君主制的立場和腔調卻完全變了呢?關於這一點,我們下面再說。其實,這種用理論和術語包裝起來繞著彎講的話,不妨直截了當地說出來,就是今天的中國,需要一個象徵宇宙意志的「君主」,無論是「虛君」還是「實君」,他既代表政治上的權威,也代表神聖的意志,還代表儒家的真理;今天的中國,還需要重建內外上下、井然有序的等級社會;當然,還需要「儒教」,作為維繫民心的宗教。

那麼,這是不是意味著,今天的中國既不需要自由,也不需要民主,更不需要平等呢?

三、緣木求魚抑或曲徑通幽?「儒教國」與「再儒化」

前面我們說到,大陸新儒家呼籲「回到康有為」,這是因為康有為對現代中國的構想中,除了君主制即「虛君共和」之外,另一個關鍵即中國「再儒化」或建立「儒教國」。這一點無論是推崇康有為的,還是對康有為略有保留的大陸新儒家學者(甚至也包括一些非新儒家學者),似乎都基本認同。比如,康曉光就曾經給未來中國勾畫新的藍圖,他說這個新藍圖的「靈魂,還是我們中國儒家的思想,而不是西方的馬克思主義或自由主義,所以,我把這種關於未來的通盤構想稱之為『儒教國』,而建立儒教國的過程就是『儒化』」[62]。

---

61 蔣慶,《公羊學引論》(瀋陽:遼寧教育出版社,1995),頁10-16。
62 《中國必須再儒化》,頁162。

　　大陸新儒家五大重鎮共著書名「中國必須再儒化」，就是在傳達他們的這一理想和抱負。可問題是，如果不算康有為近百年前的那些論述，到現在我們還沒有看到大陸新儒學給這個他們構想中的，政教合一的「儒教國」提出一個完整方案[63]。當然，從零零星星的言論中，我們也大體上看到，這個「儒教國」其實並不新鮮。簡單說，它基本上就是恢復傳統時代中國的家庭、社會與國家，回

63　也許，康曉光、王達三和蔣慶的論述，可以說是相對比較完整的設計方案？比較早的有康曉光《文化民族主義論綱》，他提出四項措施：一，「儒學教育進入正式學校教育體系」，二「國家支持儒教，將儒教定為國教」，三，儒教進入日常生活，「成為全民性宗教」，四，是通過非政府組織「向海外傳播儒教」。載《戰略與管理》2003年2期；王達三《中國文化本位論之重提與新詮》提出十項措施：一共識（堅定維護國家民族的利益，應對中國文化持有一份溫情與敬意），二讀經（各級學校要設立經典課程），三民俗（提升一些傳統節日為法定節日，重新制定禮儀），四孔誕（全國各地舉行各種層次的、大規模的紀念活動），五祭祀（祭祀黃帝、祭祀孔子），六講學（恢復書院，創辦精舍），七廟產（歸還儒家孔廟、文廟、書院、精舍，由其管理和使用），八儒教（建立儒教，並且在中國建立統一的儒教並使之成為國教），九官員（官員要讀經，在各級行政學院和黨校開設儒家經典課程、官員任用生前要通過儒家文化考試），十儒化（對執政黨的合法性重新詮釋，「執政黨要從自己的歷史合法性之一，即反傳統、反儒家之中解放出來，把自己的現實合法性建立在中華民族和中國文化的偉大復興之上」）。見干春松主編《儒教、儒家與中國制度資源》（「東方文化叢書」，江西人民出版社，2007），頁245-247。蔣慶在《再論政治儒學》（華東師大出版社，2011）的「序」中說，為了回應「福山問題」，按照「『王道政治』的理念，提出了『儒教憲政』的構想」（頁1）。這個儒教憲政包括四點，一是「王道政治——儒教憲政的義理基礎」，二是「儒教憲政的議會形式——議會三院制」，三是「儒教憲政的監督形式——太學監國制」，四是「儒教憲政的國體形式——虛君共和制」，頁3-4。

到傳統時代的結構、秩序和習俗，按照他們的說法，儒家的制度基礎就是「政治方面的君主制和科舉制，教育方面的書院制，至於社會制度方面則是宗族和家庭」[64]。

不妨從各種議論中歸納一下，他們設想當代中國應該建立的社會結構和倫理秩序是怎樣的呢？第一，他們認為儒家遺產中，在「社會制度方面，則是宗族和家庭」，因此，他們主張在鄉村應當依賴宗族，重建祠堂，恢復禮制。一個新儒家學者說，農村的民主選舉制應當取消，代之以「恢復傳統的禮治和長老統治模式」[65]。第二，重建宗族必須要改造家庭，如果沒有家庭這個基本單位，也就無所謂宗族。可是，家庭中必然有夫婦，按照他們的說法，現代家庭那種以「愛情」作為建立家庭的基礎，只是「妾婦之道」，而傳統的理想家庭是內外有別，也就是說「男主外女主內」是正確的。第三，他們強調，男子是家庭之主，女性應當回歸家庭，「男人從奴隸到將軍，符合人類文明進步的軌跡」，女性應當以作為母親、輔佐丈夫為「志」，「夫妻之道」就是延續後代，如果離婚，女方不能分割家庭財產[66]。

也就是說，他們試圖在傳統中國鄉村社會那種家庭、家族、家族共同體的基礎上，按照儒家理念重建當年許烺光、費孝通所說的「父子主軸」、「差序格局」、「禮制秩序」和「男女有別」的社

64　《何謂普世？誰之價值？》，頁113。

65　《何謂普世？誰之價值？》，頁108。

66　參看《何謂普世？誰之價值？》，頁175-179。這裡關於男女、夫婦和家庭的議論，幾乎讓人瞠目結舌，不能卒讀，比如「男女關係的混亂，絕對是女子的責任」（頁68），「西方人鼓吹性解放，肯定是女人在哪裡歡呼雀躍」（頁68）。

會[67]，實現《孟子‧滕文公上》所謂「父子有親，君臣有義、夫婦有別、長幼有序，朋友有信」的秩序[68]。當他們把這種家族秩序放大為家國秩序，也就是當他們把這種秩序從「家」到「國」，從「父子」關係衍伸為「君臣」關係，就構成了傳統時代儒家理想中的有等級、有上下、有內外的社會倫理和政治秩序。一個新儒家學者解釋說，現代人批判古代君主制度「純粹是尊卑關係」，完全是對古代君主制度的誤解，因為君主制度出自家庭制度，所以，「君臣關係是情義兼盡，恩威並重」[69]。他們相信，在這樣的社會基礎上，他們提倡的儒教或者儒教之國，才能真正建立起來。

在儒家對舊時代的歷史記憶中想像未來的理想社會，大陸新儒家把這種傳統中國鄉村生活秩序，看成是一種最美好的生活狀況，他們試圖按照傳統儒家三綱五常（或三綱六紀）來規範現代中國人的生活，並且在這種社會基礎上，建立他們所謂的「儒教國」。蔣慶曾說，他完全同意康曉光有關「儒教國」的看法，「應該把儒教重新定為國教」。並且說，如果把儒教作為國教，則需要具備三個系統，一是教義系統（經學與教育），二是意識形態系統（解決合法性的王官學），三是社會系統（風俗與禮樂）[70]。可是，如果按

---

67 參看許烺光《祖蔭下——中國鄉村的親屬，人格與社會流動》(*Under the Ancestors Shadow*，王芃、徐隆德合譯，台北：南天書局，2001)，特別是第十一章所說的「大家庭的理想，父子同一，以及性別方面的不平等」，頁249；費孝通《鄉土中國》（北京：三聯書店，1985），特別參看有關「差序格局」、「家族」、「禮治秩序」、「男女有別」這幾節的討論。

68 《孟子注疏》卷五《滕文公上》，《十三經注疏》，頁2705。

69 《何謂普世？誰之價值？》，頁79。

70 蔣慶，〈讀經、儒教與中國文化的復興——2004年蔣慶先生訪談錄〉，收入任重主編，《儒家回歸：建言與聲辯》（北京：中國政

照他們設想的「風俗與禮樂」建立起來的社會，還會容忍平等、自
由、民主和人權這些現代價值嗎？

　　隱隱約約地，我們從這裡看到了大陸新儒學與過去新儒學之間
的確有某種傳承和聯繫。比如，馮友蘭在《新事論》中，對於家庭
和女性的觀念就有一些這類意思，馮友蘭就曾設想過，應當重新讓
女性回到家庭之中，後起的大陸新儒學者學到了這一點[71]。可是，
他們要比馮友蘭走的更遠，在私下裡談論時，他們不僅要求女性回
歸家庭，甚至把辜鴻銘著名的茶壺與茶杯的比喻也拿過來，說出對
女性的歧視和輕蔑，以至於一些樂於和他們共論新儒家的女性學
者，也表示實在無法接受這種極端言論[72]。

　　為了實現他們的這種社會理想，他們還進一步要求中國通過教
育實現未來的「儒化社會」。按照他們的設想，「儒化社會」之步
驟如下：一是「最關鍵的，是把儒學納入國民教育體系，從小學到
大學都要設立國學課」[73]，恢復小學和中學的「讀經科」，在大學
恢復「經學科」，作為通識教育的基礎課程[74]；二是在儒學之士中

(續)————————————————————
　　法大學出版社，2012），頁16-17。

71　曾亦〈論馮友蘭的社會政治思想〉，認為「此段議論極是精彩。對
　　於傳統婚姻與家庭的本質，馮友蘭作了非常學理的闡釋」，這些自
　　稱「儒家」的學者，之所以覺得這種觀念精彩，主要方法只是把各
　　種文明相對化，「誠能如此，曾經許多被視為落後的傳統秩序和觀
　　念，不論是倫理的，還是政治的，都講從多元文明的角度得到重新
　　理解，從而西方文明中的那些價值、秩序，也只是某種特定民族的
　　產物而已」。載《中原文化研究》2016年2期，頁31。

72　如陳丹丹的批評，見〈東林會講：康有為與大陸新儒學〉，《天府
　　新論》2015年第5期，頁75。

73　康曉光，〈我為什麼主張「儒化」〉，見《中國必須再儒化》，頁
　　165。

74　蔣慶，〈王道政治是當今中國政治的發展方向〉，見《中國必須再

選拔賢能，「有志從政者必須通過《四書》、《五經》的考試才能
獲得從政資格，就如同當法官要通過國家司法考試一樣」，各級黨
政幹部也要把儒家經典當作學習的主要內容[75]，「在現代環境中重
建中國政教治理模式」[76]；三是恢復孔子的國家祭典，重建各地的
家族祠堂，也建議在儒教信奉者家中和祠堂、講堂、會所中恢復供
奉「天地君親師」牌位。

　　不難看出，這種讓中國全面儒化的設想，目標是把中國變成儒
教國，而中國變成儒教國的關鍵，當然是儒教必須成為「國教」，
儒學則順勢成為「王官之學」。蔣慶說，「所謂『立儒教為國教』
是在當今歷史條件下，將堯舜孔孟之道入憲，即在憲法中明載『堯
舜孔孟之道為中國立國之本』。由此來完成儒家『王官學』的現代
復位」[77]。姚中秋也說，「國家需要有『王官學』，以養成社會領
導者群體」[78]。那麼什麼是「王官學」呢？姚中秋比較含蓄地說，
就是有主導地位的「經史之學」[79]，而蔣慶說的更明白，「王官學」

(續)───────────────

　　　儒化》，頁29。他還建議建立國家級的「儒教大學」和地方各級儒
　　　學院，建立儒教出版社、報刊雜誌、網站電視，建立全國各級「講
　　　經堂」或「孔聖堂」並舉行各種儒教禮儀活動。同上，頁37。

75　蔣慶，〈王道政治是當今中國政治的發展方向〉，見《中國必須再
　　　儒化》，頁29。

76　姚中秋，〈中國政教傳統及其重建的現代意義〉中說，「對官員群
　　　體進行儒家經典教育……乃是解決當代中國面臨的諸多文化與政
　　　治難題的良方」，載《文化縱橫》2013年2月號，頁67。

77　蔣慶，〈王道政治是當今中國政治的發展方向〉，見《中國必須再
　　　儒化》，頁42-43。

78　姚中秋，〈秩序底定與史學再造──圍繞錢穆的討論〉，載《文化
　　　縱橫》2015年10月號，頁124。

79　姚中秋，〈中國政教傳統及其重建的現代意義〉說，「對官員群體
　　　進行儒家經典教育，在現代環境中重建中國政教治理模式，乃是解
　　　決當代中國所面臨的諸多文化與政治難題的良方」，載《文化縱橫》

就是「國家主導意識形態」[80]！可是，要是按照康曉光的說法，成為國家主導意識形態似乎還不足，還應該成為絕對的宗教信仰。他回憶儒家輝煌的歷史，不無感慨地說，「歷史上儒家是一個最成功的宗教。皇帝就是它的教皇，整個政府就是它的教會，所有的官員都是它的信徒。老百姓也要接受儒家教化。這是一個非常成功的政教合一、教教（宗教和教化）合一的體制」。原來，他所追求的，遠不止儒教成為「國教」，而且要讓中國變成一個政教合一，官員、士紳、民眾在政治、信仰、學術以及生活上絕對同一化的國家[81]。

　　「藥方只販古時丹」，大陸新儒學在未來理想社會的想像上，其實拿不出新的東西，這是沒有辦法的。近代以來，中國的社會結構、政治制度、生活方式都發生了巨大的變化，可是，他們想像未來的政治資源卻只來自傳統中國，制度設計又完全拒斥儒家之外的其他資源，思想文化和意識形態則固守在儒家五經四書之中，因此，他們只能在舊時風景中幻想未來藍圖。正如霍布斯鮑姆所說，這是

（續）─────────────────

　　　2013年2月號，頁67。

80　見蔣慶，〈關於重建中國儒教的構想〉，先收入陳明編，《儒教新論》（貴陽：貴州人民出版社，2010）；後又收入任重主編，《儒教重建：主張與回應》（北京：中國政法大學出版社，2012），頁3-4。

81　康曉光，〈我為什麼主張「儒化」〉，見《中國必須再儒化》，頁165。其實，就算康有為試圖「尊孔教為國教」，但與康有為接近的梁啟超、黃遵憲等人逐漸不接受。梁啟超雖然最初也支持孔教說（如〈復友人論保教書〉），但到1902年寫〈保教非所以尊孔論〉時，就批評「保教」者，「一曰不知孔子之真相，二曰不知宗教之界說，三曰不知今後宗教勢力之遷移，四曰不列國政治與宗教之關係」，並且指出當下最重要的是「劃定政治與宗教之許可權，使不相侵越也」，特別批評「保教之說束縛國民思想」，「居近日諸學日新思潮橫溢之時代，而猶以保教為尊孔子，斯亦不可已乎」。見《飲冰室合集》（北京：中華書局影印本）「文集」之四，頁50-56。

「為了相當新近的目的而使用舊材料來建構一種新形式的『被發明
的傳統』」[82]，只是他們暗渡陳倉式地設計未來理想國家、宗教與
社會的時候，由於拒絕各種其他資源，又沒有可供參考的另類思路，
只好把古代中國政治制度作極端化想像，並且不自覺地沿襲了某些
極端宗教「政教合一」的範本。試問，如果他們對今天所謂充滿「現
代性弊病」的社會，開出的診斷書只是「有病」，而他們開的一劑
藥則只是「復古」，那麼，這能夠讓社會擺脫弊病，讓儒家起死回
生麼[83]？其實，他們自己也看到，經歷「三千年未有之大變局」，
這些儒家賴以成立的社會基礎，在晚清民初以後逐漸崩塌，君主制
已經崩潰，科舉制也已經廢除，鄉村家族社會在現代漸漸瓦解，儒
家的價值觀念也在日益衰落，總之傳統儒家的理想差不多接近破
滅。所以他們才會認為，這就是「中國」之所以不再「中國」的原
因，蔣慶曾激動地說，「悲乎！中國五千年之大變局，未有甚於中
國之無儒生也，中國之無儒生，非特儒家價值無擔當，且中國國性
不復存；中國國性不復存，中國淪為非驢非馬之國矣」，也就是說，
中國已經不再是「中國」，所以，他呼籲「歸來乎，儒生！未來中

---

82 霍布斯鮑姆，〈導論：發明傳統〉，載霍布斯鮑姆等，《傳統的發
　明》（*The Invention of Tradition*，顧杭等中譯本，南京：譯林出版
　社，2004），頁6。

83 其實，大陸新儒學中的一些學者也看到了其中的問題。如干春松在
　《制度儒學》（上海人民出版社，2006）也承認，儒家把「從家庭
　主義孕育出來的『孝』觀念及由此而來的家國一體的『忠』觀念，
　看成天經地義的核心道德，皇權與等級秩序在『禮』的籠罩之下，
　完全成為一種必然的、唯一可能的秩序形式」這是有問題的，因此
　「將儒家的所有政治設計都搬到現在中國，不但是不可能的，而且
　會導致儒家與現代社會之間的距離的加大，從而徹底把儒家定位於
　『過去』」，見頁64，以及所附〈對話錄〉，頁316。

國之所望也」[84]。

可是，如果按照他們這樣設計，這個未來「中國」將會怎樣呢？

四、「時時誤拂弦」：異想天開的大陸新儒家們

作為一個歷史與文獻研究者，我不想一一挑剔這些「有志圖王者」歷史論述和文獻詮釋中的錯誤，儘管這些錯誤既明顯且荒謬[85]。

84　蔣慶，〈儒生文叢・總序〉，載任重主編，《儒學復興：繼絕與再生》（中國政法大學出版社，2012），頁1。

85　大陸新儒家的一些代表人物，歷史常識往往很成問題，或者乾脆就是挑戰歷史常識。比如蔣慶〈儒學在當今中國有什麼用〉就說，「在中國的夏商周『三代』，中國就形成了獨特的儒教文明……所以說，儒學也就是中華文明的核心價值與義理基礎」。見任重主編，《儒學復興：繼絕與再生》（北京：中國政法大學出版社，2012），頁4。這並不是他隨口所說，在其〈關於重建中國儒教的構想〉中又說「夏商周『三代』即有儒教，因儒教是一文明體，伏羲畫卦即開創了中國文明」。先收入陳明編，《儒教新論》（貴陽：貴州人民出版社，2010），後又收入任重主編，《儒教重建：主張與回應》（北京：中國政法大學出版社，2012），頁3-4。此外，他又說隋代的王通弘揚政治儒學，創立河汾學派，從而開創了「以貞觀之治為代表的大唐盛世」，這是毫無歷史根據的說法。見《政治儒學》（北京：三聯書店，2003），頁98。另外如余東海基本上沒有歷史知識，甚至沒有儒學史或經學史知識，他一會兒說「文景之治」是儒家的功勞；一會兒說《春秋》是外王的經典，除了漢代一直「鬱而不彰，清晚期冒了個泡，推出一批改良派」；一會兒又說西周的成、康之治是「儒家之治」；甚至說，西周已經有「鄉舉里選」，好像那時就有基層民主了似的。見《中國必須再儒化》，頁198-199；還有唐文明，把儒家思想對政治實踐的影響說成是（1）大一統、（2）三綱論、（3）封建郡縣之辯，完全不管歷史上（1）（3）兩項，均主要來自他們自己分得很清楚的法家，而且最大的實踐成績出自焚書坑儒的秦朝。見唐文明，〈政治儒學復興的正當性問題〉，

一般來說，他們並不在乎歷史與文獻的準確與否。他們對儒家經典
與思想的詮釋策略是，第一，改變近代以來把「經」作為「史」來
理解的立場和趨勢，重新捍衛儒家「經」之神聖性，把原本已經學
術化的現代經典研究，重新回到絕對信仰化的經學解讀和義理闡
發；第二，因為他們引經據典的目的在於介入現實和指導政治，因
此，他們往往把古代經典作過度詮釋，不是抽離其歷史語境，就是
進行有目的的引申；第三，由於他們把儒家（或儒教）作為信仰，
故而有宗教信仰者般的絕對立場，形成逆向東方主義的思路。也就
是說，為了對抗和抵銷西方的文化、制度與價值，因此，凡是據說
被西方形塑、強調或批判的「東方」，反而要特意格外高揚，因而
凡是傳統儒家的文化、制度與價值就一定要捍衛，無論這些東西是

（續）────────────

　　載范瑞平等編，《儒家憲政與中國未來》（上海：華東師大出版社，
　　2012），頁94-95；更奇怪的是，原本學歷史的姚中秋（秋風）居
　　然說周代封建「基本架構是自由人透過書面契約所建立的君臣關
　　係」，「雙方都是自由的，可以解除君臣契約」，見《中國必須再
　　儒化》，頁280；又說董仲舒與漢武帝時代，就已經形成了皇權與
　　士大夫「共治體制」，說董仲舒策動了漢武帝時代的「憲政主義革
　　命」。見《中國必須再儒化》，頁281-282；至於對曾國藩平定「西
　　方文明的變體」太平天國，也瓦解了滿清「部族統治」，是「一場
　　憲政主義革命」的說法，也違背常識與根據，見〈儒家作為現代中
　　國之構建者〉，《文化縱橫》2014年2月號，頁69；而研究過哲學
　　史和古文獻的郭沂也在〈國家意識形態與民族主體價值相輔相
　　成──全球化時代馬克思主義與儒學關係的再思考〉（《哲學動態》
　　2007年3期）中也說，「早在中國跨入文明時代之初，也就是三皇
　　五帝時期，華教就已經形成了，並成為後來夏商周三代的國家宗
　　教」。還有一位新儒家學者，連晚清洋務運動的時代都不清楚，隨
　　手就寫下「洋務運動五十年後，中國卻被日本打敗（指1894年甲午
　　戰爭）」，見白彤東，〈中國是如何成為專制國家的〉，載《文史
　　哲》2016年第5期，頁34。

否真的是古代儒家的，也無論這些東西是否適應現代中國。當然，
我願意同情地瞭解他們的政治立場和現實關懷，因此，我並不想過
於學究氣地從歷史與文獻這方面攻錯。我倒是更願意提醒讀者注
意，他們在談論古代儒家傳統和現代政治設想的時候，不時顯露的
用世之心，那種毫不掩飾的急迫和焦慮，似乎充滿了字裡行間。

　　為什麼他們這樣焦慮、興奮與緊張？我注意到，近年來有幾個
新聞事件被大陸新儒學以及他們的同道在不同場合反復提起。一是
2013年11月26日習近平到孔子故里曲阜考察並講話，二是2014年9
月習近平在國際儒聯發表關於儒學與傳統文化的講話，三是2014年5
月4日習近平到北大探望《儒藏》主持人湯一介並「促膝談心」[86]。
我不太清楚中國領導人這些舉動的「初心」是什麼，但我願意相信，
這是在表達對傳統中國文化的某種正面態度。但是，按照大陸新儒
家們的解讀，這就仿佛從西漢文景時代崇尚黃老轉向漢武時代獨尊
儒術一樣，象徵了一個歷史潮流和政治取向的大轉折。按照他們的
想法，這個時候，就應當是上「天人三策」的董仲舒登場了。有一
位新儒家學者仔細分析了執政黨的這種轉向過程後，很激動地說：
首先，是1990年代初執政黨「正面宣導『國學』，隨後，它又把『中
華民族復興』作為主要政治目標，由此當然也就開始修正對儒家的
態度」；其次，是政府在海外大量建立「孔子學院」，表示以孔子
作為當今中國的正面形象和文化象徵，這就「悄然改變了對孔子的
官方評價」，說明執政黨「試圖基於孔子，重構其統治的正當性」；

86　任重說這是習近平的「三大動作」，《中國必須再儒化》117-118
　　頁；又，秋風（姚中秋），〈復興儒家，復歸道統〉，載《中國必
　　須再儒化》，頁269；王學典，〈中國向何處去：人文社會科學的
　　近期走向〉，《清華大學學報》2016年2期，頁5-6。陳明，見〈專
　　題：首屆兩岸新儒家會講〉，載《天府新論》2016年第2期，頁17。

再次，是十七屆六中全會公報，把中國共產黨說成是「既是中華優秀傳統文化的忠實傳承者和弘揚者，又是中國先進文化的宣導者和發展者」，這就等於宣告「中共希望化解文化與政治的衝突，政統與道統的對立」[87]。因此，執政黨領導人從2013到2014年的這三個頗有深意的舉動，就給他們釋放了一個重大利好消息，說明為了實現「中國夢」，迫使「中共領導人的文化立場在持續變化，從最初的反傳統，到今天大體肯認儒家，而具有文明復興之自覺，七十年代開始但尚不自覺的保守化過程，至此躍上了政治自覺的層面」[88]。

「躍上了」這個詞很形象，也許大陸新儒家認為，從此可以縱身一躍而登上政治舞臺？其實，他們應當看看歷史，儘管西漢時代的董仲舒上書建議「罷黜百家，獨尊儒術」，曾獲得漢武帝的矚目，但他仍然仕途不順，被主父偃和公孫弘先後排擠，只能終老在家[89]。但是作為儒家政治意識形態推手象徵的董仲舒，始終鼓勵或刺激著後世儒家學者對於政治和制度的熱情。「不是吾儒本經濟，等閒爭

---

87 秋風（姚中秋），〈復興儒家，復歸道統〉，載《中國必須再儒化》，頁257。他似乎對十七屆六中全會公報格外關注，在這一篇中就提及兩次（頁257、269），在其他地方也不斷提起，如〈解決當代中國問題的關鍵是回歸道統〉（署名秋風）一文中，也引用中共十七屆六中全會公報所說，中共「從成立之日起，就既是中華優秀文化的忠實傳承者和弘揚者，又是中國先進文化的積極宣導者和發展者」，歡呼「這是一個具有重大現實意義、並且指向未來的政治修辭。這句話等於宣告，中共希望化解文化與政治的衝突、政統與道統的對立」（《21世紀經濟報導》2012年4月30日，收入任重主編，《儒學復興：繼絕與再生》，北京：中國政法大學出版社，2012，頁21）

88 秋風（姚中秋），〈復興儒家，復歸道統〉，載《中國必須再儒化》頁270。

89 參看《漢書》（北京：中華書局）卷五十六，《董仲舒傳》，頁2523。

肯出山來」[90]，大陸新儒學的前輩曾經也有過類似幻想，像梁漱溟
就曾信心滿滿地說，「吾曹不出，如蒼生何」，但被毛澤東痛斥並
壓在了五指山下，最終也只好歎息「這個世界會好嗎？」可是，在
大陸新儒家看來這不足為訓，因為梁漱溟那個時代，儒學還處於困
境，不免「花果飄零」和「魂不附體」，所以新儒學雖然在海外有
所發展，但是並不成功。然而現在可不一樣了，「更大的發展契機
存在於中國的經濟和政治的改革之中」，中國的經濟奇蹟，使得「背
後的民族自信心，客觀上為儒學的發展創造了真正的可能性」，而
中國的政治改革，也「需要更多的思想資源，作為團結整個國家的
基礎」[91]。特別是現在天地翻覆，正如崇尚黃老的文景時代，一下
子變成了改宗儒術的漢武時代一樣，換了鼓勵甚至支援儒家的領導
人，他們覺得這下子儒家真的可以「擼起袖子」干預政治、設計制
度、改造社會，只是要等待執政黨和政府的關注。因此，他們誠懇
地建議說，利用儒家要有「應有的誠意和得體的方式」，委婉地指
責現政府「缺乏古代帝王那種利用的藝術」[92]，更有人急切地表白
說，如今的儒家「和自由主義不一樣，根本不會想共產黨下臺，只
是希望共產黨換一套治國思想而已，這就是『罷黜黃老，獨尊儒術』」
[93]。

　　可是時代雖然不同，歷史卻往往相似。秦漢以來的中國，歷來
君尊臣卑，一切權源都在於皇帝，儒生們即使出將入相，最多也只

90　程顥，〈下山偶成〉，《河南程氏文集》卷三，《二程集》（北京：
　　中華書局，1981），第二冊，頁476。
91　干春松主編，《儒教、儒家與中國制度資源》（「東方文化叢書」，
　　南昌：江西人民出版社，2007），〈導言〉，頁2。
92　蔣慶語，《中國必須再儒化》，頁51。
93　《何謂普世？誰之價值？》頁50。

能「得君行道」，沒有皇帝支持，任何「更化」都無從談起。因此，他們並沒有盛唐李白那種「仰面大笑出門去，吾輩豈是蓬蒿人」的自信，倒是總有宋代柳永那種「黃金榜上，偶失龍頭望」的幽怨。所以他們並不具備宋代士大夫與皇帝「共治天下」的自信，卻只能是「待詔金門」等候當政者垂詢。難怪他們一再要說，「習近平（比鄧小平）更上一層樓，講中國夢，講中華民族的偉大復興」；又說「習近平……頗有儒味，在理解執政黨最高領導人中，最有儒家修養」，甚至說「習近平作為執政黨領導人，好的不能再好了，再進一步的話，就要變成中華領導人了」[94]。

不妨再看一看2016年剛剛出版的《中國必須再儒化》。在五位「重鎮」各自長篇的論述和訪談之後，這本書很有深意地附錄了馬浩亮的〈紅色新儒家習近平〉，以及由編者任重執筆作為〈代後記〉的三篇文章（即〈習近平紀念孔子，重建中共之爭合法性〉、〈習近平為何批評「去中國化」〉和〈習近平為何要紀念孔子〉）[95]。這裡面說，「歷史車輪滾滾，風雲回環往復，個中興味，真堪細品也」。的確，他們再三提及執政黨領導人，其中暗示意味，確實值得細細品味。唐代李端〈聽箏〉中有兩句說，「欲得周郎顧，時時誤拂弦」，說的是為了引起心中人的注意，不妨故意賣個破綻。在他們的論著中，如此頻頻提及執政黨和領導人，把他們說成是「儒家」，這裡究竟有什麼用意？我特別注意到，蔣慶有關「儒家上行路線」的兩段話，他先是說「因為儒家是『入世法』，註定要進入政治才能改變政治，因而才能在現世的歷史現實中，實現自己治國平天下的道德理想，所以，儒家也並不是對現世政治持絕對的反抗

---

94 《中國必須再儒化》，頁78、219-220。
95 《中國必須再儒化》，頁323-335。

態度與不合作態度」[96]，因而政府和儒家之間，最好是「雙贏」。如果說這些話還比較隱晦，那麼，下面接著說的這段話就非常直白了，他說，「歷史告訴我們，政府利用儒家，儒家也利用政府，一部中國政治史與一部中國儒學史，就是在這種政府和儒家利用與反利用中曲折發展的歷史」[97]。

　　我不知道這個「利用」，究竟是「邀君希寵」，還是「得君行道」，不過把自己的政治意圖說到如此直白的地步，卻實在罕見！

五、結語：重蹈覆轍？歷史重演？

　　翻閱大陸新儒家們的文獻，我們看到，從1990年代起他們開始與海外新儒家分道揚鑣，另揭以公羊學為基礎的「政治儒學」；到2004年蔣慶邀請盛洪、陳明等在貴州陽明精舍以「儒學的當代命運」為題會講[98]，與當年官方組織的「文化高峰論壇」中許嘉璐等人發起的「甲申文化宣言」遙相呼應，掀起所謂「文化保守主義」潮流；再到本文一開頭所說2014年以來「回到康有為」、「兩岸儒學會講」及「中國必須再儒化」等事件，大陸新儒家從文化儒學轉向政治儒學，從道德倫理闡發轉向政治制度設計，從思想學說轉向意識形態，逐漸與自由主義、社會主義鼎足而立，在21世紀成為中國大陸政治

96　〈讀經、儒教與中國文化的復興──2004年蔣慶先生訪談錄〉，收入任重主編，《儒家回歸：建言與聲辯》（北京：中國政法大學出版社，2012），頁4。

97　蔣慶，〈王道政治是當今中國政治的發展方向〉，見《中國必須再儒化》，頁52。

98　參看王達三，〈傳統文化的一陽來復──陽明精舍儒學會講的思想史意義〉，稱之為「文化保守主義者峰會」，見《讀書時報》2004年7月14日。

與思想舞臺上絕對不可忽視的一股力量[99]。

　　對於大陸新儒學之崛起，其實，大可不必從先秦儒家、漢代經學、宋明理學甚至20世紀新儒學（及海外新儒學）這種學術史脈絡上去追溯它的思想脈絡和歷史淵源，這未免太學究氣。倒是不妨放在當代中國政治與思想語境中，去理解它的產生背景與現實動機。有一位新儒家學者曾經兩次三番提醒海峽對岸的儒家學者說，大陸新儒家與港臺新儒家不一樣，「我們大陸新儒學首先是在對現實問題的思考中，在與左派的革命敘事與右派的啟蒙規劃中萌芽產生的，是在這樣的過程中才逐漸意識到『五四』以來的那種哲學進路，存在著西方中心的預設，儒家文化價值的證成是一個實踐的過程，不能經由與西方某個哲學家或體系的同質性論證實現，而只能經由對於中國社會問題及其所需要文化功能的解決承擔完成。我們是被逼出來的」[100]。

　　的確，大陸新儒家的背景在當下，關懷也在當下，對當下中國的現實關懷，才逼出了與海外新儒家分道揚鑣的大陸新儒家。那麼問題是，究竟什麼在「逼」它？顯然是當下中國的時勢。試圖「得

99　正如主持他們的討論，但本身並非新儒家的任劍濤所指出的，「大
　　陸新儒學諸家有一個意識形態的共同預設，原因在於大陸自己的國
　　家意識形態面臨嚴峻挑戰，在某種意義上，鼓勵了大陸新儒學諸家
　　與各家各派起來競爭國家意識形態位置」。見〈專題：首屆兩岸新
　　儒家會講〉，《天府新論》2016年第2期，頁5。又，本文完稿後，
　　又看到肖強（蕭三匝）〈當代大陸新儒家批判〉（載《文史哲》2017
　　年第1期），他認為大陸新儒家的勃興，一是社會亂象的催逼使人
　　們認識到接住儒家進行道德重建的重要性，二是執政高層對儒家思
　　想主動表示了親和態度，三是商業力量使復興國學成為一門有利可
　　圖的生意。這個意見也可以參考，頁21。
100　陳明語，〈專題：首屆兩岸新儒家會講〉，《天府新論》2016年第
　　2期，頁4。又，大致相同的話，又見於頁66。

君行道」的大陸新儒家學者大都很注意時勢，他們提出的政治藍圖和制度設想的背後，顯然有對「時勢」的判斷。在他們近幾年的諸多言論中，我們可以發現他們反復提到中國大陸的經濟騰飛和國力強大，在他們看來，現在中國在世界上已經是「坐二望一」，這不僅是一個「中國崛起」的契機，也是儒家「魂兮歸來」的契機。「國力日益強大的中國，應當接續道統，重拾儒家『以天下為一家』式的世界觀念。這一觀念體系，更宜於在一個衝突四起而又利益黏連的世界中維持公義與和平」[101]。面對當今重新洗牌的世界，他們追問，「這是一個世界，還是兩個世界？中國與美國能否共同治理世界？中國處於上升階段，一旦超過美國，世界將會怎樣？」他們相當自信地認為，如果說19世紀是英國世紀，20世紀是美國世紀，那麼，現在21世紀已經是「世界歷史的中國時刻」[102]，而這個「中國時刻」，就應當是「大陸新儒家」登場了[103]。

是該新儒家登場了嗎？在中國古代歷史上，所謂儒家登場，最被人傳頌的就是西漢董仲舒上天人三策，提倡「罷黜百家，獨尊儒術」，從而奠定中國政治意識形態主軸的故事了。前面說到，董仲舒是當代大陸新儒學仰慕和追蹤的榜樣，一位大陸新儒家學者就說，「新中國最接近漢朝，開創者都是平民出身」[104]，這是他們的

---

101 這種論述，近年來在中國學術界和思想界相當流行，見〈封面選題：反思中國外交哲學〉之「編者按」，以及盛洪，〈儒家的外交原則及其當代意義〉，載《文化縱橫》2012年第8期，頁17、45。

102 姚中秋（秋風），〈世界歷史的中國時刻〉，載《文化縱橫》2013年6月號，頁78。

103 關於這一方面，我在〈對「天下」的想像〉一文中，已經有較多討論，這裡從略。見《思想》（台北：聯經出版公司，2015），第29期。

104 〈專題二：回到康有為／通三統：現代思想中的革命與建國問題〉，

歷史判斷。他們特別是反復提及拓展疆土的漢武帝時代,顯然覺得現在崛起的中國,就像採取黃老之學施行「無為而治」策略的文景時代剛剛過去,即將迎來「外攘夷狄,內興功業」只能獨尊儒術的漢武時代一樣。「當統治者把所有的捷徑都試了一遍,都走不通,走投無路,就會被迫轉到儒家」[105]。因此,他們覺得現在大陸新儒家登場,就應當像董仲舒一樣,等待漢武帝垂詢,與漢武帝形成「士大夫與皇權共治體制」,完成所謂「革命」或「更化」 [106],並且「在郡縣制的基礎上,興起文教,塑造儒家士大夫這樣一個社會領導階層」[107]。

今天的中國大陸,真的就像西漢文景時代轉向漢武時代了嗎?也許是的,中國大陸的思想世界,也許正如他們所說,大陸新儒家開始與自由主義、社會主義鼎足而三,各自為未來中國設計路徑。作為一個「入世」的流派,我可以理解他們不甘心蟄居傳統一隅,也不甘心只是坐而論道。然而問題是,現在他們隨著中國政治大勢的變化,一方面與民族主義或國家主義思潮聯手,一方面逐漸向政治權力與意識形態看齊,一方面在國內的論壇上高談闊論指點江山,一方面又依靠某些所謂「國際學者」賞識,向左派靠攏躍上國際學界[108]。在這樣的情勢下,他們或許會忘記,儒家歷史上真正的

(續)————————————————

　　　　載《天府新論》2016年第6期,頁41。

105 姚中秋語,《中國必須再儒化》,頁275。

106 姚中秋語,《中國必須再儒化》,頁281。

107 姚中秋語,〈東林會講:康有為與大陸新儒學〉,《天府新論》2015年第5期,頁71。

108 有人說,大陸新儒學與左派社會主義的共同聯繫,就是「價值理性的優先」,也有人說,他們「有一個共同的敵人——資本主義」,見「儒學與社會主義」座談紀錄,《開放時代》2016年第1期,頁74;如貝淡寧(Daniel A. Bell)就說,「隨著中國成為全球大國,

政治批判者與思想闡發者，恰恰應當與政治權力保持距離，也就是應當「務正學以言，無曲學以阿世」[109]。即使想干政或干祿，最好也看看西漢儒生的命運，董仲舒雖然上天人三策，但在漢武帝眼中仍只是五經博士之一，充其量是「通五經，能持論，善屬文」的業儒書生，最終被貶斥以「修學著書為事」[110]，而真正得到寵用並能位至「丞相，封平津侯」的，卻是策劃排擠董仲舒，「為人意忌，外寬內深」，「習文法吏事，而又緣飾以儒術」的公孫弘[111]。

其實，大陸新儒學群體中，也不是沒有稍微清醒的學者，在他們興高采烈的大聲喧嘩時，也不是沒有善意提醒的冷靜聲音。一個也許自認儒門內的學者雖然極力推動儒教制度化，但也憂心忡忡地說，在儒教的政治化和制度化上有一些需要警惕的地方，就是「體制化的儒教是否會重走制度化儒教的舊路，從而再次出現一個與國

（續）———

現在輪到中國開始確認自己的文化傳統了」，他忽悠中國學者說，他認為最看好的是「左派儒學」，代表是蔣慶和甘陽，說他們「是把社會主義傳統與儒家傳統結合在一起的嘗試，讓儒家傳統來豐富和改造社會主義」。見《儒家憲政與中國未來》，頁235-237。關於中國大陸所謂「新左派」與大陸「新儒學」關係的問題，這裡不能詳說，還需要有專門的論文來詳細討論。

109 這是轅固生警告公孫弘的話，見《史記》卷一二一，《儒林列傳》，頁3124。

110 關於董仲舒，參看《史記》卷一二一，《儒林列傳》，《漢書》卷五十六，《董仲舒傳》，頁2495-2526；董仲舒的「天人三策」，可能在漢武帝時代並沒有流傳，也沒有真正被採納，所以有人指出「天人三策流傳民間可能始於昭、宣時期」，而《史記》的董仲舒傳也沒有提及。見陳蘇鎮，《春秋與漢道：兩漢政治與政治文化研究》（北京：中華書局，2011），頁224。

111 以上有關公孫弘，參見《史記》卷一一二，《平津侯主父列傳》，頁2949-2952；《漢書》卷五十八，《公孫弘卜式兒寬傳》，頁2613-2623。

家政治緊密結合在一起的儒教或政教合一的情況」[112]；一個儒門之
外的學者曾在討論時提醒他們說，首先，你要考慮何為中國？如果
承認中國是多元文化、多元族群，那麼儒家就要「拿出一個普適主
義方案」；其次，儒家要在思想市場上參與自由競爭，決不能「定
於一尊」，如果這樣就是「自尋死路」；再次，是儒家要「與政治
或者政治制度的建設保持一定的距離」，任何主張儒教入憲或建立
通儒院的做法都是「時代錯位的囈語」[113]。

可惜的是，現在越來越亢奮的大陸新儒家，在越來越膨脹的中
國崛起時代，似乎已經聽不進這些苦口良言了。

2017年2月11日上海第一稿
2017年3月28日波士頓第二稿

葛兆光，復旦大學文史研究院及歷史系資深特聘教授。主要研究
領域是中國宗教、思想和文化史。近年主要學術著作包括《宅茲中
國：重建有關中國的歷史論述》（2011）、《想像異域：讀李朝朝
鮮燕行文獻劄記》（2014）、《何為中國：疆域、民族、歷史與文
化》（2014）、《歷史中國的內與外》（2017）等。

---

112 彭永捷，〈論儒教的體制化和儒教的改新〉，載干春松主編，《儒
   教、儒家與中國制度資源》（「東方文化叢書」，江西人民出版社，
   2007），頁107。
113 翟志勇語。見「世界歷史的中國時刻」討論紀錄，載《開放時代》
   2013年第2期，頁27-28。

蔣慶「儒門判教論」辨析

趙敬邦

> 足下與吳門諸士厭宋儒空虛，故倡漢學以矯之，意良是也。
> 第不知宋學有弊，漢學更有弊。
> 宋偏於形而上者，故心性之說近玄虛；
> 漢偏於形而下者，故箋注之說多附會。
> ——清・袁枚，《小倉山房文集》，〈答惠定宇書〉

一、前言

　　當代新儒學是上世紀中國哲學界最重要的思潮之一，不論對這一思潮所持態度如何，我們當可同意一事實：當代新儒學使有關儒學的討論變得熱鬧起來。對當代新儒學的討論，亦由最初主要集中在港、台學界迅速蔓延至中國大陸，以致在1990年代開始有所謂「大陸新儒家」的出現[1]。鑑於大陸新儒家的興起，原本被稱為「當代新儒家」的一群講學於港、台的思想家如唐君毅、牟宗三和徐復觀等

1　John Makeham, *Lost Soul: Confucianism in Contemporary Chinese Academic Discourse*（Cambridge: Harvard University Asia Center, 2008）, pp.58-73.

先生亦有被「正名」的趨勢,漸漸被稱為「港台新儒家」[2]。乍看之下,「大陸新儒家」和「港台新儒家」似是平衡發展,甚至分庭抗禮。換言之,兩者同是儒門內部的分派而大可並行不悖[3]。惟兩派新儒家是否真在理論上享有同等或相約的地位,以致能得以並存,卻是一有待探討的問題。

在大陸新儒家的代表人物中,蔣慶先生當為最能惹起討論者。這是因為他提出的「政治儒學」觀點具有創意之餘,亦甚具爭議。循蔣先生,港台新儒家立論是以孟子思想為基礎所發展出來的「心性儒學」,其關注者為個人的成德功夫;「政治儒學」則為建基於荀子和董仲舒思想而發展的一個傳統,其注重政治制度的建立[4]。蔣先生有名的「三院制」即為這一「政治儒學」的具體表現[5]。

不少學者均曾討論蔣先生「政治儒學」和「三院制」的想法。就筆者所見,各種討論大抵循以下角度立論:第一,從客觀歷史質疑蔣先生主張的政治儒學未曾真正存在,以為他的建議只屬一種烏托邦式的想像[6];第二,荀子和董仲舒雖有政治上的建議,惟其與蔣

2　如Jana S. Rošker 即用「港台儒者」來形容唐先生諸人。見其 *The Rebirth of the Moral Self: the Second Generation of Modern Confucians and their Modernization Discourses*（Hong Kong: Chinese University Press, 2016）.

3　李維武便用「一本」和「萬殊」來形容兩者在儒門中的地位,似認為兩者同為儒家,只是彼此關注重點有所不同而已。見其〈近50年來現代新儒學開展的「一本」和「萬殊」〉,《南京大學學報(哲學‧人文科學‧社會科學)》第六期(2008):91-100。

4　詳見蔣慶,《公羊學引論》(瀋陽:遼寧教育出版社,1995),頁31-36。

5　有關「政治儒學」和「三院制」,下文將再有提及,暫按下不表。

6　例子見李明輝,〈關於「新儒家」的爭論:回應《澎湃新聞》訪問之回應〉,收入《思想29:動物與社會》(台北:聯經出版公司,

先生政治儒學的主張有別，認為後者或誤解古人的思想[7]；第三，假定蔣先生所理解的政治儒學真在中國歷史上存在，蔣先生又確是發揮了荀子和董仲舒的思想，但認為這些思想已滲入法家、道家和縱橫家等學說，故非純粹的儒學[8]；第四，縱使蔣先生的政治儒學主張能被視為儒家傳統的一部分，但政治儒學亦不必然與西方的民主制度不容，以為蔣先生高舉政治儒學以強調中、西之分，是一種排外的保守主義[9]；第五，從實際社會條件質疑「三院制」的可行性[10]。

　　以上各種有關蔣先生觀點的討論，在不同程度上均能增加我們對其想法的了解及對儒學的反省。惟各種討論似預設一前提：蔣先生有關「心性儒學」和「政治儒學」的劃分可以成立[11]。正是基於這一前設，蔣先生乃能在心性儒學以外討論政治儒學，繼而才有上述各種對其政治儒學的批評。本文的目的很簡單：探本窮源，檢討

（續）――――――――――――――――――
　　 2015），頁273-283。
7　例子見成慶，〈當代大陸政治儒家的迷思〉，收入《思想20：儒家與現代政治》（台北：聯經出版公司，2012），頁223-229。
8　例子見劉滄龍，〈對於大陸新公羊學的初步省思〉，收入《思想29：動物與社會》，同注6，頁315-323。
　　 John Makeham, *Lost Soul: Confucianism in 'Contemporary' Chinese Academic Discourse*, 同注1, pp.261-276; David Elstein, 'Book Review on Jiang Qing's Living Faith and the Kingly Way of Politics', *Dao: A Journal of Comparative Philosophy* vol. 10, no. 4（2011）: 395-398.
10　Wang Shaoguang, 'Is the Way of the Humane Authority a Good Thing? An Assessment of the Confucian Constitutionalism', in Jiang Qing, Edmund Ryden trans., Daniel A. Bell and Fan Ruiping ed., *A Confucian Constitutional Order: How China's Ancient Past Can Shape Its Political Future*（Princeton and Oxford: Princeton University Press, 2013），pp.139-158.
11　上述第三種主張，因已質疑政治儒學並非純粹的儒學，故或許是唯一對兩種儒學的劃分持一保留態度者。

蔣先生有關「心性儒學」和「政治儒學」的劃分，其合理性究竟如
何。

二、蔣慶論兩種儒學的關係

　　蔣先生對儒學的討論甚多，惟其均似建基於對心性儒學和政治
儒學的劃分。有關兩種儒學，蔣先生有言：

> 生命儒學創立於孔子，確立於思孟，成熟於濂溪明道，集大成
> 於陽明先生。故儒家的生命儒學即是以陽明為代表的良知心
> 學。……漢之公羊家承傳、弘揚並發展了孔子的政治儒學，形
> 成了中國心性儒學以外的政治儒學傳統。[12]

　　查蔣先生不同著作，「生命儒學」實與「心性儒學」同[13]。換
言之，蔣先生認為儒學內最少包含兩個傳統：一是建基於孟子理論
而發展的「心性儒學」；另一是建基於漢代公羊學發揮的「政治儒
學」，後者又為荀子禮學所影響[14]。循蔣先生，兩種儒學的立論重
點雖有不同，惟其既同為儒學，關係乃是相輔相成，而非彼此排斥。
其有言：

> 儒學內部的形態不同，導致儒學的流派不同，這只是儒學的治

12　蔣慶，《生命信仰與王道政治：儒家文化的現代價值》（台北：養
　　正堂文化，2004），頁163-164。另見其《公羊學引論》，同註4。
13　這一觀察，散見蔣先生不同著作，茲不贅引。
14　蔣慶，《政治儒學：當代儒學的轉向、特質與發展》（福州：福建
　　教育出版社，2014），頁80。

世功能不同，正好互補，就像不同的中藥治不同的病一樣，各有各的作用，沒有理由相互攻訐排斥，更沒有理由惟我獨尊。[15]

正是在兩種儒學沒有矛盾的前提下，蔣先生主張心性儒學和政治儒學當可並行不悖，各有各的發展。他有言：

> 中國儒學可平行地朝兩個方向發展，即平行地朝「心性儒學」方向和「政治儒學」方向發展。此即意味着以「心性儒學」安立中國人的精神生命（修身以治心），以「政治儒學」建構中國式的政治制度（建制以治世）。[16]

蔣先生雖認為兩種儒學沒有衝突，但其著作卻集中對心性儒學作出批評[17]，然則他如何解釋兩種儒學真能並存？蔣先生遂提出「判教」一說以解說兩者的關係：

> 「心性儒學」和「政治儒學」之二分是儒學內部之判教，是指明二學在儒學傳統中就整個儒學系統而言各有其相應之地位與價值，不能相互否定。故依「心性儒學」之判教理路講之並不礙「政治儒學」，依「政治儒學」之判教理路講之亦不礙「心性儒學」，只要把握二學之分際，皆可同時講之而不礙也。此

15　蔣慶，《生命信仰與王道政治：儒家文化的現代價值》，同注12，頁170。

16　蔣慶，《政治儒學：當代儒學的轉向、特質與發展》，同注14，頁14-15。

17　例子見蔣慶，《政治儒學：當代儒學的轉向、特質與發展》，同上注，頁39-51。

一問題非形式理性之非此即彼問題,而是一「道並行而不相悖」
之圓智問題。[18]

又言:

> 把中國儒學分為政治儒學與心性儒學,是對中國儒學傳統的再
> 判教,這一判教的意義非常重大,因為漢以後延誤中國儒學未
> 能開出外王的癥結正在於混淆了二學的區別,一直想從心性儒
> 學開外王,結果千餘年來一直未能獲得成功。[19]

　　蔣先生認為,心性儒學和政治儒學之分判只是「儒學內部之判
教」。這一「判教」意義重大,因心性儒學過去未能承擔開展儒學
「外王」的重任,故才有提倡政治儒學的必要。是以,「判教」乃
為蔣先生用以融通兩種儒學的哲學方法,吾人亦因此有必要對「判
教」這一概念更作認識,而不能輕率視之,因其在蔣先生的思想中,
實扮演一關鍵角色也。

三、「判教」略析

　　「判教」一詞源自印度佛教,惟其作為一重要的哲學概念,卻
由中國佛教始[20]。所謂「判教」,意指透過判別佛教內哪些理論屬
於該教的「本」和「末」、「了」和「權」、「顯」和「隱」,以

18　同上注,頁15-16。
19　同上注,頁37。
20　詳見Peter N. Gregory, *Tsung-mi and the Sinification of Buddhism*
　　（Honolulu: University of Hawai'i Press, 2002）, pp. 93-114.

及「先」和「後」等，把表面上看似矛盾的觀點貫通起來，藉以使佛教成為一個圓融的整體[21]。在佛教歷史上，不少宗派均有提出自己的「判教」理論，以求達到上述效果。如唯識宗據《解深密經》提出「三時判教」，把佛陀說法的經歷分作三個時期，即為以說法「先／後」來判別不同觀點的例子[22]；天台宗依佛陀說法的內容作標準，提出「化法四教」之說，以藏、通、別、圓四範疇判釋主要的佛教理論，並認為自身理論能直透佛陀的本懷，其他理論則在不同程度上為佛陀渡化眾生的手段，從而把佛教理論用「了／權」的模式來加以理解[23]；華嚴宗則在其判教理論中利用「先／後」、「顯／隱」和「本／末」等多個標準，把不同佛教理論判釋為小、始、終、頓、圓等，指出在「別教一乘圓教」的境界中一切法相即相攝，沒有價值上的高下[24]。凡此均為佛教內判教的經典例子。

　　至近代，儒家學者亦試以「判教」的方法來說明傳統中國思想和西方文化的關係。如梁漱溟先生在其《東西文化及其哲學》中提出西方文化太過進取，容易做成對外侵略；印度文化則過於消極，僅利於用作安頓死亡等宗教問題。中國在面對外憂內患的威脅下，

---

21 參拙作 King Pong Chiu, Thomé H. Fang, *Tang Junyi and Huayan Thought: A Confucian Appropriation of Buddhist Ideas in Response to Scientism in Twentieth-Century China*（Leiden: Brill, 2016），p. 70；趙敬邦，〈論墨學在環境倫理學中的意義〉，《應用倫理評論》第59期（10／2015）：1-24。

22 更多討論，見李潤生，《唯識三十頌導讀》（新北：全佛文化，2011），頁53-55。

23 參考吳汝鈞，《中國佛學的現代詮釋》（台北：文津出版社，1995），頁46-48。

24 詳見廖明活，《中國佛教思想述要》（台北：台灣商務印書館，2006），頁384-399。

一方面不能過於進取，另一方面又不宜太過消極。因此，梁先生認
為儒學才是中國當時的救世之途。換言之，梁先生是以實用為考量，
在肯定不同文化的價值之餘，提出重視儒學的理由[25]；唐君毅先生
則在其鉅著《生命存在與心靈境界》中仿華嚴宗思想，主張一切哲
學最終須由理論的探求轉為生命的實踐，從而達到泯滅主、客之分
的效果。在這一結論下，一切對人類有益的思想均能並存而沒有矛
盾[26]；牟宗三先生則在《圓善論》中利用康德「現象」與「物自身」
的概念，指出西方哲學所討論的道理雖有其價值，但卻只能說明「現
象」層面的道理。反之，中國哲學能透過「智的直覺」證入「物自
身」的層次，當中尤以儒學能對世界作一根源性的說明，以完成一
套「道德形上學」。透過層層昇進，不同哲學理論乃在牟先生的判
釋系統中各得其位[27]。

　　本文並非討論佛教和當代儒者的「判教」理論，而只指出：要
達到判教的效果，得有一用以判釋不同理論的標準，並根據此標準

25　梁先生的觀點主要見其《東西文化及其哲學》（上海：上海書店，
　　1989）。對梁先生相關觀點的討論，見Lin Anwu, "Liang Shuming and
　　his Theory of the Reappearance of Three Cultural Periods,"
　　Contemporary Chinese Thought vol. 40, no.3 （2009）: 16-38.
26　唐君毅，《生命存在與心靈境界》（全兩冊，台北：臺灣學生書局，
　　1986）。有關唐先生的觀點，可參考拙作King Pong Chiu, Thomé H.
　　Fang, *Tang Junyi and Huayan Thought: A Confucian Appropriation of
　　Buddhist Ideas in Response to Scientism in Twentieth-Century China*，
　　同注21，chapters 4 & 5.
27　牟宗三，《圓善論》（台北：臺灣學生書局，1996）。相關討論，
　　見Nicholas Bunnin, "God's Knowledge and Ours: Kant and Mou
　　Zongsan on Intellectual Intuition," *Journal of Chinese Philosophy*
　　vol.35, no.4 （2008）: 613-624.

發展一套能使被批評者得以和吾人自身理論並存的判教理論[28]；若只有對其他理論的批評，而沒有提出用以使不同理論得以共存的方法，這便不能稱為判教。如孟子對楊朱和墨子均有所批評，但前者既沒有提出用以融通後兩者的理論，則孟子的做法便不能視為一種判教。在對判教有一大概理解後，我們乃能對蔣慶先生「儒學內部判教」的說法再作討論，以檢視這一說法的合理性。

四、心性儒學的儒門判教

如前所述，蔣慶先生認為其有關心性儒學與政治儒學的劃分，只是「儒學內部的判教」。換言之，兩者當可並存而沒有真正矛盾。惟我們亦指出，要達到「判教」的效果，便須有一判教理論。事實上，被蔣先生視為屬於心性儒學一系的思想家雖未有提出如蔣先生的心性儒學與政治儒學之分判，但當能同意不同儒學的觀點沒有必然矛盾。這是因為這些思想家實提出了用以解釋不同觀點之所以能夠並存的理論，縱使他們未曾明確用上「儒學內部的判教」此說法。

顧名思義，「心性儒學」立論建基於吾人的「心性」，而在儒家傳統的脈絡下，「心性」尤指「道德人格的完成」[29]。如蔣先生所言，「心性儒學」始於孟子，發揚於宋明理學，並為港台新儒家如唐君毅、牟宗三和徐復觀等先生所繼承[30]。蔣先生既認為其「政

28　馮耀明，《「超越內在」的迷思：從分析哲學觀點看當代新儒學》（香港：中文大學出版社，2003），頁75-98。

29　勞思光，《哲學淺說》（香港：中文大學出版社，1998），頁47-48。

30　蔣慶，《政治儒學：當代儒學的轉向、特質與發展》，同注14，頁20-21。

治儒學」表現於公羊學，而公羊學又主要傳承於荀子[31]，則吾人若
要理解心性儒學如何判釋政治儒學，從而使兩者能得以並存，我們
乃可從心性儒學如何看待荀子和公羊學思想這一角度開始討論。由
於蔣先生對心性儒學的批評，主要集中在唐、牟等先生，故本節亦
以他們作為心性儒學的代表，而不涉孟子和宋明諸子；又由於唐、
牟等先生鮮談公羊學，故下文主要集中在他們如何評價荀子思想這
一線索上。此一做法雖明顯有把心性儒學如何看待政治儒學這一複
雜問題加以簡化的危險，但其卻有助我們聚焦，不致因討論人物眾
多而模糊視線。事實上，若吾人能了解唐、牟等先生如何看待荀子，
則當不難推斷所謂心性儒學當如何評價政治儒學。

有關孟、荀思想的優劣及兩者的關係，牟宗三先生有以下討論：

> 孟子敦詩書而立性善，正是向深處悟，向高處提，荀子隆禮義
> 而殺詩書，正是向廣處轉，向外面推。一在內聖，一在外王。[32]

又言：

> 荀子之所重，固孟子之所略。而孟子之所立，正荀子之所不可
> 頃刻離。[33]

乍看之下，牟先生似認為孟、荀各有長短，兩人彷處一平等的
地位。惟細看之下，兩人的重要性實大有分別。蓋牟先生認為，孟

---

31 蔣慶，《公羊學引論》，同注4，頁78-79。
32 牟宗三，《名家與荀子》（台北：臺灣學生書局，1994），頁199。
33 同上注，頁217。

子所缺雖為儒學之失，但不改孟子所論為儒學；惟荀子所缺者，卻
關係到其學是否真為儒學。牟先生對此有所解釋：

> [荀子] 只知氣質人欲之為天生之人性，一眼覷定，只見其為被
> 治之負面，而不知其諄諄懇懇，鍥而不舍，以道說禮義法度之
> 誠樸篤實之心，即是萬善之原也，即是人之所以為人之肯要處
> 也。此則不反之過也。不反而把握此點骨脈，遂將由於不安一
> 念中之理想而發之禮義法度推置於外，而不知其照體獨立內在
> 於性分之意義，而人性亦全成被治之負面，此其所以本源不清
> 也。……孔孟由此 [惻然之心] 着眼而立宇宙人生之大本。此即
> 是絕對理性。義道與禮義法度皆由絕對理性而發出。故國家亦
> 是絕對理性之現實的客觀表現。是則客觀精神必以絕對精神為
> 本，而後其內在之絕對價值方不毀。若如荀子所說，則只是對
> 治之功利價值，其所顯示之客觀精神必將因法家而毀滅。[34]

　　以上引文帶出「政治儒學」和「心性儒學」兩者關係的三個要
點。第一，客觀制度建基於惻然之心；第二，若客觀制度非建基於
惻然之心，則前者易為其他目的所用；第三，基於以上兩點，惻然
之心為制度的根本，制度是惻然之心的表現[35]；惻然之心是目的，
制度是手段。在這一意義下，若未能把握孟子的心性論而直言制度
的建立，實容易違反儒家的政治理想，因為未能把握制度的價值根
源也。可惜的是，荀子思想的最大缺點，正是未能把握這一價值根

34　同上注，頁217-218。
35　詳見唐君毅，《文化意識與道德理性》（台北：臺灣學生書局，2003），
　　頁5-6。

源[36]。但由於荀子提出制度的要求確是為了把儒家的政治理想加以
落實，其對法家等極權思想亦始終持一批判態度，故荀子雖未能把
握儒家心性論，卻仍廣被稱為儒家[37]。惟有一點卻可肯定：孟、荀
兩人在儒學中的重要性實有不同，而非僅是兩人立論有所分別而已
[38]。從心性儒學的角度看政治儒學的觀點既明，以下則倒過來討論
從政治儒學看心性儒學的觀點當是如何。

五、政治儒學的儒門判教

　　前文既述若從心性儒學的角度評價政治儒學，後者當只屬儒學
的末流或手段，故政治儒學的地位實不能與心性儒學相約或等同。
蔣慶先生既強調兩種儒學能獨立發展，並行不悖，乃有必要提出一
足以讓政治儒學和心性儒學並列的判教理論；否則，一旦兩種儒學
在立場上出現衝突，吾人便只好放棄政治儒學以避免落入捨本逐末
的困境之中。

　　事實上，蔣先生在理論上對政治儒學的發揮似乎不多，這或許

36　荀子對人性的看法，較似告子「生之為性」的立場；董仲舒亦把人
　　行善的根據放在陰陽五行之理上，兩人均不以孟子心性論為立論基
　　礎。更多討論，見勞思光，《中國文化要義》（香港：中文大學出
　　版社，2002），頁20-23。

37　徐復觀，《中國人性論史·先秦篇》（台北：臺灣商務印書館，2003），
　　頁258-259。

38　勞思光，《哲學問題源流論》（香港：中文大學出版社，2001），
　　頁34-36。更多討論，見趙敬邦，〈書評：Jana S. Rošker, *The Rebirth
　　of the Moral Self: The Second Generation of Modern Confucians and
　　their Modernization Discourses*〉，《漢學研究》第34卷，第4期（12/
　　2016），頁331-336。

是由於他把政治儒學的重點定位在制度的建立上。因此，蔣先生有
關政治儒學的討論亦主要透過一制度上的安排來表達。誠如蔣先生
所言：

> 王道政治可以說是「政治儒學」最核心的價值，「政治儒學」
> 的宗旨就是要講明王道政治，實現王道政治，現在特別是要講
> 明王道政治三重合法性相互制衡的學說。[39]

所謂「王道政治」和「三重合法性」，蔣先生再有解釋：

> 王道政治的核心內涵是政治權力的「三重合法性」，政治權力
> 的合法性問題是決定政治統治是否合法的根本性問題。公羊家
> 言「參通天地人為王」，又言「王道通三」，即是言政治權力
> 必須同時具有「天地人」三重合法性才能合法。「天」的合法
> 性是指超越神聖的合法性，因為中國文化中的「天」是具有隱
> 性人格的主宰意志之「天」與具有超越神聖特徵的自然義理之
> 「天」；「地」的合法性是指歷史文化的合法性，因為歷史文
> 化產生於特定的地理空間；「人」的合法性是指人心民意的合
> 法性，因為人心向背與民意認同直接決定人們是否自願服從政
> 治權力或政治權威。[40]

而為了實現「三重合法性」，蔣先生遂提出「三院制」的主張，

39　蔣慶，《生命信仰與王道政治：儒家文化的現代價值》，同注12，
　　頁405。
40　同上注，頁293。

茲把他用以解釋這制度的文字複述如下：

> 王道政治在「治道」上實行議會制，行政系統由議會產生，對
> 議會負責。議會實行三院制，每一院分別代表一重合法性。三
> 院可分為「通儒院」、「庶民院」、「國體院」。「通儒院」
> 代表超越神聖的合法性，「庶民院」代表人心民意的合法性，
> 「國體院」代表歷史文化的合法性。……「通儒院」由推舉與
> 委派產生，「庶民院」由普選與功能團體選舉產生，「國體院」
> 由世襲與指定產生。「通儒院」議長由儒教公推之大儒擔任，
> 終身任職制，可不到位，委派代表主持院事；議員來源有兩個
> 途徑：一、社會公推之儒家民間賢儒，二、國家成立通儒學院，
> 專門培養精通《四書》《五經》等儒家經典之儒士，經過政治
> 實習和考核，委派到國家、省、市、縣級議會任議員。其議員
> 產生之規則制度可效仿吾國古代之「薦舉制」與「科舉制」。
> 「庶民院」議長議員則按西方民主政治議會產生的規則與程式
> 產生。「國體院」議長由孔府衍聖公世襲，議員則由衍聖公指
> 定吾國歷代聖賢後裔、歷代君主後裔、歷代歷史文化名人後裔、
> 社會賢達以及道教界、佛教界、回教界、喇嘛教界、基督教界
> 人士產生。[41]

　　本文非要討論「三院制」是否可行。吾人既從「判教」的角度
立論，則當討論作為政治儒學具體表現的「三院制」一旦違反心性
儒學的理念，則我們當如何取捨。事實上，三院制確有不少應不為
心性儒學接受的地方，如蔣先生認為通儒院由大儒組成，其成員乃

41　同上注，頁313-314。

有實際的政治權力。但心性儒學是否認同擁有政治權力者必屬某一階層，實值得吾人懷疑。蓋《孟子‧萬章》有言：「得天下有道，得其民，斯得天下矣。得其民有道，得其心，斯得民矣。」循孟子，擁政治權力的人當為得民心者，故孟子特強調「仁政」和「王道」，而非一人的出身；相反，一人的出身當取決於其道德水平[42]。換言之，若大儒真能擁有政治權力，不是由於他是大儒這一身分，而是因其有着過人的道德水準。而有着過人的道德水準者，當以教化他人為己任，使他人亦能成為與自己一樣有着高度道德水平的人，而非僅是管治他人[43]；蔣先生又認為國體院的組成當由孔子或其他歷史上重要人物的後裔擔任，這無異在提倡一種世襲制。《孟子‧滕文公上》雖有言「勞心者治人，勞力者治於人」，主張能循道德之心以行事的人當在管治階層的位置。但他亦謂「舜何人也，予何人也，有為者亦若是。」認為每個人在原則上均可循道德之心行事，以成為一有道德的人。是以，當沒有一人必為他人統治，亦沒有一人當永遠統治他人。心性儒學既反對以一人的出身衡量其擁有的政治權力，則會否同意世襲制，便甚值得懷疑[44]。以上僅為兩個政治儒學極有可能違反心性儒學的例子，以說明兩者的矛盾或遠比想像中大，非一句「判教」即能消解。

　　事實上，若蔣先生有提出一政治儒學的判教理論，以說明政治

42　張灝，《幽暗意識與民主傳統》（台北：聯經出版公司出版，1989），頁36-37。

43　方東美先生便認為有儒家色彩的民主政治當依此觀點而發揮。詳見其《中國哲學精神及其發展(上)》（台北：黎明文化，2004），頁170-171。

44　方朝輝即有類似質疑。見陳明編，《激辯儒教》（貴陽：貴州人民出版社，2009），頁42-43。

儒學非在儒學中擔當一末流或手段的角色，而是足以和心性儒學分庭抗禮，則一旦兩種儒學發生衝突，政治儒學或能保留自己的主張，甚至反過來統攝心性儒學以迫使吾人放棄後者的觀點。惟遍查蔣先生著作，其似未有提出相關的「判教」理論；反之，蔣先生更是承認前述有關心性儒學的判教觀點。如其言：

> 政治儒學就具有過分入世化與外在化的傾向，容易因為過分認同現實而喪失批判社會與政治的能力，變得僵化保守，成為為統治者服務的意識形態。在這種情況下，就需要心性儒學來對政治儒學進行批判與矯正，消除政治儒學中的意識形態成分，保持政治儒學的純正面目。（因為心性儒學是儒家的守道之學，其在社會政治方面的最大功能就在於源自天道性理的批判，如果政治儒學不接受心性儒學的批判而一味遷就現實，就會脫離儒家傳統而蛻化變質，荀子的一部分後學變為法家就是顯例。）由此可見，政治儒學與心性儒學並非截然對立，政治儒學也不否定心性儒學，而是嚴格地劃分二者的畛域，又恰當地指出二者的聯繫。只要政治儒學隨時參照心性儒學，牢牢地守住天道性理，不斷地自我反省與自我批判，保持認識的清明與精神的純正，就絕不會淪為政治上的意識形態，而永遠是批判社會與改造政治的儒家外王之學。[45]

循引文，政治儒學容易偏離儒學宗旨，故其須時刻參照心性儒學，並接受後者的制約。這點與前述牟先生言「荀子之所重，固孟

---

45 蔣慶，《政治儒學：當代儒學的轉向、特質與發展》，同注14，頁38。

子之所略。而孟子之所立，正荀子之所不可頃刻離。」可謂沒有分別。至此，蔣先生認為心性儒學在儒學內當比政治儒學扮演一更為根本和重要的角色，已是相當明顯。若是如此，則兩種儒學一旦有所衝突，吾人實沒有用政治儒學來反駁心性儒學之理，惟這正是蔣先生所用力者。

六、結論

在論及吾人研究中國哲學當注意的地方時，牟宗三先生強調每一個概念要有一定意義，這樣才能分際不亂[46]。蔣慶先生在劃分「心性儒學」和「政治儒學」時，既以「判教」作為說明兩者得以並存的方法，則我們乃有對其更作探討的必要；否則，兩種儒學的關係恐難得到真正的處理。事實上，成功的判教理論有助解釋何以吾人主張的觀點當較其他觀點可取，從而加強我們對自身理念的信心[47]。簡言之，「判教」在中國哲學史上向為一解決問題的方法，而不應淪為迴避問題的遁詞。

循上文的討論，蔣先生有關心性儒學和政治儒學的說法實存在明顯的理論困難。第一，蔣先生未有提出一屬於政治儒學的判教理論，解釋政治儒學和心性儒學在儒學內當處一相約或同等的地位。因此，在兩種儒學的觀點有可能相互衝突的情況下，兩者如何能夠獨立發展和並行不悖，是一懸而待決的問題；第二，蔣先生不但未有提出一屬於政治儒學的判教理論，更是承認心性儒學的判教理論所主張之效果，這即與他一貫的說法有着矛盾；第三，兩種儒學既

---

46 牟宗三，《政道與治道》（台北：臺灣學生書局，2003），頁31。
47 林鎮國，《辯證之行旅》（台北：立緒文化，2002），頁21。

非處一相約或對等的地位，則兩者一旦出現衝突，吾人乃得放棄其一。在心性儒學是儒學之本而政治儒學是儒學之末的這一結論下，政治儒學當為吾人所放棄。此所以蔣先生在未有考慮以上的理論困難下即提出其所謂政治儒學的構想，實為一極不合理和牽強的做法。

朱子對於如何讀書有頗多討論。當中一段尤值得我們緊記：

> 大概讀書，且因先儒之說，通其文義而玩味之，使之浹洽於心，自見意味可也。如舊說不通，而偶自見得別有意思，則亦不妨。但必欲於傳注之外別求所謂自得者，而務立新說，則於先儒之說，或未能究而遽舍之矣。如此則用心愈勞，而去道愈遠。[48]

引文認為學術當不能一味務新，而應對前人之說更有理解之意甚明。事實上，自清代以降，不少儒者即有感過去重視心性的儒學不足以回應具體的社會和政治問題，從而轉向較多地討論制度的建設[49]，其中王船山和黃宗羲便是著名例子。儒者這一對制度上的追求直到晚清仍然強烈[50]，蔣慶先生的政治儒學主張，未嘗不可視為是這一傳統的延續。惟蔣先生既認為其主張屬儒學的一部分，則其便須處理政治儒學與其他儒學理論的關係，且不能違反儒學的根本，亦即心性儒學的主旨。否則，政治儒學便恐僅是一種徒有儒學之名而無儒學之實的政治主張而已[51]。這在儒學正廣為威權統治利

48　宋·朱熹，《朱子文集，卷39》〈答柯國材〉。

49　余英時，《論戴震與章學誠：清代中期學術思想史研究》（台北：三民書局，2016），頁369-375。

50　張灝，《烈士精神與批判意識：譚嗣同思想的分析》（桂林：廣西師範大學出版社，2004），頁14。

51　忽視心性之學而遽言制度建設，容易陷於流蕩而不自知，顏元即為

用的今天，尤有指出的必要。本文之作，僅對蔣慶先生用以提出其
政治儒學的基礎稍作檢討，以冀幫助釐清有關儒學的分際，減少不
必要的混亂；至於蔣先生對心性儒學的批評是否合理，則超出本文
的討論範圍，而當留待日後再作檢討。

趙敬邦，著有 *Thomé H. Fang, Tang Junyi and Huayan Thought: A Confucian Appropriation of Buddhist Ideas in Response to Scientism in Twentieth-Century China*（2016）一書，研究興趣包括當代新儒家和中國佛家思想。

（續）―――――――――――――――――
　　當中例子。詳見龔鵬程，《儒學新思》（北京：北京大學出版社，
　　2009），頁170-173。

思想訪談

王兵先生

王兵訪談：
豐富的電影關乎生命最基本的東西

王超華

　　王兵，中國著名紀錄片導演，獨立電影工作者。1967年出生於陝西省西安市；1995年從位於遼寧省瀋陽市的魯迅美術學院攝影系畢業；1996年於北京電影學院攝影系進修一年結業；1998-2002年完成首部獨立製作紀錄片《鐵西區》，翌年在法國馬賽紀錄片電影節、南特三大洲電影節、日本山形紀錄片電影節先後獲大獎，國際矚目。作品風格融合電影和視覺藝術元素，關注社會和人類生活現狀。主要作品還包括紀錄片《和鳳鳴》（2007，多項國際獎）、《烏金》（又名《煤炭，錢》，2009）、《無名者》（2010）、《三姊妹》（2012，多項國際獎，包括威尼斯電影節「地平線」單元大獎）、《瘋愛》（2013，南特三大洲電影節大獎）、《父與子》（2014，鹿特丹電影節特別獎）、《德昂》（2016）、《苦錢》（2016，威尼斯電影節人權獎和「地平線」單元最佳劇本獎），劇情片《夾邊溝》（2010，多項國際獎和提名），以及影像裝置作品《原油》（又名《石油日記》，2008，鹿特丹電影節特別獎）和《15小時》（2017，於卡塞爾文獻展上映，並將由希臘國家當代藝術館永久保存）。最近並獲荷蘭2017 EYE電影與藝術獎，將於2018年在EYE電影學院與此前兩位獲獎人同時舉辦作品展覽。

　　2012年9月，王兵紀錄片《三姊妹》在威尼斯電影節獲頒「地平

線」單元大獎；11月，他攜該片出席法國南特三大洲影展，再獲大獎。此訪談即於王兵訪問南特期間進行。訪談內容不包括2012年以後的作品。訪談定稿未經受訪人審閱，一切訛誤均由提問者承擔責任。

藝術‧影像‧電影

問：請你先談一談早期生活的家庭情況。

答：我是陝西人。我出生的時候，我們家是一半在城市，一半在農村。我父母都是五十年代從農村來到西安，然後我父親六十年代時上了大學。大躍進之後，1960年疏散人口，城市人口下鄉。我們家因為我父親還在上大學，所以就是我母親離開城市回鄉了。家裡三個孩子，姐姐比我大兩歲，弟弟比我小四歲。我們都是在西安出生的。但是這時候文化大革命開始了。大家都說城市比較亂，我父親也覺得是這樣，而且老家在農村也很方便，我們就都回農村了。我們都是在農村上的學。

我父母老家不是同一個縣。我們開始都在我媽媽那邊。後來，因為我奶奶不在世了，我爺爺身邊只有我爸爸的一個弟弟，當時他還沒有結婚，我爸爸他們都照顧不上，所以送我過去給爺爺作伴。姐姐和弟弟都沒有過去，就是我自己。我去的時候已經六歲了，和爺爺一起生活了好幾年，小學和初中都是在那邊上的。但其實有時也回我媽媽家。當時等於是有兩個家。

問：村莊裡的生活條件怎麼樣？文化上比較重視宗族嗎？

答：我父母的老家都是在關中，條件比陝北和陝南都要好很多。我母親家在涇陽縣，離西安不是很遠，七八十公里。交通還可以，有車可以直接到。我媽媽那邊的村莊大概有五六十戶人。我父親的

老家也是西安附近的農村，但是是在秦嶺旁邊的周至縣。父親這邊的這個村莊，在陝西是很大的，人口非常多，七十年代大概有兩萬人，比我媽媽那邊要大多了。兩邊完全不一樣，文化也不一樣。

但是兩個村莊都處在關中，文化上也有共同點。主要的還不是宗族因素，而是說，關中的人生活比較閒散，跟中國其他地方不太一樣。比如河南、山西、河北，這些地方的鄉村，後來有很多不同的機會，我都去過。感覺這些地方還是不一樣，和陝西差別很大。陝西人比較保守。我自己覺得，這種保守主要是因為歷史上，陝西在近代沒有捲入過戰爭。

問：你是什麼時候上大學的？

答：我上初中的時候是1978年到1979年。但是我上大學，已經是十年以後了。

我父親是 1959 年還是 1960 年開始上大學，是在西安冶金建築學院。他是在文化大革命之前畢業的。畢業之後，分配在陝西省建築設計院工作，之後一直在那裡。我原本一直陪著我爺爺，然後，很偶然的，我父親在 1981 年煤氣中毒過世了。那時候還可以「接班」，職工子女可以接替父母原有的職位，所以我就去頂他這個位子，參加工作了。

我進建築設計院的時候十四歲。開始的時候沒有什麼確定的工作。因為年紀小，在後勤部門，什麼樣的事情都做。但我那時一直就是想要學習。我住在單身宿舍。宿舍裡一起住的人，玩兒在一起，吃在一起。我們很要好的那些朋友，都是文革後的應屆大學畢業生，新分到省設計院裡來工作的，從七七級、七八級，後來七九、八零、八一、八二、八三，一直到八六，都是學習很優秀的，成績非常好。他們當中有很多人文化素質很高，很多人對藝術史非常了解。

我到設計院以後，很喜歡藝術。建築設計院裡面有很多專業。

其中，建築學是最接近藝術的專業；同時，建築學實際上又是一種
最實用的藝術方式，在藝術的門類裡，這是藝術和實用之間結合最
緊密的一個專業。所以，建築學專業培養出來的人，會有兩極，一
種會偏向於藝術，另外一種會偏向於實用。尤其是學建築學的人有
一個好處。比如說美術學院、電影學院，這些學院的學生可能在某
種藝術天份上比較好，但是他們的知識比較貧乏，知識和思維能力
比較弱。建築學專業的學生卻是另外一種情況，他們的思維能力很
強，有很強的理性。因為，比如說他們必須學習高等數學，他們自
身的文化素質能力、邏輯的能力就會非常強。

　　但是，整個八十年代其實是非常平庸的一個狀態。

　　問：為什麼說八十年代是非常平庸的時代？

　　答：我到設計院的時候，正好是八十年代。我覺得，對大多數
人來說，那都是一個很懵懂的時期。

　　表面上，八十年代有著開放的姿態。經歷了文革以後，政治上、
經濟上、文化上，各種改革開始了。八十年代的人都有很多希望，
每個人都有很多願望，有的是對專業，有的是對生活，還有其他的；
但是其實人心很彷徨，很徘徊，大家對未來好像有希望，又好像沒
有希望；好像一切都停頓了，這麼一個平庸的狀態。那時候出來了
崔健，就是一個例子。那時中國還沒有過搖滾樂，崔健的歌一出
來，……

　　問：比如說像《一無所有》這樣的歌？

　　答：也有別的歌……就是有這麼一種平靜的外表，大家都還沈
默的時候，他的歌表達出來的看法，在全國範圍，各個年齡的人群
當中，都有共鳴。那時就產生了崔健這樣的人物，這麼一個搖滾歌
手。那時孕育出來的，是和九十年代不同的東西：人們好像有希望，
但是又都是不敢肯定的希望。那其實隱藏了很多問題，很多都沒有

明朗化，沒有很明確的想法，或者說沒有很明確的認識。

九十年代完全不一樣。九十年代裡，每個人比較清楚自己身邊的現實，也比較清楚每個人自身。九十年代的文化也與八十年代不一樣，文化上、經濟上的價值觀也完全不一樣，觀念和想法都更明確了。

問：你那時想過要學建築學嗎？想過要學結構工程（工民建——工業與民用建築）嗎？

答：我一方面跟單位裡學建築學的這些人有接觸，另一方面也一直在準備上大學。當時，最初是準備要學建築學的，但是我不學結構工程，工民建我是不學的。到一九八四年，我大部分已經進入到專業的準備階段。然後，到八六年、八七年我開始拍照片，八八年左右開始學繪畫。

問：為什麼會轉去拍照片呢？

答：開始是比較好奇，但也是因為肯定要選擇一個專業。因為我一直準備要考大學，但是建築學考分要求比較高，我覺得美術學院可能也會是一個選擇。在設計院裡，他們都有一定的繪畫的基礎，我跟他們一起畫畫，學一些基礎，為後面做準備。

不過，美院很難考。這個專業非常不容易，我在設計院裡學習的那一點美術基礎，其實是很薄弱的。對我來說，當時只能選擇攝影。而且，我很早就有相機了。我學繪畫之前，已經開始拍照。上大學之前，我已經有五六年的拍攝影像的經驗了。雖然沒有作品發表，但我有大量的拍攝。

我是1991年上的大學，在瀋陽的魯迅美術學院，攝影專業。在那裡上大學上了幾年。

問：你進入的是攝影專業，那你的興趣是什麼時候轉向電影了呢？

答：我在魯美上到二年級以後，就開始考慮，是不是換成電影專業，就開始買這方面的書，開始做準備了。所以，魯美畢業的那一年，我就去北京電影學院，找當時的攝影系。我說你們這裡可以進修嗎？他們說可以。因為我也是一個專業院校出來的，他們對我很好，很快就接受了。實際上，我在魯美畢業之前的一年，就已經確定，我畢業以後不去工作，要進入到新的，還是攝影，但是是電影攝影，然後就是又接著上課。

問：你在電影學院多長時間呢？你們進修班有多少同學？你和新同學新朋友常常有討論嗎？

答：在電影學院剛開始是一年，然後又拖了一年。等於是也沒有去工作，也沒有去做別的什麼事情。那裡的同學很多，朋友也很多。但我跟他們不一樣，因為他們都是從單位裡邊來的，而我是從學院裡，應屆出來的。所以跟他們，基礎各方面，大概之前的學習都不一樣。他們大部分都沒有受過這種系統的學習訓練。

問：攝影是靜態的，而電影是動態的。你對影像上的這種不同是否有一個熟悉的過程？

答：在電影學院，開始的時候，還不是很熟悉，但是積累起來，就有一個量變到質變，學習已經是一個自己的事情了。實際上你有幾年的時間去進入到一個專業之後，再往後，其實學校就很難解決什麼問題了。

不過，熟悉不熟悉，就是一個材料的問題嘛。因為不管你從事什麼，比如說你從事文字，你對文字這個材料就很熟悉。對於我來講，不管是圖片也好，電影也好，它的一個基礎就是影像。

圖片這種影像形式，有其存在的合理性，也有很多人有終身去創作的動力。我在魯美的時候，曾經長時間泡在暗房裡，對這個形式很了解，對這些程式非常熟悉。但對我來說，我不是很喜歡這個

瞬間的截取。我覺得，影像更有意思。在這個時代最重要的，還是
跟現實之間，能夠形成一個很特別的進入方式，能夠把人的生活，
人的很多方面都呈現得很完整。

梳理自己的電影史

問：那個時候，你和新朋友老朋友的討論，是比較集中在攝影
上呢，還是已經關注在導演方面？

答：跟攝影都沒關係了。從一開始就是整體性的，就沒考慮過
單一的角度。第一年需要學習，需要了解電影，了解她的歷史，了
解過去，也得了解當代的電影，了解不同地方的電影，了解這整個
電影的考慮。所以，差不多上電影學院一年之後，第二年的時候，
我們從見到一個電影，就會有自己的一個方向和一個看法；對於電
影的最基礎性的一個方向，就逐漸在確定。

問：當你轉向電影的時候，是否也注意到中國電影在國際上獲
獎的影響，從八十年代開始，到九十年代的第六代導演，這種情況
對你自己的思考有影響嗎？

答：沒有。我不太注意這些。我並不喜歡那些電影。八十年代
九十年代的都不太喜歡。不是說對哪個個人不喜歡。其實，八十年
代那些電影，雖然得到一些獎，但是從藝術史角度講，仍然沒有那
種……，比如說，當時世界藝術的那種豐富、變化，現代藝術給人
帶來的對生活的不同的認識。我覺得那個時代的電影，不具備這樣
的東西。我覺得，一方面是有文化符號的問題，但主要的，還是一
個體制電影的延伸。

問：那麼九十年代那些電影呢，那些導演把膠片偷偷帶到海外
參展，他們都比較獨立了，是不是可以說，這些應該不是體制內的

電影了？

答：這個也不好說。我們說體制電影，並不是為了罵人去這樣說。為什麼呢？很簡單。體制電影其實有一些特徵，她和當代人們的現代文明是有衝突和矛盾的。體制文化還在那裡，還在電影裡。所以，她還不是一個當代的，不是一個真正的現代文明的作品。某種程度上，怎麼說呢，因為中國電影的歷史，促成了這種現象。

問：那時你看很多電影嗎？電影也包括民國時期和五六十年代？你對這些也都有一些感想？

答：對，我們每天都要看很多電影，什麼年代的、什麼類型的都看。這不是有沒有感想的問題，而是說你在從事這個專業，你肯定要有全面的了解。這些電影我一直在看。一直到現在，我天天都在看，以前的以後的，這是你作為一個電影工作者生活的一部分，當然要看。

進入電影之後，肯定就會注意到，電影史雖然很豐富，但其實也是很簡單的。就是說，初看上去做得很多，有不同的導演，有不同的國家，不同的流派。但是，當你全面地了解一遍以後，你就會對她有一個比較整體的看法。

問：你從十四歲開始，有十年的時間從各個角度接觸藝術。那時有沒有意識到東西方的區別？是否也反映在電影上？

答：上大學之前其實沒有。那時候我所學的東西，看的書，所有這些都是歐洲的。

歐洲歷史上，建築史和藝術史的其他東西是不分的。歐洲的建築，從那些規劃，到各種形式，都是當時那些繪畫的人，雕塑的人，共同來做，一起從事的，不是分割成各個專業的。從建築學角度來講，過去沒有建築史，我們只能把她看作是藝術史。那藝術史的跨度就很大了。這些藝術門類都是相通的。

我覺得這個「東方」、「西方」的自覺，都是我在上大學以後才開始的，開始用一些時間去了解中國的傳統。轉向電影以後，對這方面就更注意了。

藝術史是很長的，而電影史是很短的。電影這門藝術的歷史還是比較短的，只有一百多年。一百多年對於一個藝術形式來說並不長。而且，當電影誕生之後，又迅速地進入到人們生活的方方面面。尤其是歐洲的、美洲的電影，到了三十年代以後，四十年代，甚至六十年代，到七十年代，達到一個高峰狀態。電影幾乎變成人們文化生活的一個非常重要的部分，所以她也就產生了很多的不同的電影流派，像美國的電影流派，法國的，義大利的，德國的，還有蘇聯俄羅斯的，形成了不同的電影流派。但是每個電影流派都是來自她的社會的，電影在社會當中有她的功能和需求。這樣就是說，每一種電影流派都是跟當地的、原來的那種文化是完全一致的。比如，電影進入蘇俄，她就很快變成一個宣傳的工具。電影在美國的話，一旦產生，很迅速的，就是為商業服務的。所以電影的所有嘗試，最初的那種探索，每一個地域的電影，從一開始，就和另一個地域的電影不一樣。就是說，電影嘗試的方向是和她本地的社會文化歷史有關的。從藝術形式和技術方向上，她和本地的需求都是完全一致的。

問：在中國電影史上，這是如何表現出來的呢？

答：對中國電影來說呢，其實，電影剛剛進入中國的時候，最初，像一顆種子一樣，接觸到這個地域的人，這個地域的人也開始有了對她的看法。那麼，他沒有把她看作是一個文明的象徵。另一個角度上，也沒有把她看作是文化的另外一種形式。很多人不見得同意我的看法。但是呢……

我覺得，研究起來就會發現，那時候，電影就是雜耍。所以，

電影剛剛進入中國的時候，你看那個電影的方式，都是當時的一些，像照相館這些人，或者說一些有錢的人，可能會對這個東西感興趣。他覺得這是一個玩意兒，很好玩。所以你看他拍的，都是些雜耍性質的，西洋戲呀，這一類的。但是他並沒有像歐洲那樣，比如說法國，電影誕生之後，最後形成了一個非常強大的電影文明，新的文明。這和中國，就是兩碼事情。

在中國電影史當中，這是從本土化的角度來說是這樣的。那麼當它延續了一段時間以後，起了很多變化。因為也有美國的影響，也有歐洲的影響，也有日本的影響，那麼，中國人開始認識到，電影不是像它剛開始那樣，只是一個玩意兒。這個東西原來是一個文明的東西。但是這個時候，因為中國的歷史也在變化，並沒有停留在以前的狀態。因為經濟上政治上變化出來的不同，電影又發生了很多變化。這時候，中國真正的電影的變化，開始了。

那麼「左翼電影」，今天我們作為一家之言是這麼說的，說那是左翼電影。實際上，我認為，所謂「左翼電影」並不存在。我們所說的左翼電影，無非就是講上海在1949年之前，中國電影史上最光輝最燦爛的那麼一段時間。那麼在這段時間裡面，我們現在的中國電影史當然是把它看成是左翼電影，但實際上仔細地看這些電影，這些電影背後其實有不同的意識形態，和課本上講的是完全不一樣的。現在我們去看那個時候的電影，其實很簡單，因為已經變成歷史了，所以只是更理性地看待就可以了。我們現在可以很真實的，重新看待這個歷史是怎麼回事。

對我來說，我覺得無非就是三部分構成。一部分，就是國際共產運動影響下的一部分電影；另一部分，好萊塢式的這種明星制、商業性電影；另外一部分電影，是本土知識分子意識形態化的。從這三個大的角度上，當然每個電影裡邊又有不同。比如這個電影裡，

也有受國際共產運動影響的一部分，又有受傳統知識分子倫理道德的這種影響也在裡面，同時又有明星制的。譬如說，也有都市先鋒電影的形式，也有法國的或者是義大利式現實主義的影子，其實是個混合體。所以在當時，他們這些不同的導演都學習了不同的電影的形式，但是因為每一個導演背後的這種人文基礎有所差別，所以他們的電影呢，就會有稍微不同的導向。

問：我們現在的導演和影評人，好像不大會去想這些中國電影史的問題？

答：我覺得，對中國來說，一個很大的問題就在這裡。歐洲的一些學者，可能偶爾會談論一點中國電影，但是他們受限於不是中國人，對中國社會這些了解得少。他們可能會有一點看法，可是他們並不是那麼細緻地去了解。譬如說歐洲的批評家，電影的批評學者，他們並沒有很多的精力。他對於中國的電影，不能像他自己國家的電影那樣，用大量的精力去研究。對自己國家，因為是母語，他有對這個社會的、在這個文化歷史背景下，對電影的一個觀察，去梳理她的電影史。這樣的梳理，中國是沒有的，沒有經過非常謹慎的、清晰的、很邏輯的努力去梳理自己的歷史。

其他國家的導演，更注重於他自己國家和世界電影的那些變化，他可能對中國的電影的變化不需要去做更多的了解，只是偶爾看幾部來了解一下就可以了。但是對於我們來講，就不那麼簡單了。我們對他的國家可能也是那樣一個態度。我們對於世界電影史也會要有一個很清晰的梳理，但是同時更重要的是你要梳理自己國家的電影史，從這個當中，去看待自己國家的電影文化，或者說電影這個文明，這個文化。在我們現在這樣一個整體的文化背景下，電影是有什麼樣的一個性質，或者說，她的存在的方式是一個什麼樣子的。所以，作為這樣一個專業的人士，我覺得你需要有這樣的耐心，

需要有一定的一個自我的認識。我覺得是應該有一個自我認識的，
否則的話，……

　　當然看法可能因人而異，但是我是這麼看的。

勞動者：《鐵西區》、《原油》、《煤炭，錢》

　　問：九十年代後期，你回到瀋陽，開始拍攝《鐵西區》（2003）。
你一開始是怎麼決定做這個題材的？

　　答：在北京的時候，我做過電視劇，也做過別人作品的攝影。
然後回到瀋陽就開始拍《鐵西區》了。做鐵西區，主要是因為我比
較了解那個地方。在魯迅美術學院上學的時候，好幾年，經常我們
都要去那邊，去工廠裡邊，禮拜六禮拜天，過去拍拍照片呀……所以
事實上對那個地區，那裡的人，已經非常的了解了。然後，我當時
就是要面對這樣一個題材，這麼多的人，怎麼去把他們的故事講得
比較完整。

　　問：就是要面對這個工廠區，包括它的生產和生活？

　　答：對！那當然了。一個題材，不管是什麼樣的題材，每個人
有不同的電影的技術的手段，其實你會考慮一下，怎麼用你自己的
技術手段，對於它來說能夠可行，就可以了。很多人問過，為什麼
第一部電影做了九個小時。但是其實沒有什麼。對於我個人來講，
沒有什麼太大的問題。到現在我也沒覺得有什麼特殊性。

　　問：但是你沒有覺得說對觀眾會是一個挑戰嗎？當時的主要問
題是什麼呢？

　　答：對觀眾的挑戰？這個我從來沒有想過。因為你拍一個電影，
就要完成一個電影，你就要把一個計劃從始到終做完。對我來說，
我的工作就是，把這些事情都做完。語言上其實已經不需要探索如

何表現了，主要就是實際的工作，面對每天的事務性的安排。到廠區拍攝，包括和工人交朋友，這些都不是很困難的事，那都比較簡單。我覺得，人跟人很簡單。最困難的，對於電影來說，就是錢。你每天要拍，需要錢，需要安排很多其他的事情。因為這是一個工作，需要成本，需要不斷的支出，所以需要錢。錢的方面，還是有朋友幫忙，當然也有家裡人的支持。

問：但是即使這樣，你仍然沒有考慮到回收？

答：噢，這個？拍攝成本和回收是兩碼事情，跟這個沒關係。是，我以前說過我不考慮票房。我說的這個意思，不是說我不考慮票房，而是說，這兩個不是一個聯繫的關係。譬如說你要做一件事情，你不是要考慮它到底能有多大的價值我才去做。也不是說，這樣考慮就不是藝術了。主要是，任何東西都不是這樣一個直線的關係。你做這個事情，本來就賣不了錢，但是你覺得它比較重要，就應該做。並不是一個完全的經濟關係。

問：《鐵西區》之後，從題材連續性來看，你又拍了《原油》（又名《石油日記》，2008），然後有《煤炭，錢》（又名《烏金》，2010）。《原油》長達十四個小時，記錄實時呈現幾個工人在青海野外，寒冬裡的一個油井，非常單調重複的值班室休息和上井操作。放映是在一個展覽空間裡，觀眾可以隨意走進走出，好像一個裝置藝術，基本上沒有人坐在那兒看完的。這是特意設計的嗎？

答：對，是這樣的。這是鹿特丹的電影節，想做一個電影裝置的一部分，找我說，你能做一個嗎，那我說可以。所以是專門做的。

因為我當時的很多工作都在西北，所以也是為了方便，選擇了這個題材。這樣的話呢，因為也沒有多少錢，這樣比較節約嘛。

問：這三部電影，都和大工業還有能源工業有關係。可是，工人在《原油》裡面，生活和對話都很單調，而且有無力感。比較起

來，反倒是《鐵西區》裡的人們，生活感更強，有一種結合在一個集體、一個社區裡的感覺。你覺得，這是你選擇的這個特定地點的情況，還是反映了代際之間的變化？

答：不是的。這是中國的變化。因為過去的工廠，還是一個集體主義的工廠，工人和這些工廠，他們的生活是有連帶關係的。譬如說，你是這個工廠的正式工人；你是這個工廠的科長。就是說，還是一個主人的關係。人們的生活是和工廠密切聯繫在一起的。而現在的企業不是這樣的。現在所有的中國企業都不是這樣的。現在，當然了，都是合同工，臨時的，就是一個雇傭制。油田當然也是。現在中國的關係，除了公務員以外，都是合同制，實際上這個企業和你沒有什麼關係。

問：所以電影裡，有的工人是今年合同就到期，還有的明年才到期？

答：現在這種現實的經濟關係就是這樣的。機制變了。不但是企業的經濟關係，整個社會的經濟關係，整個國家的經濟關係都變了，都是這樣子。我用你，就是雇傭你。雇傭你兩個月、三個月、三年還是一年，你做多少事情，我付你多少錢。

那個影片就是一個現實。我們沒有特意去誇大，也沒有刻意去縮小。你的比較或者說討論，這些都是事後人為的主觀的判斷。譬如說你的判斷，他的判斷，我的判斷，都是我們重新給它的一個主觀的判斷。

問：那麼《煤炭，錢》，拍攝從出產煤炭的山西，到港口城市天津的運煤車，開車的司機和其他普通人，如何化煤為「金」，這樣一種經營生活的社會現實狀態。那這是不是也是從生活的一個截取面來看到時代的變化呢？

答：《煤炭，錢》那個影片沒有做完。我們當時拍了很多，但

是呢，當時完成的是給歐洲一個電視台的一個作品。電視台的放映時間是很有限的，你沒有辦法很自由地去敘述，想辦法很完整的把故事講完。不是這樣的。之後我們也沒有時間再繼續去做。法國的這個製片公司還跟我說，我們把這個事情做完吧。但是之後一直沒有時間，所以只出來了五十多分鐘那麼短。

問：這部電影，相對於你比較長的作品，人物比較活躍，活動比較強烈？

答：對，因為它的性質的變化。這個影片沒有做完，那麼我們可以看到，現在的中國和鐵西區不太一樣。一方面，你可以看到普通人勞動的辛苦。同時，也看到他們的創造力，普通人的創造力和生命力。你看她這個民族，在這個時代，雖然受制於經濟的落後，生產資料的簡陋，同時有制度的約束，但是，你看這個民族的人，普通人，他們在一些條條框框之下，你看他們通過個人的勞動，去創造財富。這種就像是一個過程。

大歷史陰影下的碎片：《和鳳鳴》和《夾邊溝》

問：從時間順序上說，你在《鐵西區》之後的作品其實是《和鳳鳴》（2006）。這部影片和後來的《夾邊溝》（2010）在題材上有關聯，都是關於1957年之後，那些被打成右派的人，被送到大西北夾邊溝這個勞改農場，結果絕大多數都死在大饑荒年月裡。等到中央政府發現問題嚴重，在1961年1月允許該場右派回家時，原來的3000多人，只有300來位生還。這不是一個非常不同的題材嗎？

答：實際上，我做完《鐵西區》之後，就選擇了夾邊溝這個故事。夾邊溝這個故事，零四年我就開始工作了，比如寫劇本啊，處理影片未來的事務的工作啊。所以，一直就在做的當中。那麼像拍

《原油》、《煤炭，錢》這些，還有中間拍了《無名者》之類的，都是在這個中間的空隙的、剩餘的時間裡去做的工作。當時主要的工作，還是在做《夾邊溝》整個這個題材的一個過程中。最終完成，接近七年時間吧，整整的七年。

問：為什麼會選擇這個故事，而且用這麼大的精力去做這個題材？

答：我最初接觸這個故事，是看到楊顯惠的《夾邊溝紀事》。因為，很顯然，夾邊溝在中國歷史上有一個很舉足輕重的這樣一個位置。……比如說，國際共產運動進入中國，到現在也快一百年了，那麼國際共產運動的這種意識形態，它在中國這麼多年當中，和這個地域的人的生活，產生過很大的衝突；同時，也讓中國的歷史和人的生活起了很大的變化。所以我覺得，在某種程度上可以說，夾邊溝雖然是一個事件，這個事件的歷史並不長，但在這個歷史的階段當中，它有它舉足輕重的這麼一個意義。在這個歷史階段當中，中國人和國際共產運動的這樣一種社會秩序，它們之間，當然產生過大大小小各種各樣的很多的事件；但是夾邊溝在這些個事件當中，它有它的讓我們了解過去歷史的一定的說服力。

問：《和鳳鳴》這部紀錄片，讓和鳳鳴自己講述她的一生，從她在1949年之後積極參加革命工作，後來和丈夫同時被劃成右派，又送到不同的勞改農場。丈夫在夾邊溝餓死的時候，她也沒能及時趕去見他最後一面；文革中為了安全，還銷毀了他們兩人以前所有的文字紀錄。可是她從來沒有放棄記憶和寫作的努力，終於在世紀之交的時候出版了自己的回憶錄。那麼這部影片在形式上，一開始是她從雪地裡走回家，後來攝影機就一直不動，就是她一個人單獨地講話。那麼，這是剪輯的時候有意識地要做成這樣的嗎？會不會有張力不夠的問題，比如說考慮到觀眾在影院裡，是否會坐不下去？

答：這個其實在影片拍攝之前就是這樣考慮的，就是要做成這樣的。觀眾這個事情我們一般很少考慮。因為你是一個創作者，所以你有義務在這個過程當中，讓一個電影片有說服力。應該去解決這些問題，而不是怕這些問題。

我覺得對於電影來說，更好的就是說，要體現、要創造更好的電影的一種可能性，讓它能夠適應到這個影片當中來，然後這個電影也能適應我們所拍攝的這個人物的自身的生活。

問：那麼，你選擇讓她一個人對著鏡頭講述，怎麼沒有想過要給她拍近距離的大特寫呢？是不是想到那樣可能會引起講述者的表演欲？

答：我覺得不存在這個問題。我覺得，一個人還是很多人，都不存在這樣的問題。表演不表演，這是說某個人或者某種做法，會帶來這種表演的可能。但是我覺得電影呢，可以有表演，也可以沒有表演。這些我都覺得不重要。那都是一些電影的技巧，但是不重要。我覺得，這和選擇有關係。就是說，你選擇的人和選擇的拍攝方式，會有關係。但是重要的是，你給觀眾和電影建立一種什麼樣的關係。比方說，你讓坐在電影院裡的人，跟電影之間，怎麼樣獲得一種平衡的關係，我覺得這個是更重要的一點。這部電影的拍攝方式沒有什麼很特別的，很正常。

實際上，攝影機無非就是建立一個觀眾和電影之間的一種關係。所以呢，這個關係對我來說，在《和鳳鳴》這個片子裡邊，就是要讓它變得很平淡，甚至於可能比較平庸，或者說比較簡單。

問：對，你的攝影機在這部電影裡很成功地隱退了。不過，很多電影在做這種人物專訪的時候，常常注意不到這個因素。

答：我覺得缺乏注意的原因呢，一個是要求不同；另一個原因呢，就是說，因為電影實際上就是一個人的思維的不斷的轉換轉化，

你怎麼去看待人，看待歷史，看待每一個故事，怎麼去建立這樣一個關係。所以我覺得，你拍一個人，她的可信度，等等，這些東西都可能會有很多的質疑。但是對我來說，我不這麼想。不是說我對電影手段有什麼看法，我就是覺得沒有必要。

而且我覺得，在我們的生活裡面有一個很大的問題，就是人與人之間的信任關係比較薄弱。這個社會實際上造就了一個人很難去信任他人，大到事件，或者更大的事情，小到一些言行。但是，對我來說，我不想考慮這個事情。我可以不考慮這個因素，我可以假定，我不去用這種猜疑的、猜忌的心態去面對她。沒有必要猜疑。對，必須建立這種信任的關係。

同時呢，因為也有很多人問過我。他們覺得說，那這個老太太說的話可信嗎？等等等等，有很多的質疑。這個質疑，當然是建立在他們的一種人物關係裡面。但是對我來說，我不去想這麼多。我覺得，對，我假定她是可信的。同時我覺得，這個社會也需要信任，需要我們去相信一個人。她和你沒有任何利害關係，她無非是講講她自己的生活，講她自己過去的幾十年的這樣一個人生的經歷。

問：所以，這個影片並不是要用她的講述來做一個歷史的證言，而是說呈現這個人？

答：我覺得我沒有必要，我沒有那個義務去做這個事情。我們無非就是說，通過這個電影去了解另外一個人，她就是這麼生活過來的。她講完的幾十年的生活的變化，很多的變化，她個人的感情。那我覺得，我沒有理由不信任她。我為什麼不可以做呢，而且，為什麼我們不可以聽呢？

同時，我注意到這方面的材料，也就注意到當時的一種社會狀況。有很多人是從那樣一個時期的歷史中走過來的，有大批的人都在希望寫自己的經歷，寫自己過去的生活。為什麼呢？因為主體的

文化意識形態，沒有給予他們認可，他們很多人的幾十年生活的認可。

　　問：那麼《夾邊溝》這部影片，為什麼會想到要用故事片來呈現？

　　答：前面說過，我覺得夾邊溝在中國歷史上有一個舉足輕重的位置。再一方面，這個事情已經過去，成為歷史了，不再是直接的現實。紀錄片不是說不可以做，但是我沒有選擇紀錄片。那沒有選擇紀錄片的原因呢，是因為我覺得，在這個時代，雖然有各個方面的壓力，同時我們也會發現，有各個方面的自由。對，那就是說，我們怎麼去看待這個時代各個方面的這些事情，或者說，我們怎麼去利用這些有一定可能性的事情。那我為什麼不去嘗試一個故事片呢？

　　問：《夾邊溝》這部影片，只選取了「右派」們在農場的最後也是最悲慘的一階段，並沒有介紹反右運動，也沒有完整交待這個農場的起源。而且，幾個比較重要的人物，也只是在對話中稍稍帶出他們的背景。那麼從寫劇本到拍電影，這個敘事和展現的過程中，在歷史事件和具體個人生命經歷之間，有沒有衝突呢？

　　答：首先從我個人來說，我覺得沒有。當然，故事片會有很多局限性，但是我沒有在意這些東西。對我來說，我覺得很重要的，第一，我覺得在這個時代，我們可以通過個人的努力，去完成一些過去的，你想做的一些事情。另一方面，我們也可以換一種個人的角度，或者說，通過個人的一個製作，去看待一個歷史事件。那在影片拍攝和製作的整個過程中，都有這樣的因素。

　　譬如說，很多人在看這個電影的時候，他們已經看慣了那種所謂的歷史題材電影，比如時間很長久，敘事縱橫交錯，然後，還有一個時代的印象，做得很充實。但是，我沒有去做這些工作。因為

我覺得，在一個歷史當中，一個事件當中，我需要重新去看，電影是什麼，對歷史片應該怎麼去看待，包括時間的問題，具體故事的問題。那麼我沒有去復原這個故事，同時我也沒有去完整地講這個故事，而是只用了這個故事當中的很小的一點點，一部分的內容。我的電影呢，也就是很簡單。可能有的人會很失望，但是對我來說，我覺得還是很滿足了。

問：那在這個關於歷史事件的影片裡你怎樣考慮時間的問題呢？

答：時間的問題，我覺得，歷史對於我們來說，今天我們看待歷史，我們已經無法復原歷史，但是我們可以感覺到歷史當中，在一個事件當中，像一個碎片似的那種，人們的記憶。歷史實際上是存在於這些散見的記憶碎片裡面。

所以我的電影裡面，都是些小的段落來構成，這個人物的一段，那個人物的一段，這個人物的一個故事，那個人物的一段故事。時間是在同時的，這些是發生在同一個月裡頭，同一個地方的。比如說我們講一個人的時候，可能講到他在這一個月當中的某一個小時的故事，某一段，十分鐘。然後，我們沒有去塑造一個人物，沒有去塑造一個完整的故事，又去看另一個人的生活。但是，你也不能說夾邊溝就是這部影片的主角。我拍的《夾邊溝》，也只是夾邊溝的很小的一段時間，而且沒有去整體地去講它。

再說，我也沒有這個經濟能力，沒有這麼多的人力的資源，去做這麼一個完整的故事。我的經濟很有限，所以我就拍我感興趣的那麼一小部分。通過這一小部分，我們去看待那個時代。

影像中的邊緣人生：《無名者》和《三姐妹》

問：在拍攝《夾邊溝》的同時，你又拍了紀錄片《無名者》(2009)。是不是可以說，這是一個和你以前作品題材不大一樣的主題，就是說是個人的孤獨，而這個孤獨狀態當中其實也還有人性？

答：《無名者》是在一個非常偶然的狀態下，認識了這個人。我覺得，他生活讓我挺感動的。我覺得他給我們帶來了他的生活的經驗。在這個時代當中，我們很多人都在這樣一個可以說是欲望非常膨脹的一個時代。個體的欲望，社會的欲望，都是在一個非常膨脹的狀態。那麼，我看到這麼一個人，他可以說是最貧窮的人，也可以說是最孤獨的，同時也可以說是最單純的一個人，自我生活，保護得很好的一個人。因為他在那樣一個荒野當中，只有他自己，不和任何人發生關係，也不去乞求什麼。同時，他就是一個生命自然的存活的過程，就像草一樣，春天發芽成長，到秋天枯萎。在這個當中，你看到的是這樣一個非常原始的一個狀態下，一個人的一種生存的經驗。我覺得是這個東西感動了我。

問：形式上，《和鳳鳴》是一個人從頭說到尾；《無名者》是一句對話都沒有。這是有意設計的嗎？

答：《和鳳鳴》拍攝的時候，我曾經想過要看看語言對電影，能夠支持到什麼程度。至於說《無名者》裡沒有對話，那是因為我去問他，可不可以拍他，他不跟我交流。那沒有交流，我們就直接拍攝他的生存狀態了。

問：這個生存狀態的意思，好像也延續到了《三姊妹》。而且，這三姊妹也是你很偶然地發現的。你曾經說，那是在你去為一個去世的作家朋友上墳的路上發現的。你是怎麼認識這位遠在雲南的作

家朋友的？

答：這位作家叫孫世祥。我還沒有認識他，他就去世了，去世的時候還不到三十二歲。他的這個小說，我實際上很早就看了。我在做《夾邊溝》的同時，就看到這個小說了。小說叫做《神史》。作者跟我是同時代的人。他是從他五六歲開始，寫他自己的故事，是以小說體的方式來寫。但同時，他也寫了他的生活，他身邊的其他人，比如他的親屬，父母、鄰居、爺爺、親戚，所有在他生活當中，他所看到的，或者他有生命經驗的故事。他從他的小時候，五六歲開始，一直寫到他自己去世。所以這是一個一百多萬字的一個很漫長的小說，也是一個人物眾多的小說。一方面，我覺得他跟我的世界觀很像。另一方面，我覺得他的生活，或多或少我也都經歷過。他實際上是講述了我們這一代人從幼年到成熟的一個生命史，是一個生活的歷程，同時也是一個精神的歷程。

那麼這個小說呢，我覺得——當然我不是寫作的，我這個不是一個文學的評論。但是，以我對中國文學的看法，我覺得，這是當代中國比較優秀的、僅有的那麼幾部作品之一。當代文學作品，很多我都看了。但是，很多作品，我不是說和我們個人，而是說和我們現代的社會，我們中國，我們這個民族，在這個歷史的過程當中的人的生活，差異太大了。在某種程度上，可以說，他們真的是無法去體現這麼一個很強烈又很豐富，或者說，非常激烈的，這麼一個生活的過程。對於我來說，這些小說太簡單了。而孫世祥的小說，說實在的，我覺得是當代中國最具有文學本體性的小說。

他的這個小說我很早就看了，但是我一直沒有時間。我一直在忙《夾邊溝》。《夾邊溝》拍完之後，我也想去他家裡看看。我知道他已經去世了，但是，我只是想看看他母親啊，還有他父親啊，他家裡其他的成員。實際上我是去看一下他們，也去給他掃墓。

問：那是怎麼遇到這三姊妹的呢？

答：孫世祥的墳地比較高。我從山上下來，正好就路過這個村子，看到這三個孩子在路邊。那是三年前的事情了。姐姐當時七歲，還沒有上學。她現在也上學了。拍攝的時候，姐姐十歲，兩個妹妹，一個六歲，一個四歲。

我覺得她們的生活有一種很感動人的地方。我們停車下來，我就和她們聊天，她們帶我到她們家，煮了土豆給我吃。對，在農村，就是這樣的。因為我對農村的生活也很習慣，也沒有很陌生的感覺，去誰家我都不會很膽怯，我都不會說很尷尬。我想進誰家就進誰家唄，沒什麼。

問：是不是說這三個孩子的生存狀況，也讓你想起你自己童年的生活？

答：因為在中國過去，比如七十年代，也是中國的物質很貧瘠的一個階段。整個國家，到處人們都缺吃的，缺穿的。那麼在我們的記憶當中，當然，這種物質上相對的貧困，這種印象的記憶是很深的。到了八十年代之後，基本就是在擺脫這種物質比較貧困的狀態。到九十年代，整個國家慢慢的，這些問題逐漸都已經解決了。所以，對我們來說，貧困在某種程度上，是一種記憶。

結果，我們來到這個山上的時候，你突然覺得，這個貧困又近在眼前。

問：如果講七十年代的話，那時確實有很多這樣普遍貧困的狀況。可是，像這麼普遍的小孩子沒有父母在家的這種家庭狀況，應該說是一種新現象吧？

答：當然，從貧困這個角度說，我們更多的是一種記憶。那麼從家庭的，婚姻關係的，人與人之間的關係，社會關係，這樣一個角度來說呢，這是一個新的現象，新的一個時期，那跟過去不一樣

了。過去呢，中國人，並不是說大家結婚，然後大家就都過得很幸福。其實只是說，它是一個非常確定的狀態。人們這種生活的活動，在社會當中是受到限制的。很簡單，六十年代七十年代，你不可能隨意地去離婚，也不可能隨意地去離開這個家。我覺得，在一個集體社會當中，不僅僅是意識形態，我們看到的是，我們所有的人的活動，都是受到限制的。所以你不可能妄想著，如果你跟你的妻子或者丈夫，當你不願意跟他生活的時候，你就可以離開這個家。那實際上是不可能的，你沒有這個自由。這個社會不會給予你這樣一個自由，讓你去尋找個人的一種生活。我覺得這在那個時代是沒有的；這不是說那個時代的人就生活得很幸福。我覺得這是兩碼事。

那麼，今天這個時代，出現這樣的問題，也並非就一定是壞的事情。一方面是因為經濟關係，你就發現，在這麼一個國家，中國今天這個時代，無數的人付出自己的一生，埋頭工作。而這種經濟去控制這個國家的人的時候，比當年的意識形態控制，更加有力。為什麼？特別簡單。當我們看到這樣一個偏僻、貧窮的小村莊，裡面的年輕人，全部都走了。你就發現，經濟——更可怕。它所榨取人們的這種形態，它會讓你更自願的、更有自覺性的，去付出。

問：你曾經講到，因為製片人改換，他們想讓你壓縮到90分鐘。但是我們在南特看到的，實際上還是150分鐘長度。那這個150分鐘的影片，我看的時候也沒有覺得時間長。即使是很長的鏡頭，也能夠感覺到，觀眾仍然非常聚精會神。是否可以說，你對這個影像有一種信任，相信這個影像能夠吸引觀眾？

答：長度上，那是因為我們要給電視做一個版本，那個版本和這個不一樣。因為電視播出的時間沒有那麼長，我們要遵循這個，為電視台的製片人完成這個計劃。所以我們按照他們的要求，去做一個90分鐘的版本。但是這個90分鐘對於電視來說，已經是很長的

了。一般都是50多分鐘。

影像呢，我覺得不是影像吸引人。不是的。我覺得那是一個電影製作的一個方式。當你不斷地去看，當人的注意力不斷地去看一個東西的時候，你為什麼要給人看這個影像？就是說，裡面有很多的人們關心的信息，關於這個人的信息，不斷地延伸。實際上，是電影裡邊的那些人物，和那些生活的那種細節，和生活的那些不斷的延伸，它給觀眾提供了能夠不斷尋找更多信息的潛在的豐富。

你看吧，那些孩子那種天生的善良，她們和動物，包括那個很小的孩子，給羊吃草。這是很質樸、很單純的，人跟動物之間的關係。其實這個電影裡邊，很多東西都是特別簡單，沒有那麼多的複雜。但是它把人的具體的，人物裡面的那種情感和生活，特別簡單但是又特別真實的，放在那裡。

電影不是一個……，一個豐富的電影，它不是一個廣告。它其實就是人的生存的一面，是我們很基礎的東西。其實這個片子，雖然說是在這麼一個很貧窮的背景下，但是，整個片子沒有講貧窮。它都是講的那幾個孩子的生存的經驗，生活的經驗。

鄉村中國？城市中國？

問：那麼這個父親還每年回來種土豆？

答：因為，很顯然，他有一個問題就是，雖然說你在城市裡去生活，去打工，可是問題就是，在中國這樣一個經濟的運轉當中，出現了新的問題。新的問題是什麼呢？就是，大量的農村人口進入城市之後，他們雖然付出了巨大的勞動，可是他們的生活和收入，卻是非常的低微。可以說，在城市，他們沒有盈餘。所以帶來的問題就是，這些鄉村更為貧窮。這些年輕人，當他們到城市打工以後，

他們吃、住、生活之後，沒有盈餘的錢。當他們再回到這個地方的時候，他們並沒有因為勞動而把財富帶回來。

　　這個父親他年齡並不大。但是，我們從中可以看到，如果是一個人，他沒有婚姻的時候，他還生活得要好一些。當他有三個孩子，城市裡他也沒辦法打工了，所以他又回來。因為他打工沒有盈餘啊。

　　問：所以，這部影片也不是關於孤獨的？

　　答：《三姊妹》是這樣的，就是說，那是一種看不見的制約。因為這三個孩子，她們的母親呢，我們並沒有講。但是，不管怎麼樣，她們的母親不在她們的生活裡，不在身邊。其實她們的母親很早就已經離開了。那麼我們只看到她們的父親，和他家周圍的其他的一些人。其實，這三個孩子，雖然說她們是這樣看似獨立的這麼三個小小的人物，可是，她們實際上是生活在這個時代的經濟當中，這個經濟使我們每一個人都不斷地被綁架了。在這個之下，你看待人是這樣一種的……。過去我們是一種階級的劃分，那麼今天實際上是一種經濟關係的，在不斷地確立人們的位置。而且這個位置呢，很無形。

　　問：那這個實際上又回到我們前面講過的，社會關係的變化，《原油》裡面也有這個意思？而且，《煤炭，錢》裡面也有這個意思？

　　答：對。你看到的實際上是一個無形的，今天的中國的一個社會關係。

　　問：你正在籌劃另一部故事片，《愛與恨》[1]。故事梗概看起來和《三姊妹》的故事有銜接，但是更集中在父母那一代的聚散離合。

1　此處提問係根據當時王兵網站資料。他的創作計劃後來有變更，此片並未完成。

幾個成年人，特別是女性，有自己不同的選擇，這樣一些故事。那
是不是說，你準備進一步去探索這種無形的社會關係？

答：準備拍這部片子，主要是考慮目前這些二十多歲，二十歲
到三十歲這樣的青年男女，在我們這個變化的社會中，城鄉流動這
麼大，生活好像一直都在過渡當中。這是一個價值觀不那麼穩定的
狀態。在家庭層面，人和人之間的關係一直都在變動，這種關係的
穩定性和以前完全不一樣了。在這個流動狀態中，以往的社會約束、
經濟約束，等等，都發生了變化。那麼這當中的女性，她們不可能
完全掌控自己的生活，但是又可以在這種流動性的狀況下，突破自
己，突破過去的約束。這是我想做的一個題目。

問：在這樣的城鄉流動當中，城市不是始終佔據優勢嗎？等到
下一代小孩子長大以後，她們不是仍然會嚮往城市嗎？

答：不是她嚮往城市，而是說，中國的經濟中心在城市。那就
像磁鐵一樣，不是以個人的意志為轉移的。這是一個經濟關係。中
國的經濟重心以前也不是在農村，不是這樣的。長期以來，農村的
經濟就是農村的；城市的就是城市的；小工業就是小工業的。這個
東西，之間是有平衡的。但是現在的經濟重心都是在城市。所以，
巨大的財富是在城市。所以，人都是圍繞著這個財富在生存，在尋
找生活的機會。所以它就是一個磁鐵。它的能量有多大，它將會覆
蓋的地區就會有多大。

問：你曾經講到，現在只有上海有城市文化，別的地方都沒有
城市文化。比如說，北京的其實是政治文化。那會不會說，隨著經
濟重心轉移到城市，也會產生出城市文化，還是說，因為大量的人
口仍然是農民身分的人在城市短期工作，因此會影響到城市文化的
正常生產？

答：我覺得不會。因為中國本來就是一個農業文明作為基礎的

這樣一個民族。所以我說那個話的意思是說，我們這個國家，現在的人的核心意識形態，大多數人的社會意識形態，還是一個農業的文明的，這樣一種意識形態。那麼將來，這些人進入城市之後，會不會產生城市文明，又會如何去產生，我覺得這都是未來的事情。

但是城市會是發展的方向，電影也會向城市文化發展。我覺得這是肯定的。這不可能以我的意志為轉移，我的生命只不過區區幾十年。電影也不會永遠都不變。那麼，去做這些工作的，或者是因為生活的變化，整個這個國家的歷史的變化，人的這種文明的變化。隨之，它的文化，它的一切東西都會變。那不在於我是不是變。

問：你認為電影這個形式本身有它的生命力？

答：我覺得它和任何別的東西一樣。因為這個世界越來越依賴於影像。我們從來沒有去想一想，在過去，在我們的生活當中，影像對我們的生活並沒有這麼舉足輕重。那麼過去，更多的就是文字，所以產生了很多關於文字的文明。譬如說，如何寫作，文字的遊戲，文字的描述的生活的方式，敘述體，等等。這無非就是我們大量使用文字之後產生的這樣的文明。但是影像呢，因為它的歷史並不長，它進入我們的生活，從現在看，它發展的速度非常快，而且，膨脹得很快，張力很強。所以對於當代電影來講，就會考慮到電影和我們以後的生活的關係。比如考慮電影的描述這個世界，描述我們現在的人的生活的，會有更多可能性。還不僅僅是我們過去儲備的這種我們一百多年的電影史的約束，而是更大的範圍的去創作，電影會形成它很多種可能性，創作描述這個世界的影片。

王超華，居於美國洛杉磯的獨立學者，研究興趣在中國現當代思想史和文學史，兼及當代華人世界政治發展。

致讀者

　　2017年是馬克思《資本論》第一卷問世的150週年，也是蘇聯十月革命的100週年。十月革命所開啟的列寧主義專政以及全盤的社會管制，在上世紀末的蘇東波巨變中已經崩塌。蘇東陣營的結束，加上中共的全面右轉，似乎顯示了馬克思主義對資本主義的挑戰終於敗北，《資本論》畢竟不敵資本主義，一場自許追求人類理想社會的馬克思主義運動就此終結。

　　但是在這個已經沒有「社會主義陣營」的世界裡，資本主義卻敗象連連：全球經濟長期不景氣，成長停滯，失業嚴重，貧富懸殊；到了2009年的華爾街大崩盤，多國陷入金融危機，幾乎重演1930年代的大蕭條。這時候，馬克思主義又顯得並不是「死狗」，它對資本主義的全面批判在新的環境中是不是仍有意義，尚待繼續的檢驗。

　　不過馬克思主義在過去150年的理論發展，連同巴黎公社（「這就是無產階級專政！」）以來150年的政治實踐，同樣需要嚴肅的檢討。科拉科夫斯基的名著《馬克思主義主要流派》三卷，多年來被譽為最完備的馬克思主義思想史，堪稱理論檢討的經典。該書中譯本即將在台灣出版，本期《思想》先發表北京清華大學劉東教授為該書撰寫的譯序。針對馬克思傳統在政治上的「道成肉身」，嚴搏非先生發表〈幻象的湮滅〉三部曲，從文革中「上海公社」的瞬間興滅，追溯毛澤東、列寧，以及馬克思的「國家消亡」浪漫幻象，如何竟在文革的硝煙中打出原形而歸於「湮滅」。這篇文章所針砭的對象其實不止於馬克思主義傳統，更及於各種激進政治特別是某

些帶有無政府主義色彩的民主觀,值得我們重視。

　　原住民族的政治與文化權利應該獲得「差異」的待遇,理應是多元文化主義的要求,也是對原民主體地位的尊重,在台灣廣受認同。不過在一些情況之下,這類差異權利注定會與權利本有的普遍性格發生衝突,動物權與狩獵權利的爭議即為一例。當動物保護團體(其中成員主要為漢人)要求禁止狩獵的時候,原民的感受卻是他們生活方式中一種重要的成素橫遭非議、剝奪,自然產生強烈的反彈。原民團體與動保團體在狩獵問題上的爭議已經延續多年,互信蕩然,很少有機會對話。《思想》借用吳宗憲教授所組織的一次研討會,情商參與者將發言改寫成專文,組成本期的專輯,希望雙方都更理解對方的思路與價值觀。無庸贅言,保護動物並非特屬於漢人的主張;動保運動也不是任何族群專屬的道德覺悟。原漢之爭畢竟屬於人類內部的衝突與壓迫,不應該外溢連累到了動物。相信原住民族會善用自身與自然生命更為平等、親和的傳統,積極發展自己的動保論述與保育實踐。

　　最後,本刊有一個好消息,要跟所有的作者、讀者共享。2017年韓國坡州的亞洲出版獎,決定將它四個獎項中的「策劃獎」頒給《思想》。獲此殊榮,本刊編委會首先要感謝作者們提供高水準的文章,其次得感謝讀者們熱情的精神鼓勵,最後則必須感謝聯經出版公司不計成本,一貫地為了一種純樸踏實的文化理想而在財務、行政,以及編務上堅定支持這份刊物。我們會繼續努力,為了華人世界以中文為載體的公共文化、思想事業盡棉薄之力。

編　者

2017年初夏

思想33
原民狩獵的倫理省思

2017年6月初版　　　　　　　　　　　　　定價：新臺幣360元
有著作權‧翻印必究
Printed in Taiwan.

著　　　者	思　想　編　委　會
總　編　輯	胡　金　倫
總　經　理	羅　國　俊
發　行　人	林　載　爵

出　版　者	聯經出版事業股份有限公司	叢書主編	沙　淑　芬
地　　　址	台北市基隆路一段180號4樓	封面設計	蔡　婕　岑
編輯部地址	台北市基隆路一段180號4樓	校　　對	劉　佳　奇
叢書主編電話	(02)87876242轉212		
台北聯經書房	台北市新生南路三段94號		
電　　　話	(02)23620308		
台中分公司	台中市北區崇德路一段198號		
暨門市電話	(04)22312023		
台中電子信箱	e-mail：linking2@ms42.hinet.net		
郵政劃撥帳戶	第0100559-3號		
郵撥電話	(02)23620308		
印　刷　者	世和印製企業有限公司		
總　經　銷	聯合發行股份有限公司		
發　行　所	新北市新店區寶橋路235巷6弄6號2樓		
電　　　話	(02)29178022		

行政院新聞局出版事業登記證局版臺業字第0130號

本書如有缺頁，破損，倒裝請寄回台北聯經書房更換。　ISBN　978-957-08-4972-1 (平裝)
聯經網址：www.linkingbooks.com.tw
電子信箱：linking@udngroup.com

國家圖書館出版品預行編目資料

原民狩獵的倫理省思/思想編委會編著.
初版.臺北市.聯經.2017年6月（民106年）.
344面.14.8×21公分（思想：33）
ISBN　978-957-08-4972-1（平裝）

1.學術思想　2.文集

110.7　　　　　　　　　　　　　106010650